民国时期中国红十字会制度建设

李欣栩 著

合肥工業大學出版社

图书在版编目(CIP)数据

民国时期中国红十字会制度建设/李欣栩著．—合肥：合肥工业大学出版社，2017.8

(红十字文化丛书)

ISBN 978-7-5650-3510-4

Ⅰ.①民…　Ⅱ.①李…　Ⅲ.①红十字会—研究—中国—民国　Ⅳ.①D632.1

中国版本图书馆 CIP 数据核字(2017)第 191722 号

民国时期中国红十字会制度建设

李欣栩　著

责任编辑	章　建　张　燕
出版发行	合肥工业大学出版社
地　　址	(230009)合肥市屯溪路 193 号
网　　址	www.hfutpress.com.cn
电　　话	总　编　室：0551-62903038
	市场营销部：0551-62903198
开　　本	710 毫米×1010 毫米　1/16
印　　张	17.5
字　　数	283 千字
版　　次	2017 年 8 月第 1 版
印　　次	2017 年 8 月第 1 次印刷
印　　刷	合肥创新印务有限公司
书　　号	ISBN 978-7-5650-3510-4
定　　价	48.00 元

如果有影响阅读的印装质量问题，请与出版社市场营销部联系调换。

《红十字文化丛书》编辑委员会

总　　序

150 年前，高举人道主义旗帜，旨在促进人类持久和平的红十字运动在欧洲兴起并迅速走向世界。100 多年来，红十字会为世界和平与发展做出的巨大贡献有目共睹，因而日益受到世界各国、各地区的欢迎，已发展成为与联合国、奥委会并称的世界三大国际组织之一。究其原因，乃其所奉行的七项基本原则——也是红十字文化的内核——涵盖了世界上各种不同文化的共同点，能为文化和制度不同的国家所接受，故而具有强大的生命力。

100 年前，红十字运动东渐登陆中国。在其中国化的发展过程中，红十字会不断吸取中国传统文化的精髓，茁壮成长，逐步形成了“人道、博爱、奉献”的文化内涵，并成为中华文化的瑰宝之一。

百余年来，红十字运动在波澜壮阔的实践中积累了丰富的经验，也留下了许多教训。经验与教训需要上升为理论，也只有理论才能更好地指导红十字事业持续、健康发展。学界、业界对此都进行了持续的关注。

2005 年 12 月 7 日，苏州大学社会学院与苏州市红十字会携手合作，成立全国首家红十字运动研究中心，旨在通过学界和业界的联合，推动和加强红十字运动的理论研究，探究红十字运动中国化的过程与特色，凝练红十字文化价值，探求红十字运动在构建国家软实力和促进中华民族伟大复兴中的地位与作用。同年 12 月 9 日，中国红十字会总会也提出，“确定一批研究课题，组织专家学者开展对国际红十字运动及中国红十字运动的深入研究”①。由此，学界、业界共同开展了对红十字运动

① 中国红十字会总会：《关于加强和改进宣传工作的意见》，红总字〔2005〕19 号。

的学术研究与理论探讨。

多年来，红十字运动研究中心除通过专业网站（http://www.hszyj.net）发布和交流学界、业界动态外，已出版研究成果数十部；帮助一些地方红十字会建立与高校的合作，搭建平台，共同开展研究；举办了首届红十字运动与慈善文化国际学术研讨会；培养了一批专门研究红十字运动的生力军；积累了大量的学术资料。中心主要研究人员还借助在各地讲学的机会，传播重视红十字运动研究的理念。正是在红十字运动研究中心的引领之下，红十字运动研究在中华大地上呈现出生机勃勃的发展态势，并取得了丰硕的成果，"新红学"① 呼之欲出。仅以2011年为例，各地以纪念辛亥革命100周年为契机，纷纷整理、编辑出版了地方红会百年史；有的红会还与高校合作组建相关研究中心，等等，② 通过这些方式，有力地推动了红十字运动研究向更深更广的方向发展。

当今世界正处于大发展大变革大调整时期，多极化、经济全球化深入发展，科学技术日新月异，各种思想文化交流交融交锋更加频繁，文化在综合国力竞争中的地位和作用更加凸显。2011年10月18日，党的十七届六中全会通过的《中共中央关于深化文化体制改革推动社会主义文化大发展大繁荣若干重大问题的决定》，提出要推动社会主义文化大发展大繁荣。11月7日，教育部发布了《高等学校哲学社会科学繁荣计划（2011—2020年）》，大力提升高等学校人才培养、科学研究、社会服务、文化传承创新的能力和水平。12月7日，全国人大常委会副委员长、中国红十字会会长华建敏在中国红十字会九届三次理事会上提出，"要深化理论研究，充分挖掘红十字文化内涵，推进红十字文化中国化，广泛传播人道理念，在全社会推动形成良好的道德风尚"③。红十字"文

① 在2009年4月于苏州大学召开的"红十字运动与慈善文化"国际学术研讨会上，红十字运动研究中心主任、江苏红十字运动研究基地负责人、苏州大学教授池子华指出，经过100多年波澜壮阔的实践发展和学术界呕心沥血的开拓性研究，在人文社科领域构建一门"新红学"——红十字学，条件已经具备，时机已经成熟。见池子华：《创建"红十字学"刍议》，《中国红十字报》2009年4月17日。

② 池子华、郝如一：《2011年红十字理论研究之回顾》，《中国红十字报》2012年1月3日。

③ 《中国红十字会九届三次理事会召开》，《中国红十字报》2011年12月9日。

化工程”已然成为红十字会总体建设目标之一①。进一步加强与拓展红十字运动理论研究，尤其是对红十字文化中国化的研究，已成为历史与现实的呼唤。

有鉴于此，红十字运动研究中心继续发挥高等学校与业界合作的优势，汇聚研究队伍，科学选题，出版一套“红十字文化丛书”，弘扬有利于国家富强、民族振兴、人民幸福、社会和谐的思想和精神，凸显红十字文化在中国文化园地中的地位，使红十字文化在神州大地上更加枝繁叶茂，促进中国红十字事业可持续发展，推动红十字文化的国际交流。

“红十字文化丛书”的出版，得到了中国红十字基金会、江苏省红十字会、苏州大学社会学院、上海市嘉定区红十字会、浙江省嘉兴市红十字会、江苏省盐城市盐都区红十字会等单位的鼎力支持，也得到红十字国际委员会东亚代表处及中国红十字会总会的关心和指导，在此谨致衷心感谢。

池子华

2012年6月于苏州大学

① 池子华：《“文化工程”应成为红十字会总体建设目标之一》，《中国红十字报》2009年12月11日。

序

习近平总书记在接见出席中国红十字会第十次全国会员代表大会的代表时指出："我国红十字事业是中国特色社会主义事业的重要组成部分，中国红十字会是党和政府在人道领域联系群众的桥梁和纽带"，"红十字是一种精神，更是一面旗帜，跨越国界、种族、信仰，引领着世界范围内的人道主义运动。"习总书记的讲话使红十字人深受鼓舞，为红十字事业发展营造了良好的社会环境，启发社会各界对于红十字事业发展问题的思考。

在这个社会矛盾凸显、机遇与挑战并存的特殊时期，人道需求也发生了复杂而深刻的变化，贯彻落实《中国红十字事业发展规划（2016—2020年)》，以"依法治会"为引擎，推动红十字会制度建设是实现中国红十字事业可持续发展不可或缺的能力建设目标之一。但是，很显然，当前的制度建设没有及时跟进，一些制度不具有约束性或约束性不够强大。对此，有必要追溯中国红十字会制度建设的发展历程，以史为鉴，构建当今红十字会制度建设的理论体系。

《民国时期中国红十字会制度建设》一书借助于红十字运动研究中心这一有利平台，从制度角度剖析中国红十字运动的历史，可谓视角新颖。作者通过搜集整理《申报》《新闻报》《中国红十字会月刊》《中国红十字会会务通讯》等报纸杂志中与中国红十字会制度相关的史料规章，条分缕析，再现民国时期中国红十字会制度体系，深层次、多角度探讨其制度变革的前因后果，为读者展现了一个较为客观、全面的制度建设面貌，是红十字文化研究的重要成果。具体而言，该书详细叙述了民国时期中国红十字会的制度内容，涉及红十字运动中的组织建设、职员管理、会员征募、财务经费、人道救护、标志标识使用等方面，为当今红十字会深化管理体制改革，创新组织运行机制、募捐机制、用人机制，健全考核和评估机制，完善监督管理机制，以及与国际红十字运动互动等重大问题提供了思路。而书中所述关于民国时期中国红十字会制度建设的局限，一定程度上也值得今天的红十字人在进行制度建设过程中借鉴和反思。

制度建设在理论上是没有终点的动态过程，没有最好，只有更好。民国时期，中国红十字会所进行的一系列制度建设与创新并非尽善尽美，但是，作为中国红十字运动史上的重要内容，却是新中国成立后中国红十字会开展制度建设的基石，对当代红十字会制度创新与发展有积极意义。

本书是李欣栩在其硕士学位论文基础上修改完善而成。作为硕士论文，能够成此规模，实属不易；而能公开出版，亦不多见。这与李欣栩同学勤奋好学、刻苦努力是分不开的。如今她以优异的成绩“硕博连读”，开始了博士研究生的学业。作为导师，希望她一如既往，开拓进取，奋发有为，在学术上取得更大成绩。

是为序。

池子华

2017 年 4 月 8 日

目　　录

绪　论

作为近代社会最活跃的慈善团体之一，中国红十字会包括红十字会总会及其地方分会，与之相应，其制度建设亦与总会及分会的组织管理、人道救助、社会服务等实践活动息息相关。本书以中国红十字会总会及分会为对象，探究其在民国时期的制度建设情况，具有重要意义。

一、选题价值

（一）学术价值

近年来，关于中国红十字运动的学术著作、论文不断问世，国内逐渐形成了相对独立的学术研究领域。从某种意义上说，红十字运动史就是一部红十字会制度不断建立和完善的历史，对这一课题的研究具有突出的学术价值。

首先，它为探讨近代社会变迁打开了一个新的窗口。凡勃伦认为："制度必定随着环境的变化而变化，因为就其性质而言，它就是对这类环境引起的刺激发生反应时的一种习惯方式。而这些制度的发展也就是社会的发展。"① 民国时期，战争迭起，灾害频发，战争和灾荒呼唤人道主义。对红十字会而言，规范人道救助行动、满足人道需求，使得国家的政治乃至军事干预均可成为民国时期红十字会制度建设的重要缘由。作为民国时期最大的慈善组织，红十字会的制度建设对于认识近代社会自然环境及人文环境的变迁，对于认清民国时期政府与民间社会团体关系的变革，对于了解近代中国慈善事业发展大有裨益。

其次，它便于追溯红十字会运行机制确立的历史渊源。诺斯认为，"制度是社会游戏（博弈）的规则，是人们创造的、用以限制人们相互

① 转引自秦海：《制度范式与制度主义》，《社会学研究》1999 年第 5 期。

交流行为的框架”[①]。规章的制定，其作用主要在于规范和约束。规章制度的发布，既是由于社会外部环境的推动，也是红十字会自身发展的需要。在红十字运动中，为规范和约束红十字人员的活动、为培养更多的专业人才、为促进红十字会组织运转的科学化，加强制度建设成为推进红十字事业发展的必要保障。从制度的角度研究红十字会，有助于深入考察近代红十字会的组织结构和内部运行机制。

再次，它利于加深对红十字文化内涵及传播过程的认识。红十字会制度是一种文化现象，是文化发展的产物。任何制度的产生和形成，都是特定文化轨迹或文化需求的反映。制度的出现，是将各种零散的文化因子予以集约化、秩序化和社会化，以满足人们各类活动的需要。因此，一方面，制度具有深厚的文化基础，并能将这些基础转化为自身的一些特征；另一方面，制度的实施影响着文化传播的过程。正如马林诺夫斯基所说：“所有文化进化式传播过程都首先以制度变迁的形式发生。”[②] 从文化学角度看，民国时期红十字会的制度建设，折射出民国社会的文化环境及红十字文化的传播过程。

最后，它是考察民国慈善法体系发展水平的范例之一。基于社会、经济发展对法律创新的内在要求及其他外部因素的推动，民国时期的慈善法体系不断完善。从立法学角度讲，北京政府统治时期是慈善立法的初创阶段，南京国民政府时期是近代慈善立法的发展完善阶段[③]。红十字会法属于部门法，隶属于慈善法体系，相关条例的出台同样需遵照一定的立法流程。该流程规范与否影响着法律颁布后社会影响的好坏，而法律实施的效果则牵动或制约着民国时期红十字事业的发展。因此，对红十字会制度建设的考察，可揭示民国时期国家慈善法体系的发展情况。

总之，本书尝试从制度建设的角度，结合历史学、立法学、文化学的相关理论，对中国红十字会制度建设进行初步分析，以弥补相关研究领域的不足，为中国红十字运动研究添砖加瓦，以期引起学界对红十字制度建设的重视。

（二）现实价值

2015 年 10 月召开的党的十八届五中全会强调，实现“十三五”时

① 转引自北京大学中国经济研究中心：《经济学与中国经济改革》，上海人民出版社 1995 年版，第 2 页。

② ［英］马林诺夫斯基著，黄建波等译：《科学的文化理论》，中央民族大学出版社 1999 年版，第 56 页。

③ 周秋光：《中国近代慈善事业研究》，天津古籍出版社 2013 年版，第 776 页。

期发展目标，破解发展难题，必须牢固树立并切实贯彻创新、协调、绿色、开放、共享的发展理念。在此背景下，作为政府在人道领域的得力助手，在全面深化改革旗帜的引领下，推动制度建设、促进能力提升将成为红十字会改革的重要领域。剖析民国时期的红十字会制度建设，对于推动当前红十字事业发展具有借鉴意义。

首先，它可为红十字会解决面临的现实问题提供参考。党的十八届三中全会拉开了全面深化改革的序幕，如何加强党和国家的制度建设成为社会讨论的焦点。作为一个社会团体，加强制度建设是全面提高红十字事业发展水平的科学举措，制度创新将从根本上加快中国红十字会的发展步伐。众所周知，"郭美美事件"使红十字会公信力受到重创，但这只是一个导火线，它所引发的是对红十字会内部多年来所存积弊的反省，如信息交流平台不完善、经费管理不透明、对红十字会工作的宣传力度不够等。对此，有学者从制度主义的角度探讨问题，主张完善制度体系、扩大公众信息量、重塑公信力，而做到这些的关键在于要有完善的监督机制和信息披露平台①。随着红十字会改革号角的吹响，制度建设被视为提升自身能力的关键。对民国时期红十字会制度建设进行理论研究，将为当今的红十字会建设提供借鉴。

其次，它推动当代中国红十字运动的法制化进程。由于历史和现实的原因，中国红十字会的立法工作一直比较薄弱，红十字会的许多工作因此得不到法律的保障和确认。改革开放以后，在立法方面，中国红十字会组织立法考察团，了解其他国家的红十字会法，并于 1988 年在关于《中国红十字会体制改革设想》中第一次正式提出"红十字会立法问题"，这标志着"红十字会法"的立法进程正式开始②。1993 年 10 月，八届全国人大常委会第四次会议通过了《中华人民共和国红十字会法》，表明中国红十字运动的法制化进程迈上了一个新台阶。20 多年来，在《红十字会法》的规范与保障下，中国红十字会锐意改革，努力奋进，取得了令人瞩目的业绩。如今，随着中国社会的不断发展和红十字事业的实际需要，《红十字会法》的修订工作提上了议事日程。2017 年 2 月，十二届全国人大常委会第二十六次会议修订通过了《中华人民共和国红十字会法》，2017 年 5 月 8 日起正式施行。《红十字会法》的制定与修

① 赵庆芳：《从制度主义视角探讨"中国红十字会"危机》，《群文天地》2012 年第 4 期。

② 中国红十字会总会编：《中国红十字会历史资料选编，1950—2004》，民族出版社 2005 年版，第 190 页。

订，既是红十字会自身制度建设不断完善的过程，也是推动中国红十字运动科学化、规范化、法制化的关键举措。

再次，它促进中国红十字运动走向世界。随着世界政治经济一体化进程加快，中国必然要走向世界，在国际竞争中谋求发展。在全球化浪潮下，当代中国的改革与发展始终是以制度变革与创新为主线。因此，制度的创新与发展将成为中国未来改革的主题，也成为当代中国走向现代化历史进程的必然选择①。作为国际性组织的红十字会，亦应遵循中国改革与发展的主线，积极融入国际红十字运动，推动中国红十字运动本土化与国际化的融合，向世界展示人道行动的“中国样本”，彰显中国红十字运动的风采。

最后，它促进制度文明的发展。尽管制度的作用在当代社会日益凸显，但当代中国社会对制度的认识与社会发展对制度的需求之间还存在较大的差距。社会对制度的认识大多处于模糊的认识阶段，缺乏清晰、系统的认识。为此，在实践基础上开展以制度为主要对象的理论研究，利于在全社会形成一种制度意识。由此来说，以现实的历史经验为依据，展开对红十字会制度的研究，这既是中国红十字会发展的要求，也是当代中国推进制度建设的具体表现；既可以帮助社会对红十字会制度有更加理性和全面的认识，培养社会的制度意识，也可以促进现代化建设大环境下制度文明的发展。

简而言之，本书旨在通过对红十字会制度建设历时性与共时性、历史性与现实性的思考，揭示对这一课题进行研究的学术意义与现实意义。

二、学术史回顾

（一）研究成果概况

到目前为止，学术界对这个问题的研究还比较薄弱，尚无一本以民国时期中国红十字会制度建设为研究对象的专著出现。不仅如此，对于“红十字会制度建设”这一名词目前亦无统一的界定，而且对红十字会制度体系缺乏系统、全面的考察。仅就目前成果来看，学界对民国时期中国红十字会制度的研究内容有限，主要涉及以下三方面，在此略作概述。

一是对立法过程的论述。张建俅将国民政府成立后至抗战爆发前的

① 辛鸣：《制度论——关于制度哲学的理论建构》，人民出版社2005年版，第2页。

红十字会组织发展情况概括为“从民间团体到官商共治”，在此基础上从制度立法到制度执行层面，论述了“政府立法管理”及“总会遵循法律完成改组”的经过，对1934年的《红十字会章程》草案及红十字会针对政府立法的修改意见进行分析，认为1933—1934年的政府立法最大特点在于确立红十字会必须接受国民政府的监督，“这可说是中国红十字会历史上的一大变革”，并指出经过1934年的改组，“红十字会已彻底纳入国民政府的管理”①。曾桂林借用立法学的相关理论知识，分阶段对民国时期红十字会的立法过程进行考察。他认为，1914年北京政府颁布《中国红十字会条例》，开启了民国时期红十字会立法的序幕，继而南京国民政府时期多次修订《中华民国红十字会管理条例》及其施行细则，再到20世纪40年代末草拟《中国红十字会法》。在此过程中，中国红十字会逐步建立起较为严密的法规体系，在规范红十字会组织、增强慈善救护能力等方面发挥了一定作用。同时，他也指出，民国时期的红十字立法还存在不足，主要表现在：一是行政监管色彩浓厚，忽略对红十字会自身合法权益的保护；二是立法水平有限，部分条款内容含糊不清；三是缺乏稳定性，法律的实施受时局影响较大，成效有限②。顾洪等人指出，踏上法制化轨道是民国前期中国红十字会现代化的重要特征之一。他通过回顾民国前期红十字会相关法律的订立过程，指出民国前期我国红十字会立法已具雏形，并强调中国红十字人道行动遵循国际红十字运动原则的“公正性”特征③。

二是对章程地位的阐释。池子华认为，民国肇建，为适应新形势，中国红十字会也力图求新求变，建章立制，实现规范管理。为此，他在分析“统一”内涵的基础上，对统一大会通过的《中国红十字会分会章程》予以评价，指出其在规范分会管理、规范总会与分会关系方面的作用。简言之，中国红十字会向规范化管理迈出了至关重要的一步④。张建俅亦曾指出，“中国红十字会各项制度如组织、会员、分会等都是在民国元年通过《中国红十字会章程》确定下来”⑤。羡萌重点提及1912

① 张建俅：《中国红十字会初期发展之研究》，中华书局2007年版。

② 曾桂林：《民国时期的红十字会立法初探》，《苏州大学学报》（哲学社会科学版）2009年第5期。

③ 顾洪、袁玲：《民国前期慈善组织的现代化转型》，载《〈红十字运动研究〉2013年卷》，合肥工业大学出版社2013年版。

④ 池子华：《民国肇建与中国红十字会的转型》，载《民国研究》2012年秋季号，社会科学文献出版社2012年版。

⑤ 张建俅：《中国红十字会初期发展之研究》，中华书局2007年版，第42页。

年的《中国红十字会章程》《中国红十字会分会章程》，指出章程的制定比较完备、规范，也更符合国际红会章程通例，对分会与总会关系、宗旨、义务等做了具体规定，使中国红十字会向规范化管理迈出了重要一步①。袁玲通过对1922年《中国红十字会修正章程》内容的具体分析，指出该章程是红十字会反“官办”、反政府控制的强硬举措之一；在探讨上海总办事处开展的战地救护行动时，作者注意到总办事处所颁布的《上海中国红十字会出发救护队临时章程》《出发救护队临时要则》等规章，在救护队的组织结构、队员守则、奖恤惩罚等方面做了明确规定，认为这些规章在战地救护中对约束队员行为、维护红会名誉、提高救护效率起到重要作用，而规章的颁布又是红会规范管理的又一尝试，对红十字会今后各项制度建设有一定示范作用②。

三是对组织体制的考察。池子华认为，1912年会员大会的召开标志着中国红十字会工作步入正轨，完成了董事会制向常议会制的会内运作体制的转变，“京沪合并”化解了京会、沪会之间的隔膜，有利于中国红十字会事业的协调发展③。张建俅在考察红十字会组织的过程中提出了“二元结构”的概念，即“红十字会内部组织南北分立、北京总会与上海总办事处、常议会之间长期处于紧张关系”，他认为对这种分立现象及在此关系下运作模式的观察，“一方面可以了解政府与民间争夺社团领导权的角力过程；另一方面也可以有助于说明世界普设的红十字会如何适应中国特殊的文化、政治乃至社会背景，突破传统慈善团体的区域局限，最后发展成为中国第一个常设性质的全国慈善团体”④。曾桂林等人在分析红十字会立法过程的同时，也通过对规章内容的解读勾勒出了红十字会领导体制从建立常议会制，到理、监事会制取代常议会制，再到监事会制被取消的演变过程⑤。羡萌分析民国以前的董事会制，认为该制度在红十字会步入正常发展的轨道之后就不适应了，因此1912年红十字会从董事会制转为常议会制具有一定的必要性。1919年，蔡廷干加强红会内部建设，在常议会之下设立会员委员会，下设财政、赈

① 羡萌：《民国时期中国红十字会研究（1912—1924）》，天津师范大学2004年硕士学位论文。

② 袁玲：《民国北京政府时期上海红十字运动研究》，苏州大学2014年硕士学位论文。

③ 池子华：《中国红十字会的1912年》，《钟山风雨》2002年第4期。

④ 张建俅：《中国红十字会初期发展之研究》，中华书局2007年版。

⑤ 曾桂林：《民国时期的红十字会立法初探》，《苏州大学学报》（哲学社会科学版）2009年第5期。

灾、卫生及交际四股，这种改制使红十字会在组织管理部门化和专门化方面向前迈出了一步①。

（二）研究总体特征

上述成果表明，在中国红十字运动史的研究方面，学者注意到从规章制度的角度思考问题。但总体而言，以下几方面尚待加强和改善。

其一，在内容方面，研究的着力点相对集中，需进一步拓宽研究领域。从当前的研究成果看，对民国时期中国红十字会的考察主要集中于战地救护、灾害救助、社会服务、红十字会与政府关系等领域，对红十字会制度建设关注不足，相关研究尚未全面展开。不可否认，部分学者已经意识到从红十字会立法的层面分析问题，如通过对 1912 年的《中国红十字会章程》《中国红十字会分会章程》、1914 年的《中国红十字会条例》、1932 年的《中华民国红十字会管理条例》及其《施行细则》、1943 年的《中华民国红十字会战时组织条例》等规章的分析，说明民国时期红十字会与政府的关系。但所依据的材料仅局限于这几部法律，尚缺乏对其他具体规章条例及整个制度体系设计的全面探讨。不言而喻，抗战时期出台的《中华民国红十字会总会救护总队部任用工作人员暂行办法》《中华民国红十字会总会救护总队部医疗大队部组织及办事通则》《中华民国红十字会总会救护总队部材料库组织规程》《中华民国红十字会总会救护总队部运输站（队）组织规程》等规章，规定了总会救护总队部在人员组织、救护培训、物资运输、医疗卫生等方面的要求，对这些条例规程的考察可加深对中国红十字会管理的规范化、制度化的认识。除了制定规章，制度建设还体现在红十字会的日常工作管理、人道行动中。为此，加强制度建设研究还应对红十字会的具体活动予以理论分析。如在论述人道活动时，除了概括具体行动之外，还应注意红十字会对救护队的组织程序、标志标识使用的规定和管理等，这些也是制度建设的内容之一。此外，仅对红十字会制度进行理论层次的分析是远远不够的，还应有意识地去审视其相关实践成果，用实践去检验制度设计的优劣及制度执行的可能性，这不仅有助于了解民国时期的红十字运动，还可为当今的红十字会制度的完善提供经验、借鉴。

其二，在方法方面，以史料解读为主，需要创新研究的理论与方法。毋庸置疑，池子华、周秋光、张建俅等学者已为民国时期红十字运

① 羡萌：《民国初期中国红十字会的发展——兼论近代社会团体与政府的关系》，《兰台世界》2011 年第 1 期。

动研究的理论建设做出了较大贡献，为晚学之辈开辟了道路。但也应承认，关于红十字运动研究的理论探讨还不够深入，与制度建设相关的理论探究成果更是寥寥无几。红十字运动作为“舶来品”，其在中国的发展壮大必然要受到中国政治、经济、文化、军事等因素的影响，其具体工作内容又和医疗卫生、社会保障等领域密切相关。这就必然要求在研究方法方面注意多学科研究方法的“新的综合”，即学科之间的交叉、渗透，也即“跨学科”研究。换言之，对于政治学、经济学、社会学、文化学、制度学等学科的研究方法，我们都可尝试将其运用到对中国红十字会制度建设的研究中去。以文化学为例，制度是一种文化现象，它是文化发展的产物，同时影响着文化的传播。因此，从文化传播的角度考察制度建设，不失为可行之策。

其三，在史料方面，现有参考史料有限，仍需加大资料挖掘力度。史料为治史的基础，是“发现历史”的前提，史料的丰富程度及其准确性影响着史实的可信度、史学研究的范围以及史家论说的力度，因而要格外注重史料的甄别和正确运用。因此，要对民国时期中国红十字运动形成全面、客观、公正的认识，加大资料建设力度则是当务之急。一方面，要加大对相关史料的整理力度，扩大搜集范围。近年来，相关史料整理方面已有初步进展，但多以公开发行的、影响较大的报刊资料及红会内部资料为主，还有大量未公开的档案资料、译著、地方小报及海外资料等亟待挖掘。如在档案方面，中国第二历史档案馆、贵州省档案馆、贵阳市档案馆、上海市档案馆、北京市档案馆、南京市档案馆都藏有丰富的民国时期红十字运动资料。这些档案是研究民国时期中国红十字会的重要史料。如今虽有一些红十字运动资料集出版，但内容大多与红十字会的人道救助活动有关，而与红十字会制度建设相关的制度规章则较少涉及，亦或缺乏系统的整理，这大大制约了红十字会制度建设研究的进程。另一方面，在运用已有可参考史料时，应全面挖掘史料的价值。如在分析战地救护史料的过程中，不仅要关注与红十字救护活动直接相关的内容，同时还要关注红十字会组织救护队的流程、人员结构、经费调拨方式等，以此揭示其在制度层面的价值。总之，在制度建设方面，拓宽资料来源渠道，运用多种方法和技术搜集、整理、考证和运用史料的工作，仍需加强。

总体而言，关于民国时期红十字会制度建设的研究成果寥寥，相关资料建设亦待加强，属中国红十字运动研究中的新领域。制度建设是现代文明的重要特征，民国时期是中国向现代化转型的关键时期。这一阶段，社会政治、经济、文化环境的变迁影响着整个国家与社会团体的制度变迁。为此，借鉴历史学、政治学、制度学、文化学等跨学科研究理论和方法，对各项制度的确立背景、制度渊源与沿革、实施效果、社会影响等问题进行具体分析，以再现民国时期的中国红十字会制度体系，对进一步认识中国红十字会的历史仍有重要的意义。

这里有几个相关概念，界定如下。

制度与制度建设：所谓制度，现代汉语将其定义为："要求大家共同遵守的办事规程或行动准则。"诺斯认为，"制度是指以宪法、法律、法规为基本内容的正式规则和以习俗、传统、习惯等形式存在的非正式规则交错构成的一整套规则体系及其实现机制"①。还有人认为，制度是指"任何一个相对独立的社会集团或组织单位，对自身的结构体系和活动方式所作的设计与规范，也是它对其所属部分和个体人员的行为施加约束的一种规范方式"②。总体来说，制度是一种行为规范或传统礼俗，对社会团体及个人的活动有规范、约束作用；而制度建设，即制度体系的建设与完善，包括各项制度的拟定、颁布、施行及修改完善等。

红十字会制度与红十字会制度建设：池子华立足于当前的中国红十字会发展状况，认为"制度就是依据《中华人民共和国宪法》和《中华人民共和国红十字会法》而形成的一系列规章。红十字会制度建设就是为满足人道需求而制定、推行和完善制度体系的过程"③。据此，在政权更迭频繁的民国时期，中国红十字会制度即中国红十字运动过程中约定俗成的行动准则，以及依据《中华民国临时约法》《中华民国约法》《中华民国宪法》等法律而制定的一系列规章；中国红十字会制度建设涵盖了民国时期红十字总会及其地方分会为开展人道活动和自身建设而推行的一系列规章、条令的制定、颁布、执行与完善的过程。

三、研究方法及基本框架

（一）研究方法

章开沅在《清末邮传部研究》一书的序言中指出："我只想借此机会再次强调：实证研究应是史学研究的基础。"④ 茅海建在其《戊戌变法史事考·自序》中也强调史学实证方法的重要性，认为"在不可靠的

① 诺斯：《制度、制度变迁与经济绩效》，生活·读书·新知三联书店 1994 年版，第 3 页。

② 萧斌：《制度论》，中国政法大学出版社 1989 年版，第 71 页。

③ 池子华：《以制度建设推动能力建设》，《中国红十字报》2011 年 4 月 1 日。

④ 章开沅：《序言（一）》，见苏全有《清末邮传部研究》，中华书局 2005 年版。

‘史实’上，现在正运行着大量的推导、演绎、归纳也只能是不可靠的，学术发展到今天，我们的手中已经不缺乏结论，相反的是，我们的思考却为各种各样相互抵牾的结论所累。其中一个大的原因，即为各自所握的‘史实’皆不可靠。因此，到了21世纪，我个人认为，在我们这一专业中，最重要的工作似为‘史实重建’”①。两位学者都强调，历史研究需要建立在掌握大量的、充分的史料基础上，注重对史料进行考证分析。

为此，本书秉承历史学实证方法，首先以历史文献为主要参考资料，通过梳理与民国时期中国红十字会制度建设相关的章程条例、政府公文、总统训令、报刊公告等，综合再现民国时期中国红十字会制度建设的历史。因目前还未出现系统研究红十字会制度建设的专门性学术成果，诸多史料散布于不同资料中，所以本书重在爬梳史料，钩沉历史。尤需一提的是，随着“互联网+”时代的到来，本书写作过程中除了借助于《中国红十字会历史资料选编，1904—1949》《战地红十字——中国红十字会救护总队抗战实录》及苏州大学红十字运动研究中心出版的有关红十字运动资料的纸质图书外，还通过查阅“全国报刊索引数据库/上图晚清和民国期刊全文数据库”“申报数据库”等电子资源，在线获取相关资料，从而避免了搜集各种琐碎资料的繁复劳作。其次，本书是中国红十字运动研究的组成部分，为更好地从制度层面认识红十字运动的历史，笔者还借鉴法学、文化学等学科的理论与方法，采用多学科交叉的研究方法对民国时期中国红十字会的制度建设进行深层次和创新性研究，一定程度上突破传统单一运用史料分析方法的局限。

（二）基本框架

本书的基本框架为：绪论、正文和结语。

绪论部分，主要阐述选题的缘起和价值，对民国时期中国红十字会制度建设的学术史进行回顾，并介绍全书的研究对象、研究方法、创新与不足等问题。

正文分为五章：第一章，探讨民国时期中国红十字会制度立法，从基础性规章、专门性规章两个方面概述红十字会制度的规章体系，最后从人道需求、行政干预、自身发展及清末以来有识之士对红十字运动的认识、古今中外思想文化的影响几个维度来分析制度变迁的动力。第二、三章，梳理民国时期中国红十字会制度体系，分组织运行、人事管

① 茅海建：《戊戌变法史事考》，生活·新知·读书三联书店2004年版，自序。

理、财务会计、文书档案、会员工作、人道救助及标志使用七个部分。第四章，通过对难民救济相关章程条例的梳理和分析，揭示红十字运动实践活动制度化的可能性，并以北京政府时期为例分析难民救济过程中建章立制的尝试。第五章，对民国时期红十字会制度建设进行评析，概括其总体特征，评述制度建设的功能，指出其局限。

结语和附录部分，结语是对全书进行总结和提升，附录则是对制度建设过程中诸多大事的梳理。

四、创新与不足

（一）创新

从内容上讲，本书在前人研究成果基础上，转换视角，从制度建设的角度研究民国时期红十字会的历史，对相关制度的制定背景、章程及相关会议内容、实施影响等方面进行深层次探析，以期认识民国时期中国红十字会制度建设的变迁动力，构建起一个相对完整的制度体系，拓宽近代红十字运动研究的领域。

从方法上讲，本书不仅采用历史学的方法进行史料的考证和引用，同时吸收制度经济学、政治学、社会学乃至文化学等学科的研究理论和方法，对其制度建设过程进行历时性和共时性的分析，揭示红十字会制度建设与社会政治、经济、文化环境及自然环境变迁之间的互动关系。

（二）不足

第一，在内容框架方面，因为制度规范所构成的是一个庞大、复杂的体系，涉及和需要探讨的内容很多，所以全书在谋篇布局方面仍需斟酌推敲。

第二，在史料引用方面，本书虽然援引大量史料，但仍有部分资料尚未得到整理和使用，在史料的解读和取舍上也难免会有疏漏。

第三，在观点论证方面，因笔者水平有限，对历史现象的理论分析力度不足，探讨问题的视角和深度有待提高。

第一章　红十字会制度建设的历史进程

制度是个抽象的概念，既包括要求大家共同遵守的办事规程或行动准则，也包括在一定历史条件下形成的法令、礼俗等规范或一定的规格。这些规则、礼俗等以规章形式记录和呈现，构成了具有指导性、强制性和约束力的规范性文件。中国红十字会自成立后，便着手拟定章程。1904 年，五国合办的上海万国红十字会在救援实践的基础上制定了《上海万国红十字会暂行简明章程》；1907 年，中国红十字会实现自办；1910 年，以沈敦和为首的上海红十字会推出《中国红十字会试办章程》。这些文件的拟订为民国时期红十字会法律的制定与修正奠定了基础。至民国时期，中国红十字会进入新的历史发展阶段，不仅从事战地救护、自然灾害救济，每年还循例开办时疫医院、种植牛痘等，与之相关的规章亦陆续出台。

第一节　中国红十字会基础性规章的沿革

所谓基础性规章，是关于红十字会性质、目标、任务、结构、组织原则、组织成员权利与义务以及组织活动规则的规定，既包括中国红十字会经全国会员大会修订完善的基本章程，也包括政府参照红十字会基本章程、国外红十字会法及本国实际情况拟定的管理条令。其中，规范性的红十字会章程通常是比较正式的、成文的、成体系的，包括以南京临时政府时期的《中华民国临时约法》、北京政府时期的《中华民国约法》、南京国民政府时期的《中华民国宪法》及各项政府颁布的与慈善事业相关的法规法令为依据，并参照万国红十字会章程起草拟订、经全国会员大会审议通过的《中国红十字会章程》《中国红十字会分会章程》等。伴随着红十字会基本章程的修订及人道需求的变化，政府亦借助于法律手段及时订立和修改《中国红十字会条例》《中国红十字会条例施行细则》及其后的《中华民国红十字会管理条例》等，以期加强对红十字会的监管。这些规章是维系社会不同阶层共同参与红十字事业的行为准则，是中国红十字会制定其他章程的基础，也是国家宪法和法律之外规范中国红十字运动实践的纲领性文件。

一、南京临时政府及北京政府时期

1912 年初，日本赤十字社有贺长雄博士受邀来华，针对中国红十字事业，提出可效法欧洲，“将该会试行章程求请修订，大旨为博爱、慈善、恤兵、拯民之意”①。而此时的中国红十字会，正面临南北“各自为政”、互争主导权的尴尬局面。对此，北京方面先后两次派福开森赴上海与沈敦和协议合并事宜，最终福开森以“慈善事业本无所用其竞争”为由获沈敦和认同，双方签订《中国红十字会合并条议》10 项，内容包括“总会设于首都，即北京；聘请正副总统为（名誉）总裁；吕海寰为会长，福开森为顾问；总会除与政府各部会接洽外兼办外交；沈敦和为副会长，常驻上海管理会务；上海红十字会定名为‘中国红十字会总会总办事处’，举江趋丹为理事长；总办事处管理全国各分会事务、医务、募捐、筹赈、防疫，执掌会中财产等事；全国代表大会定于九月二十九日在上海举行；各省统一大会之后亦于上海召开；京沪两会合并后将合并情形由正副会长以公函向各国宣布，双方同意以上条件须经政府方面核准后生效”②。根据协议，1912 年 9 月 29 日，中国红十字会参照《万国红会章程》，在上海召开第一次会员大会，通过《中国红十字会章程》，共 6 章 20 条，成为中国红十字会史上第一个正式会章③，从内容到形式，均较为完备规范，也更符合国际红会章程通例④。10 月，中国红十字会召开统一大会，推定起草员 7 人修改章程，将“所拟总会、分会各章程当众公布”，并提出对于会上通过的《中国红十字会分会章程》，“因各省情形不同，公议施行一年再为修改”⑤。总分会章程的出

① 《日本赤十字社及中国红十字会》，《新闻报》1912 年 2 月 7 日。

② 《上海红十字会来电》，参见易国干：《黎副总统政书》（第 14 卷），（台北）文星书店 1962 年版，第 7 页。

③ 《中国红十字会章程》，参见中国红十字会总会编：《中国红十字会历史资料选编，1904—1949》，南京大学出版社 1993 年版，第 224—226 页。

④ 池子华、郝如一：《中国红十字会百年往事》，合肥工业大学出版社 2011 年版，第 44 页。

⑤ 《红十字会文牍》，《新闻报》1912 年 12 月 6 日。

台，确立了红十字会内部制度，北京总会、上海总办事处各司其职，基本落实了《中国红十字会合并条议》诸项内容。在此二元结构下设计常议会制度，从而使红十字会开始实行“三权分立”的管理运作机制。

此时虽已是民国，但与晚清政府一样，北京政府一直力图将红十字会置于政府统制之下。1912 年，《红十字会章程》一经公布，便引发北京政府的不满，政府有意直接制定管理红十字会的法律规范。不久，袁世凯向参议院提交《中国红十字会条例草案》，顺利通过一读，其后虽因政治纷争而未完成三读，但终以总统训令形式于 1914 年颁布《中国红十字会条例》，共 11 条，对红十字总会设立、会长及分会长派任、资产管理、年度报告、战时救护等工作进行规范化管理，强调政府部门对红会的监管，但是又完全忽视上海总办事处与常议会的存在，有意以行政命令取代总会章程所赋予总办事处、常议会的合理性[①]。《条例》的公布在红会内部引起轩然大波，红会特派代表与政府交涉，“议订施行规则，藉施行规则妥订变通办法。会议数次，阅时甚久”。为进一步贯彻实行条例内容，1915 年北京政府又通过《中国红十字会条例施行细则》共 10 章 75 条，涉及总则、事业、机关、会员、议会、职员、资产、大会、奖励及附则，规定正副会长直接由政府任命，裁撤总办事处，削弱常议会权力，提出该细则的修改“由常议会提出理由，会长陈请内务、陆军、海军三部会呈大总统修改之”[②]。此次细则“其中仍不无凿枘之处”，而且在细则中称呼上海总办事处为总会驻沪办事处，并大为削减常议会权力，使政府所企盼的降低总办事处及常议会地位从而彻底管控红十字会的意图路人皆知，与条例相比并无改变，甚至于在管理实践中不按红十字会章程进行。如 1919 年 4 月 28 日，“中央命令开去”[③] 沈敦和副会长职务，委任蔡廷干取而代之。政府以行政命令形式取消沈敦和职务并且未经红十字会常议会选举便任命蔡廷干为副会长，这一做法将政府通过人事安排控制红十字会的企图暴露无遗，激起了红十字会内部反抗，江趋丹、吴宝义、王培元相继辞职。

至 1920 年 5 月，内务总长田文烈、陆军总长靳云鹏、海军总长萨镇冰呈文大总统，提出修改《中国红十字会条例》暨《施行细则》，文中指出：“《中国红十字会条例》于民国三年九月曾经奉令公布，又《中国

① 曾桂林：《民国时期的红十字会立法初探》，《苏州大学学报》（哲学社会科学版）2009 年第 5 期。

② 《中国红十字会条例施行细则》，《政府公报》1915 年第 1128 期，第 19—27 页。

③ 《红十字会常议会纪事》，《申报》1919 年 5 月 5 日。

红十字会条例施行规［细］则》于民国四年十月呈，奉指令准如所拟办理等因各在案。是项《条例》暨《规［细］则》行之数年，征诸事实并体察该会现在情形，不无应行修改之处。现经内务、陆军、海军三部会议，依照《中国红十字会条例施行规［细］则》第七十五条，将该项《条例》及《施行规［细］则》修改数端，俾臻尽善。是否有当，理合缮具全文呈请鉴核，训示公布施行。”① 该文一经呈递，总统徐世昌即发布第一三三九号指令：“《呈：修改〈中国红十字会条例〉暨〈施行规［细］则〉呈请鉴核由》，呈悉，准如所拟办理。”② 6月3日，该项修正《条例》及《施行细则》公布③。相比于前次颁布的《施行细则》，此次的《细则》共9章76条，删除了“机关”一章，并在原有“奖励”基础上增添“惩罚”内容，合并为“奖励及惩罚”一项。同年，红十字会改订新章，确定推广征集会员之法，在原基础上增加“普通会员”“学生会员”两种；另又改订《组织分会章程》，涉及分会的职员、事业、会员奖惩、议事会、医院及救护队等④诸项事宜。

北京政府颁布的《中国红十字会管理条例》暨《施行细则》一经公布即引发上海方面的强烈反对，他们希望相对于北京总会方面能保持自身一定的独立地位。杨晟认为，中国红十字会成立之初即为“公共组织之慈善团体”，而非“国家组织之慈善团体”，无须政府介入干预。会员大会召开前，常议会公开电复汪大燮会长：“尊处之通电，固借《条例》以为词，查此项所谓《条例》《规［细］则》，系于民国九年发布，未经本议会常会通过，即不为本会同人所承认。”这通电文实际上是向北京政府表态，反对新法令，维护常议会权力并力保留在上海。而对于《条令》及《细则》中关于会长人选的产生、总办事处及常议会的调整，常议会亦坚持维护红十字会及自身的地位，认为“（一）红十字会之会长、副会长从前本由选举，民国三、四两年，政府不经国会议决，突然颁布一种《条例》及《施行细则》，剥夺红十字会会员对于会长、副会长之选举权，常议会以为此种不合法律手续之命令，并无服从之义务；

① 《呈：内务总长田文烈、陆军总长靳云鹏、海军总长萨镇冰呈大总统为修改〈中国红十字会条例〉暨〈施行规［细］则〉呈请鉴核文（附条例规则）》，《政府公报》1920年第1546号，第12—21页。

② 《大总统令：大总统指令第一千三百三十九号》，《政府公报》1920年第1533号。

③ 《内务总长田文烈、陆军总长靳云鹏、海军总长萨镇冰呈》，《政府公报》1920年6月3日。

④ 《中国红十字会二十年大事纲目》，《中国红十字会二十周年纪念刊·纲目》，1924年印行，不著页码。

（二）上海之总办事处已有十九年之历史，恤兵、救灾皆于国中为之首倡，又尝参预［与］华盛顿及日来佛红十字会联合大会，政府自三年以来，总思将上海总办事处取销［消］，归并北京，常议会以为北京只可作为政治之策源地，而万不可作为慈善之总机关；（三）常议会与总办事处同时在上海成立，政府主张取销［消］总办事处后，即将常议会移至北京，常议会既主张上海之总办事处必须存在，因［亦］主张对于总办事处之监督机关必须仍在上海设立”，并主张召开会员大会。常议会此次提出修正草案，“欲以全体会员之意思为根据，免受政府非法命令所束缚，反致不能发展”①。

1922年6月25日，中国红十字会第二次全国会员大会在上海总商会按期举行。会长、驻京副会长均“因故”未能到会，这在红会史上是绝无仅有的。大会主席盛竹书致辞：“希望今日到会代表努力，以促进本会应有之职务。”② 所谓“应有之职务”，即争取红会应有之权力，“免受政府非法命令所束缚，反致不能发展”。大会中心议题便是修改会章。27日续开大会，讨论常议会提交的《中国红十字会章程修正草案》，每通过一条，必经剧烈之辩论，与会代表对草案中“常议会”一章分歧最大。28日再次开会，各省分会代表出席者400余人，苏督代表何宗清、上海交涉员代表陆昶彬及宋汉章、杨小川、蔡廷干等均准时列席。由理事长将该会章程修正草案逐条朗诵，请众讨论。间有汉口分会代表退席，言曰：“今日通过会章如与政府条例有所抵触，本会亦不同意。”③ 最终，通过激烈纷争，对草案略作修改，一一通过，拟定《中国红十字会修正章程》共15章71条，分总则、名称及会所、总会与总办事处之职权、事业、财产、会员、常议会、会长副会长及理事长、职员、大会、战时及灾害时之特例、分会、保护、奖励及惩罚及附则，确保常议会在权力运行中的核心地位。大会后又公推怀宁分会江友白、蚌埠分会邓拙齐、当涂分会黄秉彝、崇阳分会殷松龄、开封分会王耀岑、任平甫、吴城分会黄笑侯、洮昌分会吴维民、南京分会柏鹤年、万县分会陈敬之十人为《分会通则》起草员，草拟后提交常议会通过施行，对分会职员、议事会、事业、惩罚、奖励、保护及组建医院和救护队等均有说明。原有的《组织分会章程》亦就此废止。

---

① 《十一年六月会员大会纪事本末》，《中国红十字会二十周年纪念刊·纪事》，1924年印行，不著页码。

② 《中国红十字会全国大会纪》，《申报》1922年6月26日。

③ 《红会全国大会修改会章再志》，《申报》1922年6月28日。

此次大会对部分章程的修正，使北京政府公布的法律未得到完全贯彻施行；而且对于政府所颁章程条令中的某些条款，红十字会有了自己鲜明的立场。在向大总统呈文请予修正章程时，常议会再次声明："窃维《中国红十字会章程》经民国二年第一届会员大会追认通过，旋于民国三年奉颁内、陆、海三部会订之《条例》，四年又奉颁《施行细则》，九年又奉内、陆、海三部会同修正，陈请颁布。在事人员虽明知有扞格难行之处，徒以屡遭顿挫，未能续开大会，即未便轻率陈词，然按之实际，类多率由旧章，未之或改。惟十年以来，以人事之纷纭，即原定章程亦觉有更张之必要。"① 常议会对于新章程的态度由此可见一斑。

二、南京国民政府时期

南京国民政府的成立，实际上标志着"强势"国家的形成，"国民党从巩固政权合法化的愿望出发，努力树立自己政治、军事权威，其结果却是使它走上了专制、独裁的道路，其表现形式即加强对社会的全方位控制……控制的对象无非是共产党和各种民间社团"②。另外，北伐战争期间红十字会在人道救护方面表现得十分消极，为国民政府彻查红会制造了口实。当然，即使红十字会表现得不消极，国民政府依然会加强对红十字会的管控力度，着手对红十字会进行整顿。1928 年 7 月，内政部"以红十字会组织状况及办理情形均属无案可稽"，致函该会要求检送《修正会章》《分会通则》《常议会议员表》《现任职员表》等件，"以为实施管理之查考"。8 月，又依照红会会章规定，会长任期届满，总会应移设首都，令该会照章改选并迅将总会移京，订定详密的会计管理制度。9 月，红十字照章改选并将改选后的正、副会长人选转呈国府予以任命，同时送章备核。然而，南京国民政府并未颁发任命令，仅仅同意将章程备案③。这在一定程度上表明新政府对红十字会的不信任④。1929 年 6 月，国民政府公布实施《监督慈善团体法》，认为依照该法及司法院之解释，红十字会"应与普通地方慈善团体一并受地方官署之监

① 《十一年六月会员大会纪事本末》，《中国红十字会二十周年纪念刊·纪事》，1924 年印行，不著页码。

② 王仲：《强势国家与民间社团之命运》，苏州大学 2002 年博士学位论文。

③ 备案，又可谓立案、存案，是政府审批下级部门、社会组织或个人申报意见后，将其所交申报公文、财产簿册、管理章程等加盖印信，由本部门存为档案以便以后核查的工作。

④ 《内政部·内政年鉴》，转引自曾桂林：《民国时期的红十字会立法初探》，《苏州大学学报》（哲学社会科学版）2009 年第 5 期。

督”[1]。外界报刊所载消息亦指出红十字会为地方慈善团体之一，应按《监督慈善团体法》受地方政府监督。由此可见，国民政府对红十字会的监督管理势在必行。总会则一再坚持红十字会的地位，认为“中国红十字会为国际慈善法团，与世界五十三国联盟，完全独立，不受地方行政官厅之管辖，无备案之必要”[2]。但是，在行政干预和外界舆论下，红十字会感到此事关乎红十字会定位和前途，不得不遵令于1929—1930年“屡次酝酿改组”[3]。同时，1929年12月初，常议会议决推派林康侯、李国杰、王晓籁、狄楚青、闻兰亭为修改章程委员。

1930年4月20日，第三届全国会员大会举行，全国128处分会代表与会，公推主席团王一亭、王培元、闻兰亭、李次山、蒋大秋，记录嵇鹤琴、卫锐峰。大会首先宣布了由常议员林康侯、王晓籁、闻兰亭起草，外交部部长王正廷及内政、卫生二部共同修正的会章，共10章61条，分总则、会务、会员、组织、财产、战时及灾患时之特例、分会、保护、奖励及惩罚、附则。随后，大会选出审查章程委员闻兰亭、李次山、蒋达秋等，对章程进行审查并经各分会代表严密讨论，除了“改会长制为委员制”，另外“加入救贫、育婴、养老诸条文，较旧章约更易十分之六七”[4]。此次大会还修正《分会通则》部分条款，组织改选委员会，通过《组织规程草案》。

但是因为本次改选有人捣乱滋事，8月，卫生局催促红十字会常议会立刻开会，议订《常议会议员选举规则》及《会员大会议事细则》等章程，并由常议会用电报或双挂号函件通告各分会召集各本分会会员大会，推派出席临时会员大会代表，要求“举行临时会员大会时之一切手续，按照开会一般通例及定章，准备完妥，以免再生枝节”[5]。

8月19日，第三届临时会员大会继续开会，到会者有20余处分会代表、各级会员50余人，国民政府代表胡鸿基、上海市府代表阎森到会监督。委员闻兰亭、洪雁宝以“大会既经成立”，“本会旧有章程已不适用，又不完备”，提议接受国民政府颁发的《红十字会善后办法》4条，决议组织修改章程委员会，并推定委员11人修正章程及选举法，

① 《监督慈善团体法》，《行政院公报》1929年第56期，第8—9页。

② 《行政院收青岛市政府呈文》，《中国红十字会月刊》第1期（1931年1月），第11页。

③ 胡兰生：《中华民国红十字会历史与工作概述》，《中国红十字会月刊》第18期（1947年6月），第3页。

④ 《中国红十字会大会开幕》，《新闻报》1930年4月22日。

⑤ 《红会常议会应办各案》，《申报》1930年8月9日。

以副国府殷殷之望①。该提议获多数赞成，公推洪雁宝、徐熙春、薛少廷、闻兰亭、蒋达秋、杨克、叶植生、吴甲三、周光九、李振邦、董心琴为委员。8 月 20 日，修改章程委员会首次开会，李振邦、薛少廷、徐熙春、洪雁宝、闻兰亭、王培元、周光九、董心琴、叶植生等到会，推闻兰亭为委员长。洪雁宝提议“各种旧有章程均未研究，无从讨论”，向主席提请将各种章程详细研究后，下次开会再行提出讨论。叶植生提议“本会应定办事细则”，主席遂定叶委员为起草员②。23 日，修改章程委员会第二次开会，闻兰亭、李振邦、洪雁宝、叶植生、王培元、徐熙春、薛少廷、董心琴、王晓籁、刘鸿生等委员到会。此次会议“通过叶植生所订该会办事细则”，明确修改会章委员会以“修改中国红十字会全部会章”为宗旨。会上，在主席提议下，与会委员共同讨论，逐项研究《中国红十字会章程》，自第一章第一条至第四章第二十五条，均已修正通过③。25 日，修改会章委员会开第三次会议，李振邦、叶植生、洪雁宝、徐熙春、薛少廷、闻兰亭、董心琴、王培元、蒋达秋、杨克、刘鸿生、吴甲三等委员出席。主席提议继续修改《中国红十字会章程》第四章第二十六条至第九章第六十一条；并且，吴甲三提议由常议会起草《常议员选举规则》《议事细则》及补行各项规则④。9 月 1 日，第四次修改章程委员会公议由该委员会代为编订《常议员选举规则》《议事细则》及补订各项规则，推洪雁宝为常议员选举法起草委员，叶植生为议事细则起草委员。叶植生提议将《中国红十字会章程》提付二读，与会人员“公议照办，当即逐条讨论”⑤。其后两天，委员会继续开会，《中国红十字会章程》三读完竣。至 9 月 20 日修改章程委员会第 16 次会议时，“所有《中国红十字会章程》及《选举法》《分会通则》《执行委员会细则》均经修改会章委员会三读通过”。值得注意的是，“中国红十字会”这一通用名称更为“中华民国红十字会”，章程名称改为《中华民国红十字会章程》，第一条改为“本会为国际上慈善法团，由本会会员组织之，定名为‘中华民国红十字会’，简称‘中国红十字会’”⑥。《分会通则》第一条相应地改为“分会依《中华民国红十字会

① 《红十字会临时大会纪》，《新闻报》1930 年 8 月 21 日。
② 《红会临时大会决议修改章程》，《申报》1930 年 8 月 21 日。
③ 《红会修改会章委员会第二次会议》，《申报》1930 年 8 月 25 日。
④ 《红会修改会章委员会第三次会议》，《申报》1930 年 8 月 28 日。
⑤ 《红会修改会章委员会第四次会议》，《申报》1930 年 9 月 3 日。
⑥ 《红会修改会章委员会五次会议》，《申报》1930 年 9 月 6 日。

章程》及本《通则》之规定组织之”[①]。从章程的修改过程可知，红十字会对于章程条例的拟订态度严谨、至为审慎，每条款项均经仔细斟酌、民主讨论，因而最终出台的章程可谓集思广益的结晶。

然而至10月，红十字会将修正后的章程、选举法等文件呈请政府核准备案时[②]，国民政府并不准备仅以核准备案方式处理红十字会改组事宜，而是打算进一步借机制定法律，介入红十字会事务。为此，行政院接到请予核准案后，即饬内政部召集外交部共同会商审议，又以该会一切事宜与陆海军及卫生部相关，又咨请军政、海军及卫生部派员会同审核。审议时，各部代表认为此次章程修改不合原章程所定程序，“自不能认为手续完备”，且“该会会章定为国民政府特许之国际慈善法团，亦与《监督慈善团体法》之规定不符，若迳准予备案，殊无法律根据”。外交部提出，“该会之设立在条约上有根据，在国际间有地位，所办主要事业又为救护各交战国受伤、疾病士兵等特殊之事，未便与普通慈善团体一例待遇”，主张仿照欧美、日本等国，由政府“特定条例，以资管理，实系妥善办法”。此观点获得与会各部认可并达成共识，提出今后制定此项法规，须于条文内明确红十字会设立时应由内政、外交、军政、海军、卫生等部会核备案[③]。内政部也认为应由政府饬令立法院制订管理红十字会法规，以便适用而昭慎重。此次审议会议结果及意见得到国民政府采纳。11月，国民政府令内政、外交两部“依照《日来弗条约》及《万国红会决议案》，参照欧美、日本、暹罗红会之实施法，订定《中国红十字会章程》”[④]，由内政部约期集会讨论。1930年底，国民政府向新闻界透露上述立法意向[⑤]。

其后两年，立法程序虽有拖延，但在国民政府的行政压力下，1932年4—6月，立法院外交、军事委员会两次召集联席会议，推立法委员刘师舜、赵乃传、楼桐荪草拟红十字会法规草案。在草拟过程中，立法委员翻译了《日本赤十字社条例》，斟酌条款加以吸收。待草案拟定后，“复经第四、五两次联席会议修正通过，缮具，交立法院审查”[⑥]。与此

① 《红会修改会章委员会继续开会》，《申报》1930年9月14日。

② 《红会各项章则呈送国民政府备案》，《申报》1930年10月16日。

③ 《国民政府训令第710号》，转引自曾桂林：《民国时期的红十字会立法初探》，《苏州大学学报》（哲学社会科学版）2009年第5期。

④ 《会订红十字会章程》，《新闻报》1930年11月17日。

⑤ 《红十字会特定条例之批准由立法院制定章则》，《申报》1930年12月28日。

⑥ 《立法院外交、军事委员会第一次联席会议议事录》，《立法院公报》1932年第38期，第103—105页。

同时，随着“日本侵略我华北，长城抗日军起，组织中国红十字会华北救护委员会，这时国民党政府看到红十字会事业之重要，开始对红十字会实行监督”①。

最终，1933 年 1 月，国民政府公布了经立法院三读通过的《中华民国红十字会管理条例》，共 14 条。该条例正式将中国红十字会改称“中华民国红十字会”，并在北京政府颁布的管理条例基础上，对组织架构、人事选任、工作业务监督等予以修缮，其要点在于“总会以内政部为主管官署，并受外交部、军政部、海军部之监督。分会隶属于总会，以所在地地方行政官署为主管官署”，从而确定了红十字会在内政部主导之下受政府监督的架构，而红十字会希望地方分会不受地方政府监管的想法亦落空。另外，该《条例》规定“置理事、监事各若干人”，由此，实行了 20 年的常议会制被理、监事会制取代。

1933 年 4 月，《中国红十字会章程》“由国民政府外交部、内政部、交通部、军政部、海军部、铁道部等会同修改，红十字会亦派有代表参加”②。此次修改根据《万国红会章程》，并参照现行组织法规改为委员制。章程全部修正后，由红十字会会员大会审议，三读通过，然后由政府明令公布。相比于 1930 年红十字会组织修改章程后呈请政府核准备案，此次的章程修改则以国民政府各部门的意旨为主导。政府以强制手段介入红十字会的管理意向彰显。同年，外交、内政、海军、军政、财政、交通、铁道等部呈行政院请求制订《中国红十字会施行细则》整理办法，以资遵行。6 月，行政院长汪兆铭、内政部长黄绍竑、外交部长罗文干、军政部长何应钦、海军部长陈绍宽以训令形式颁布由内政部拟具的《〈中华民国红十字会管理条例〉施行细则》共43 条，分总则、会员、资产、大会等章，对前次条例内容予以细化，与战时、平时救护事业关系极大。该法令公布后，中国红十字会便开始筹备于1934 年9 月召开新一届全国会员大会。

作为归属于南京国民政府内政部直接管辖后的首次大会，红十字会一面呈报内政部派员指导监选，并请外交部、军政部、海军部等派员出席指导。本届全国会员代表大会出席者计有军政部、海军部及各省分会代表200 余人，公决组织审查、修改章程委员会，主要议案包括“（一）

① 胡兰生：《中国红十字会总会会务报告——在改组协商会议上的报告》，《新中国红十字》（创刊号），1950 年 9 月。

② 《政府修改红会章程》，《新闻报》1933 年 4 月 15 日。

修改《总会章程草案》，分总则、总会之职权、会员、全国会员代表大会、理事会、监事会、会长、副会长、职员、附则；（二）修改《分会章程草案》，分总则、组织、职员、资产、附则；（三）修改全国会员代表大会组织、议事及选举等暂行规则，并讨论红十字会设立医院、储备救护材料及造就救护人材等详细计划”[①]。每一项均分条讨论，以昭郑重。经审查、修改章程委员会集议，总、分会章程终由关絅之逐条宣读修正通过，以理、监事会取代原有的常议会，并取消了原设的理事长；《分会通则》《选举法》《执行委员会细则》等亦酌得修改。所有章程由内政、外交、军政、海军四部会同修订，转呈立法院核准。1930 年的红十字会临时会员大会只有个别国府代表、市府代表参与，负责监督；而此次大会则有内政部、海军部、军政部共同参与，共商章程议订事宜。政府监管力度加深，由之可见。

1935 年 2 月，内政、外交、军政、海军四部拟定《中华民国红十字会管理条例》修正草案[②]呈请鉴核，经决议照法制、军事两委员会审查报告通过，凡 18 条，修正要点为规定总会设首都，并将其主管官署由内政部改为卫生署。7 月 12 日，国民政府公布《中华民国红十字会管理条例》及其《施行细则》。1936 年 7 月，《中华民国红十字会管理条例》再经修正公布。这两次修正，最大的变化在于“理事、监事于必要时，得迳由国民政府遴选相当人员聘任之。但不得超过全体理事、监事人数三分之一”，将红十字会主管机关改为卫生署。由此，南京国民政府可直接遴选理事、监事，大大增强了政府对红十字会会务的控制力度。但与北京政府时期不同，此次细则不仅在篇幅上大为缩减，仅 7 章 44 条，而且在章节上将“会员”与“大会”合并为“会员征求及会员大会”，以“理事及监事”替代“议会”，增添“战时之特例”。1937 年 3 月，奉卫生署批示，《中华民国红十字会管理条例施行细则》得以再次修正。

全面抗战开始后，战地救护工作成为红十字会的当务之急。为适应战时形势、满足战地需求，1937 年 12 月 6 日，卫生署与港、汉等方协商公布《调整中国红十字会总会救护事业办法》，明确红十字会的战时救护方针，调整红十字会办事机构，成立临时救护委员会[③]。随着战局延续及战地救护工作日益繁重，加上太平洋战争爆发后香港沦陷、红十

① 《中国红十字会明日举行代表大会》，《申报》1934 年 9 月 23 日。

② 《审查红十字会条例》，《民报》1935 年 2 月 13 日。

③ 张建俅：《中国红十字会初期发展之研究》，中华书局 2007 年版，第 175—177 页。

字会各处工作受阻，联络不畅，理监事会无法如期召开，国民政府欲将红十字会纳入军管体系。

1943年初，国防最高委员会拟定《中华民国红十字会战时组织大纲草案》，报经行政院会议通过，令准实施，并交立法院完成立法程序。随后，立法院组织胡宣明、彭养光、蔡谊等人组成审查委员会，对法案进行审查，提出“管理集中，由署主管”，“会长、副会长、理监事改为派任”，“救护队改为战区司令指挥，由司令派人员”三点意见①。继之，立法院再次审议并请卫生署署长金宝善列席说明，讨论、修正各条文，最终形成决议案14条，经三读通过。最后，由国民政府于该年4月颁布《中华民国红十字会战时组织条例》，规定会长、副会长、理监事均由军事委员会委员长委派，以军事委员会为主管官署。4月8日，国民政府军事委员会公布《国民政府军事委员会战时监督红十字会暂行办法》，规定红十字会举办战时事业由军事委员会核定并监督之。至此，红十字会的主管官署由卫生署转为军事委员会；红十字会同时完成改组，日渐丧失民间社团的独立地位，沦为国家机关的附庸。

抗战胜利后，应战时需要而生的《中华民国红十字会战时组织条例》被明令废止，取而代之的是1945年12月8日行政院公布的《复员期间管理中华民国红十字会办法》②。该办法共11条，提出红会“改隶”及相关事宜，保留总会会长、副会长的设置，规定“中华民国红十字会以行政院为主管官署”，依其业务性质受社会部、卫生署、善后救济总署的指挥监督，红十字会主持工作人员均由行政院聘任或指派，并未提及监事会。根据该办法，1946年1月，红十字会再行改组，行政院指派理事，由蒋梦麟出任会长。2月，各分会相继改组。

除依照政府颁布的法规改组外，红十字会亦开始争取完善自己的法规体系。在复员时期第一届常务理事会上，蒋梦麟提出组设会章起草委员会，参酌中外法律制定红十字会根本大法，以改变红十字会“相关法规时有修正、主管官署也不断变更之弊”③。会章起草委员会旋即成立，为制定根本大法做准备，但该工作一度因复员工作的进行而搁置，至

---

① 《本案初步审查委员会及意见》，中国第二历史档案馆藏，档号10-2486，转引自周秋光、曾桂林、向常水：《中国近代慈善事业研究》，天津古籍出版社2013年版，第865页。

② 《复员期间管理中华民国红十字会办法》，《中国红十字会月刊》第1期（1946年1月），第12页。

③ 《复员时期中国红十字会第一届理事会议事专页》，《中国红十字会月刊》第5期（1946年5月），第8—11页。

1947 年复员结束，行政院仍无涉及红十字会地位、待遇等问题的新法令。1947 年 10 月，红十字会向行政院呈请制定法律后，行政院遂令卫生部、社会部依照 1936 年的管理条例，重拟条例草案。红十字会对此深表不满，不愿再被动接受政府的律令。为推进相关部门的红十字会立法工作，红十字会召开理事会，蒋梦麟会长于会上提交《为确保本会地位　保障并发展事业　应请政府颁布红十字会法以崇体制》的议案，指出红十字会立法的五项原则，即关于红十字会组织、职权、优惠权利、会员和红十字标志等。该提案致力于建立红十字会长久的组织体制，明确全国会员代表大会为其最高权力机构，重新恢复红十字会的民间团体地位。因而一经理事会通过后，即转交会章起草委员会，作为制定根本大法的参考原则。不久，红十字会致电卫生部，指出“本会成立四十余年，虽政府颁行管理条例数易，惟根本大法至今阙如……本会体制似应策及久远，谋与各国一致，以符《日内瓦红十字公约》之精神，未便因平、战时之分而屡有变更。盖工作实施可因平、战时而异，而根本体制似应确立，未可常变”①。

1948 年初，会章起草委员会将红十字会法草案拟定后，提交总会常务理事会通过，再由卫生部转呈行政院核准。但因当时内战激烈，该法的立法程序进程缓慢；至该年 11 月，立法院卫生委员会才组织会议初步审议，由邹树文、杨崇瑞等委员负责，并邀卫生部、社会部、国防部、中国红十字会及立法院国防、法制两委员会代表列席②。此后，立法院又多次组织人员审议此案，但该法案终因国民党政权被推翻而未在大陆施行。

民国时期的中国红十字运动不仅受红十字会基本章程的规范，而且受政府部门的约束和监督。这些管理条例中各项内容的制定、修正与公布，一方面，促进红十字会制度体系的丰富、完善，为红十字总、分会各项具体规章的订立指明方向；另一方面，规章内容屡经修正，也表明了民国时期中国红十字会制度建设缺乏稳定性，由此必然影响制度的权威性及人们对红十字会制度的认可度。

① 张建俅：《中国红十字会初期发展之研究》，中华书局 2007 年版，第 265 页。

② 《关于审查红十字会法同行政院秘书处的来往文书》，转引自曾桂林：《民国时期的红十字会立法初探》，《苏州大学学报》（哲学社会科学版）2009 年第 5 期。

第二节　中国红十字会专门性规章的演变轨迹

民国以降，中国红十字会不仅要开赴战地救护伤兵难民，而且要及时应付瘟疫、水旱风灾等突发事件。因而，所谓专门性规章即在遵循红十字会基本章程及政府管理条例的前提下，中国红十字会依据不同时期、不同地域的人道需求所制定的具体章程。专门性规章进一步完善了规章制度体系，具体而言，其可分为组织部门运行、人道灾荒救助、会务管理规范、会内人员管理、妇女与青少年工作等类。

一、组织部门运行

对任何团体而言，完善部门结构、健全组织运行的重要性都不言而喻。1939 年 2 月，中国红十字总会在香港举行全体理监事大会。大会主席王正廷强调："凡任何团体，最重要者，为本身之健全，本身不健全，工作自形散漫。"① 由此可见组织建设对于红十字会发展的重要性。

1912 年制定的《中国红十字会章程》便提出："常议会应撰拟办理会务细则，惟所订细则不得违背本会章程。"但北京政府时期，中国红十字会忙于战地救护，疏于组织建设，相关规章以从事战地救护为主，除了政府所订《中国红十字会管理条例》及《施行细则》、红十字会总分会及其附属机构章程有所述及外，其他与组织运行相关的章程及规则所见者甚少。

国民政府成立后，组织建设日益受到重视，法律条令增多。无论是总会、临时救护委员会、救护总队、上海国际委员会，还是地方分会及其办事处、附属医院及学校，各机构的内部运行都遵照一定的组织规程或办事细则。1934 年，内政部次长甘乃光在第一次会员大会上指出："中华民国红十字会欲完成其应负之使命，亟须有一定完全严密之组织，以实行其任务。所谓严密之任务，不仅总会与分会须分别依法改组，推选负责之人员，而总会与分会间尤须取得亲切之联络。分会之事业及会计固须受总会之监督，总会对于分会亦须随时注意指导"，因而大会拟定的总会章程草案"为中华民国红十字会组织精神所寄，凡属会员及职

---

① 《王正廷谈红十字会战时工作》，《申报》1939 年 3 月 4 日。

员均须恪守勿渝”[①]。会后，中国红十字会总会第一届理监事及常务理监事联席会议决议“理事会及监事会办事规则亟待拟订，请先决定原则，以便起草”[②]。次年2月，由内政部批准试行《中国红十字会总会理事会及监事会组织规程》《中国红十字会总会理事会及监事会办事细则》，以6个月为期，再行呈请备案。1937年，总会在南京设立首都办事处后，《中华民国红十字会总会首都办事处组织规程草案》对办事处人事组成、部门设置、经费来源等予以说明。1940年1月，常务理监事会议决定将总会迁往重庆，为便于内部管理，《总会迁渝后内部组织暂行办法》对各办事处事务予以明确分工。战后，为适应“复员”工作要求，红十字会着手调整、完善组织架构。从1946年1—8月，依据行政院颁布的管理办法，红十字会相继出台《复员期间中华民国红十字会总会组织规程》《复员时期红十字会总会区办事处组织规程》《复员时期红十字会总会区办事处办事细则》《复员期间中华民国红十字会分会组织规程》《复员期间中华民国红十字会总会调整及管理分会办法》《复员时期红十字会医院疗诊所调整及管理办法》《复员期间中华民国红十字会诊疗所暂行通则》《复员期间中华民国红十字会总会顾问委员会组织简则》《中华民国红十字会分会会计处理纲要》等法规。为处理光复后的东北及台湾红十字会问题，1947年4月的第二次常务理事会通过《复员期间中华民国红十字会支会组织规程草案》[③]；又鉴于“过去台湾各地赤十字社系由台北支部一个单位领导，故台湾全境仍拟统设一个分会，各县市分设支会”[④]，由此制定《复员期间中华民国红十字会台湾分会所属支会暂行组织规程》，以便规范管理。

二、人道灾荒救助

战争救护成为民国时期中国红十字会的主要任务，与之对应的战争救护章程的出台贯穿民国始终，构成了红十字会规章的主体内容。北京政府时期，中国红十字会总会、分会便出台了诸多关于战地救护、灾荒救济乃至救护人才培养的临时章程，如《上海中国红十字会出发救护队临时章程》《中国红十字会蚌埠分会皖北联合救护队临时医院通则》《中

① 《中国红十字会全国代表会昨开幕》，《申报》1934年9月25日。

② 《红会常务理监联席会》，《申报》1934年10月3日。

③ 中华民国红十字会总会编：《复员期间中华民国红十字会支会组织规程草案》，《复员时期中华民国红十字会第二次常务理事会议事录》，不著页码。

④ 于恩德：《胜利前东北及台湾之红十字会》，《中国红十字会月刊》第20期（1947年8月），第27页。

国红十字会沘源分会临时救护队规则》等。南京国民政府时期，继《中华民国红十字会管理条例》及《施行细则》修正之后，1934 年 2 月，中国红十字会以战地卫生勤务一切章程向来由政府颁订，因而根据立法院制定的《管理条例》第九条及《施行细则》所规定的第九条，呈请军政部、海军部会同办理。在红会理事长王培元、秘书嵇鹤琴参考各国红十字会之成案起草脱稿后，“分送各分会签注意见，再加整理，送呈军政、海军等部核办”①，《战时卫生条例》才最终颁布施行。

全面抗战时期，为便于中国红十字会救护总队工作开展，涉及医务、总务、人员、材料、运输等方面的诸多制度、条令应运而生，使救护总队的组织架构得以完整。如《中华民国红十字会总会救护总队部部务规程》《中华民国红十字会总会救护委员会干事室办事细规》《中华民国红十字会总会救护委员会医务股办事细则》《中华民国红十字会总会救护委员会材料股办事细则》《中华民国红十字会总会救护委员会材料运输办事细则》《中华民国红十字会总会救护总队部医事人员国外进修及考察选送暂行办法》《中华民国红十字会总会救护总队部办事处组织规程》《中华民国红十字会总会救护总队部办事处组织规程》《中华民国红十字会总会救护总队部运输站（队）组织规程》《中华民国红十字会总会救护总队部材料库组织规程》等。这些规则涉及救护工作的方方面面，不仅丰富了红十字会的规章体系，也为抗战中的人道行动提供了有力的制度保障。

图 1－1　红十字会救护伤兵情形

资料来源：《天津商报画刊》，1932 年第 4 卷第 22 期，第 1 页。

① 《红十字会赶制战地卫生条例》，《申报》1934 年 2 月 27 日。

战事之外，红十字会遇有疫病、自然灾害、匪患等事件，亦有应急救灾策略。1918 年，为救疫病，湖州辅善堂公布《湖州救疫事务所章程》，由“上海中国红十字会遣派医生来湖救治，全属义务性质”①。1922 年，“因皖北客岁水灾太甚，荒后必有大疫”，蚌埠分会制定《万国缔盟中国红十字会蚌埠分会救护团出发防疫规则》②，对救护团开诊时间、救治时疫类别、紧急情况及平时救治费用等做具体说明。另外，有鉴于“近数年来，兵匪纵横，灾害并至，乡市小民少衣缺食”③，威远红十字会组设无息借贷，拟定《威远红十字会临时无息借贷暂行章则》，限定借贷之家条件，规定借贷数额。复员期间，随着红十字会工作重心由战地救护向战后复员转移，红十字会开始配合政府完成社会服务工作及救济任务。例如冬令救济工作，红十字会总会提出《冬令救济工作原则》五条，对救济活动的对象、原则、方式及红十字会地位进行界定。又如，在北京大学，北平红十字分会列出了《中国红十字会北平分会捐赠本校清寒教职员衣服八十件标售价款存放息金分配办法》共 8 条，其中明确“标售所得全部价款委托合作社依现价购买货物，作为救济金之基金”，提出申请救济金须满足三个条件：“本校现任之低薪（二〇〇元以下）教职员及其直系血亲”，“确系患有重病，无力治疗者”，“须具有本校教职员二人之书面详细证明”④。这些办法以特定的条件对救济行为予以约束，有效保障了活动的有序进行。

图 1－2　山东荒灾饥民

资料来源：《良友》1928 年第 26 期，第 15 页。

① 《湖州疫状之报告》，《申报》1918 年 11 月 11 日。

② 《万国缔盟中国红十字会蚌埠分会救护团出发防疫规则》，《中国红十字会月刊》第 13 期（1922 年 11 月），第 13 页。

③ 《威远红十字会临时无息借贷暂行章则》，《中国红十字会月刊》第 13 期（1922 年 11 月），第 25 页。

④ 《中国红十字会北平分会捐赠本校清寒教职员衣服八十件标售价款存放息金分配办法》，原载《秘书处启事：中国红十字会北平分会捐赠本校清寒教职员衣服八十件，标售价款存放息金分配办法》，《国立北京大学周刊》1947 年第 28 期。

三、日常会务规范

规范日常工作行为，确立统一的管理制度，是中国红十字会得以良性运行的基础。作为一个社会团体，对财务经费、文书档案、标志标识的有效管理是彰显中国红十字运动规范化水平、树立红十字会良好社会形象的重要领域。其中，物资经费是红十字运动的基础，红十字会的财务工作不仅受到红十字会自身的关注，而且受政府部门的监督。

南京临时政府及北京政府时期，与物资经费相关的条令多出现于政府颁布的管理条令中，《红十字会章程》中所涉寥寥；而至国民政府时期，随着政府对红十字会监管的加强，与经费管理相关的专门法令相继出台。1934 年，为"巩固中华民国红十字会之财政基础起见"，内政部特派会计师检查红十字会会计事宜，并制定检查办法，明确检查时间、范围、注意点及会计师应办事宜、费用等，红十字会"会计法令、案件均随时由部或该会抄送特约会计师知照①"。第一次全国会员大会期间，内政部次长甘乃光致训时亦称："每一事业之进行，均须先树立其财政上之基础，实为不易之原则。中华民国红十字会每年收支不下百余万元。此项会款，其用途是否正当，其收支有无浮滥，实需要一完备之预算制度及会计组织并会计检查制度，以整理之。此为会务成败之关键所在，不容忽视。"② 进而，《中华民国红十字会会计规程》由大会通过并经内政部核准施行，包括总则、收入款项、付出款项、买卖物品、预算及决算、会计科目及附则。以此为基础，红十字会又订定《中华民国红十字会附设各医院及其他所属机关会计规程》《中华民国红十字会分会会计规程》。

抗战期间，随着救护总队的设立，红十字会"为适应战时环境并使救护事业会计工作便利起见，特设救护事业会计课，直隶于总会驻在救护总队部所在地办事"③，参照《中华民国红十字会总会救护事业会计课组织规程》及《中华民国红十字会总会救护事业会计课办事细则》实行管理；"为便利各地救护事业会计工作并实施就地审核起见"，还制定《中国红十字会总会救护事业会计课驻外会计审计人员工作大纲》，"驻

---

① 《内政部检查中华民国红十字会会计办法》，《申报》1934 年 11 月 1 日。

② 《中国红十字会全国代表会昨开幕》，《申报》1934 年 9 月 25 日。

③ 《中华民国红十字会总会救护事业会计课组织规程》，《中国红十字会月刊》第 55 期（1940 年 1 月），第 367 页。

外人员除受驻在地大队长监督指导外，应依照《会计规程》暨《报销须知》及各项规则，秉承本课意志，执行一切有关会计、审计上事务”。而为配合战后复员工作，中国红十字会特订《复员期间中华民国红十字会资产管理办法》《中华民国红十字会分会会计处理纲要》《中华民国红十字会总会所属各单位报销须知》《中华民国红十字会各分会诊疗所（医院）药械请领报销办法》等文件，并对经常费支出预算、分会库存汇报、分会收支汇报、分会银行存款报告等办理流程、表格式样进行统一。上述的一系列规章，对中国红十字会的会计工作及会计人员提出了具体要求，一定程度上起到了规范、约束和监督财务工作的作用，利于经费的统筹调度。

此外，为保证人道行动的规范及红十字会标志的合法使用，红会对证章的使用、救护服装及图记、档案保管等亦多有要求。如在证章方面，1937 年“为防止奸人混迹妨碍军机并保持本会信誉起见”，重订《中国红十字会救护证章暂行条例》，使救护队、救护机关人员使用证章的程序有章可循；1942 年公布总会新规定的补领会员章证办法；1943 年又订定《中华民国红十字会总会职员领用证章规则》。在公文处理方面，1940 年总会迁渝后，经秘书处拟定《公文处理与交换暂行办法》，明确公文报告原则、行文接洽程序、报告内容；1943 年的《中华民国红十字会总会档案调卷简则》对调卷流程、条件、案卷保管提出系列要求。其他诸如《中华民国红十字会总分会公文及戳记刊用程式》《中国红十字会总会及各地分会关防图记刊发办法》《中华民国红十字会总会制服处理规则》《中华民国红十字会总会举办战时国际通讯简章》等均与红十字会日常工作密切相关，是红十字会工作规范化和统一化的重要体现。

四、会内人员管理

红十字会人员既包括专职人员，也包括分布于社会各界的会员。红十字会的日常运行离不开严格的组织规程，更需要合理的条例用以约束和管理相关人员。南京临时政府时期，《红十字会章程》及政府管理条令中多次提及专职人员的产生方式、会员类别及应缴会费标准，但对专职人员的日常工作、功过奖惩等问题则少有涉及。国民政府时期，对专职人员及会员征募运动的管理均有所加强。

为保证工作人员专于本职，红十字会针对部门职员制定了系统的人事管理条令。以救护总队部为例，除总会对于部分高级主管人员另有规定外，其他人员均须遵守《中华民国红十字会总会救护总队部任用工作人员暂行办法》《中华民国红十字会总会救护总队部工作人员任免规则》《中华民国红十字会总会救护总队部工作人员奖惩规则》《中华民国红十字会总会救护总队部工作人员请假规则》《中华民国红十字会总会救护总队部卫生人员薪额比照表》等。抗战期间，随着外籍援华人士增多，1939年还订定《外籍医生服务办法》，对外籍医生在华救助活动进行管理。不得不说，抗战期间，红十字会人员为战争期间的救助工作做出了卓越贡献。据统计，因"红会以全力从事军民之救护，血汗交织，艰苦卓绝，救治军民达一千六百万人，其贡献于国家者殊大"①。复员之初，为表彰抗战救护中的杰出人士，总会制定《中华民国红十字会奖励抗战有功人员暂行办法》，并于1946年5月的第一届理事大会上通过②，规定对符合条件的红会人员给予奖励。而且，1946年还出台了《中华民国红十字会总会任用工作人员暂行办法》《中华民国红十字会总会工作人员考核办法》《中华民国红十字会总会职员给假规则》《中华民国红十字会总会职员领用证章规则》《中华民国红十字会总会选送国外考察及进修人员暂行办法》，以便复员期间工作人员的管理。

相对于专职人员，遍布于全国各地的会员是中国红十字运动得以发展的社会基础，发展会员工作受到各级各地红十字会重视。为扩大会员基础，红十字会会员种类不断变化，北京政府时期便在名誉会员、特别会员、正会员基础上增加了学生会员。国民政府时期，甘乃光指出："红十字会应以全力普遍征求会员为完成其一切计划之根本要件。中华民国红十字会现仅有会员十万余人，为数过少，应于最近期间努力征求会员至少一百万人以上，尤须注意于青年会员之征求，使青年认识红十字会之精神，养成其个人之健康习惯与服务社会之训练。"③ 由此可见，会员征募工作有其必要性。随着战事愈演愈烈，征募会员以满足战时需要成了当务之急。1934—1940年，红十字会先后出台《征求会员章则》《中国红十字会总会第二次征求会员章程》《中国红十字会总会第二次征求会员酬赠给奖办法》《中国红十字会总会第三次征求会员章程》及《中国红十字会总会第三次征求会员酬赠给奖办法》等文件，对入会人员的会费标准、奖励机制进行详细划分。

---

① 沈怡：《本会募集事业基金——人人有帮助红十字的义务》，《中国红十字会月刊》第20期（1947年8月），第1页。

② 《红十字会理事会通过七提案》，《申报》1946年5月20日。

③ 《中国红十字会全国代表会昨开幕》，《申报》1934年9月25日。

而对于青年会员，复员之前，中国红十字会便有意于征募学生会员，扩大学生会员队伍。复员期间，战事平靖，为“增加我们红十字会的原动力”①，巩固红十字会发展的基础，1946 年总会特设第三处，下设青年、妇女两课，同时指示各地分会“本年度着重征求会员，对于青年会员尤其注意”②。南京分会率先提倡组织红十字青年服务团，拟定《南京市分会组织红十字青年服务团暂行办法》，明确规定该团组织原则、宗旨、任务及方法。后来，鉴于南京分会的成功经验，总会从 1948 年开始进一步推广少年红十字运动，成立红十字少年委员会，颁布《中国红十字会总会红十字少年委员会组织暂行简则》《中华民国红十字会各地分会推行红十字少年工作办法》《红十字少年会训练实施办法》《学校团体组织红十字少年会办法》等，对少年红十字事业的目的、任务、程序等做详细规定，全面推进复员期间红十字青少年事业的发展。

总体上说，中国红十字会的规章既是关于人道救助的行为规范，也是关于自身建设的制度约束。这些规章内容涉及红十字会工作的不同方面，指导了民国时期的中国红十字运动实践，充实了红十字会的规章制度体系，是中国红十字会发展的必要环节。

第三节　制度建设的动力探究

美国学者魏斐德（Frederic Evans Wakeman，Jr）曾言道：“为探求根源，历史学家必须在时间上向后退，回到那一斗争和混乱的熔炉中去。”③ 制度史的研究同样如此，想要深入了解制度建设的前因后果，必须学会从社会发展的历史大背景中寻找答案。1911 年辛亥巨变，沈敦和等人在上海组建中国红十字会万国董事会，开创红十字事业发展新局面。与此同时，地方分会数量激增。对此，明确总分会工作，规范红十

① 吴耀麟：《红十字会与中国青年》，《中国红十字会月刊》第 9 期（1946 年 9 月），第 14 页。

② 吴耀麟：《红十字青年运动》，载中国红十字会总会编：《中国红十字会历史资料选编，1904—1949》，南京大学出版社 1993 年版，第 372 页。

③ ［美］魏斐德著，王小荷译：《大门口的陌生人——1839—1861 年间华南的社会动乱》，新星出版社 2014 年版，导言。

字人道活动，成为中国红十字会的重要任务。1912 年 1 月，南京临时政府成立，以《中华民国临时约法》为指导，颁布了许多促进民族资本主义经济、政治、文化及社会发展的法令。在这一有利的制度环境下，红十字会建设进入了崭新时期，制度体系日益健全和完善。而且，清末民初政府及社会人士对红十字运动的认识不断深入，为红十字制度的推广创造了有利环境。

首先，国际人道法及其他国家红十字会法的颁布为中国红十字会制度建设创造了有利的外部环境和法律参照。华中师范大学朱英在探讨制度史研究的相关问题时指出，"'冲击—反应'模式虽早就受到中外学者的批评，但并不能因此否认近代中国制度变迁与外部因素的影响密不可分。客观而言，近代中国之所以出现前所未有之大变局，各种制度相应发生不同变革，其主要动因即是过去所没有的外来种种影响。如果忽略外来影响，对于近代中国制度变迁中的许多问题就根本难以说清楚"①。朱英的观点对于认识中国红十字会制度建设颇有启发意义，让人不得不联想到中国红十字会发展的外部环境。

中国红十字会建于晚清，当时国内外环境风云变幻，西方文明迅速传播和发展。近代以来，国际社会对国际人道法的宣传及国际红十字运动中各国红十字会制度的建设和完善对国内红十字会构成巨大"冲击"。1864 年《日内瓦公约》确立了对战争中的伤兵不分国籍予以救护，并予战地医护人员以保护的原则。而到了 19 世纪末，以 1864 年《日内瓦公约》为基础的"日内瓦体系"已不能适应当时的需要。1899 年，经俄国发起、荷兰政府邀请，26 个国家参加海牙保和会，形成了一系列法律条文，成为"海牙法体系"的基础②。1929 年又形成系统的《战俘待遇公约》。这些法律体系的形成与完善反映出国际社会对战地救护和战俘问题的重视，成为后来包括中国在内的各国红十字会法律的根基。民国北京政府时期，中国红十字会即以"日内瓦体系"为主要内容进行国际人道法的传播工作，坚决维护红十字会的中立地位，禁止滥用红十字会标识。曾大钧在谈论红十字会对于人类社会的贡献时，也说 1864 年的《日内瓦公约》"为红十字工作的法律基础，所以也有称做红十字公约者"③。

① 朱英：《研究近代中国制度变迁史应该注意的若干问题》，《社会科学研究》2016 年第 4 期。

② 参见袁灿兴：《国际人道法在华传播与实践研究》，苏州大学 2014 年博士学位论文。

③ 曾大钧：《红十字会对于人类文明的贡献》，《中国红十字月刊》第 6 期（1946 年 6 月），第 1—3 页。

另外，民国时期其他国家红十字会法的颁布亦受到国人的关注，相关内容在报刊上连载的现象屡见不鲜。例如，《中国红十字会杂志》《中国红十字会月刊》等报纸杂志先后登载了《瑞士共和国保护红十字会名目及标记之法律》《荷兰新定关于红十字法律全文》《美国红十字会驻华总办事处章程》《美国红十字会救护章程》《美国红十字会国会准许设立状及其附属法》《日本赤十字社有功章条例》《日本赤十字社有功章社员章佩用规则》等国外红十字会章程，部分人士还就章程内容对各国红十字会法进行比较和论述，以为本国红十字会借鉴。并且，中国红十字会还通过关注暹罗红十字会的创建与沿革、日本赤十字社护士工作与救济工作、缅甸红十字会肺痨院的设立、智利红十字会优待残废人群规则等，总结他国经验，依照本国国情，形成中国的红十字会救济章程。

其次，现实环境下人道需求的变化推动着红十字会制度体系的建立和完善。作为民国时期最大的慈善组织，红十字会秉持博爱、恤兵的宗旨，发展人道事业。20 世纪上半叶，水旱天灾与军阀混战及其后的抗日战争等致使饿殍载道、难民满途，对伤兵难民的救护工作一直延续到新中国成立以后。与之相应，红十字会的救济制度涉及战地救护、灾害救助、社会服务等方方面面。战事发生后，红十字会在遵循《中国红十字会章程》《中国红十字会条例》等规章条令的前提下，结合当地实际需要，因地制宜，保障救护事业的顺利开展。如军阀混战时期，各地分会制定救护队、医疗机构简章，明确队伍组成及职能。1922 年，南昌分会根据《中国红十字会南昌分会出发赣南组织救护队简章》组织救护队，“医务部置医务长一人，医员四人，救护长一人，救护员四人，看护生二人，凡关于救护、医治、药剂、看护、掩埋等事项均属之；庶务部置庶务长一人，庶务员二人，文牍员一人，书记员二人，凡关于书信、会计、交际、轮运、购办、摄影等事项均属之”[①]。1923 年，建瓯分会为收治伤病官兵，出台《中国红十字会建瓯分会临时医院规则》，规定“限于经济，现设医院系附在英国济世医院，耑为军官军士临时预备，他界人士恕不接待”[②]，对官兵留医时间、门诊类别、医疗费用、留院物资保存等均有述及。

---

① 《中国红十字会南昌分会出发赣南组织救护队简章》，《中国红十字会月刊》第 13 期（1922 年 11 月），第 17 页。

② 《中国红十字会建瓯分会临时医院规则》，《中国红十字会月刊》第 15 期（1923 年 1 月），第 25 页。

抗日战争中，在抗日民族统一战线的指导下，红十字会不分国统区与敌后抗日根据地，共同遵循国民政府颁布的战时组织规程及国际红十字会颁布的《日内瓦公约》等文件，组织救护活动，培训各类救护人才。而随着战事平靖和复员时期的到来，红会人认为“凡与人生活攸关者，赖时代之赐予，借红十字会之力而予人以满足，并以之丰富人之生命，涵煦人之精神，启迪人之智慧，泯除人之痛苦，以新的方法作新的服务”①。此“新的服务”，即服务社会。蒋梦麟会长特为订立“服务信条”②，以期强化会员的服务意识和会员应有资质。1946 年 1 月，总会成立第三处负责社会服务工作。5 月，南京市分会举行复员后第一次理事会议，决议在玄武湖开办服务站，制定《中华民国红十字会南京市分会玄武湖服务站组织规程》。此外，为推行乡镇社会服务工作，促进乡村卫生，总会决定于分会之下设乡镇服务站，并订定服务站暂行通则③；为维护妇女儿童的利益，红十字会颁布《复员期间中华民国红十字会辅助妇婴卫生实施纲要》，明确红十字会在妇婴卫生工作中的职责；为推进儿童福利工作，红十字会创办儿童营养站、建立儿童福利机构、爱心助学。从某种程度上说，红十字会规章的颁布与修正，与民国时期社会局势、人道需求的现状相呼应，是对民国以来社会变迁的有力回应。

再次，加强制度建设是红十字会自身长远发展的必然要求。依法建会、依法治会，既是实现红十字会科学管理的基础，也是红十字行动顺利开展的根本保证。中国红十字会第一届会员大会通过《中国红十字会章程》，至 1920 年 8 月红十字会召开常议会时，因常议会议员人数问题，盛竹书提出：“会章颇多不适用于现代，宜由常议会修改。”④ 最终，大会议决由金邦平、盛竹书、钱省之三人会同起草规则，再行推举数人研究会章。会章的出台与修订见证了红十字会制度的变迁过程，是红十字会制度建设的一个缩影，是红十字会人审时度势后采取的重要举措，体现了红会人追求自身发展的决心。除了修正既有章程，红十字会还根据人道活动的具体内容和自身发展的要求，在会章基础上制定更为具体的章程，严格管理机构及职员的日常行为，进一步拓宽

---

① 曾大钧：《中国红十字会之新机运》，《中国红十字会月刊》第 1 期（1946 年 1 月），第 2 页。

② 中华民国红十字会总会编：《中华民国红十字会征募手册》（1946 年内部印行），不著页码。

③ 《中国红十字会新闻》，《中国红十字会月刊》第 15 期（1947 年 3 月），第 36 页。

④ 《红十字会开常议会纪》，《申报》1920 年 8 月 29 日。

制度体系框架。如民国前期，因水旱灾害、瘟疫疾病、匪患频发，中国红十字会总会先后设立临时医院和常设医院，并颁布医院章程以保障医院的正常运行。在总会筹办红十字会时疫医院方面，遵照《中国红十字会章程》出台了《中国红十字会时疫医院简章》《中国红十字会市医院章程》等规章，对规范医院工作有重要作用。在地方，各分会亦及时建立医疗所、时疫医院并提供法律规则指导，如《万国缔盟中国红十字会贵阳分会附设医疗所简章》指出，该医疗所由贵阳分会会员捐助办理，"就医者不论中外贫富男女老幼，随时医治"[①]。为规范抗战期间中国红十字会上海国际委员会的工作，《中国红十字会上海国际委员会组织大纲》对该组织的宗旨、职员、执行委员会、财务委员会、会员、会期及职权等问题做详细说明，确定该组织"尤注重于筹募款项，用以救护伤兵难民"。再如，为实现资产管理和财务监督的制度化、程序化以及便于复员期间具体资产的接收与管理，1946 年《复员期间中华民国红十字会资产管理办法》[②] 出台，对红会资产分类、来源、战前资产清理、资产转移或变更、资产之增加等项进行说明；而在所有资产中，又针对医药事业另订《复员期间中华民国红十字医药事业资产管理办法》，规定"本会医药事业以分会主办为原则，必要时得与有关机关合作办理"[③]。纵观民国时期的中国红十字运动，制度的修正与完善使其在组织发展、人员管理和工作规范性等方面有章可循，既是红会各级组织维护机构正常运行的保障，也是各部门明确职责、相互配合、提高救护效率的前提。

复次，行政力量的介入也推动了红十字会相关规章制度的制定与落实。民国以降，中国红十字会规章的形成与颁布，受到民国社会政治、经济、自然等诸多环境因素影响，其中以政治环境影响尤切，先后处于南京临时政府、北京政府及南京国民政府三个不同的政权管辖之下，政府决策与行为推动或制约着红十字会制度建设的进程。换句话说，红十字会制度建设和发展与政府对红十字会工作的重视程度密切相关。北京政府颁布《中国红十字会条例》及其《施行细则》，欲对红十字会工作

① 《万国缔盟中国红十字会贵阳分会附设医疗所简章》，《中国红十字会月刊》第 27 期（1924 年 1 月），第 33 页。

② 《复员期间中华民国红十字会资产管理办法》，《中国红十字会月刊》第 8 期（1946 年 8 月），第 20 页。

③ 《复员期间中华民国红十字会医药事业资产管理办法》，《中国红十字会月刊》第 8 期（1946 年 8 月），第 21 页。

进行直接干涉；南京国民政府因“红会历年积弊太深”，加以革命期间对救护工作“不但不予协助，竟敢置若罔闻，殊失创办红会宗旨”，且“该会为北京政府立案成立，现在非由国民政府从新改革，决无良好组织”，意欲加强对红会的管理。1929 年，以“中国红十字会成立迄今，成绩卓著，历届战事又多良好功绩，惟内部组织及今后设施均有再加整顿之必要”，经国民政府第 42 次会议议决，令外交、内政、卫生三部召开联席会议，推定“外交部国际司司长嵇镜、卫生部医政司严智钟、内政部参事杜曜箕等三人为专员”①，会同整顿。这次部派专员整顿红会之事，直接促成了《红十字会章程》的修订。在随后的红十字会常议会上，就部派委员来沪调查整理红十字会之事，江趋丹向与会者报告与部派专员接谈事宜，谓“本会名称、章程似不适用，召集会员大会尚需时日，拟为修订章程，为善意之整理”。对此，林康侯指出：“国民政府四六八号指令，有所送章程尚属妥协，准予备案，并无饬令修改之文。即欲修改，亟应由会员大会公订”，经姚虞琴、哈少甫等人一再讨论，最终李伟侯提议“应于最短期间照章召集临时会员大会，以便及早解决会务，并可修改章程”②。除了间接促成或直接参与红会章程的修订外，国民政府还在政府期刊上登载红十字会章程。如 1920 年第 1546 期《政府公报》在报道内务总长、陆军次长、海军总长呈文总统修改红十字条例时，又附以修正后的《中国红十字会条例》暨《施行细则》全文。这种将红十字会法律在政府公文中发布的做法，体现了政府机关对红十字会工作的高度重视。另外，政府还支持红会按章办理各项事务。如 1931 年红十字会呈请政府提倡红十字事业，政府回函云：“以所请无成例可援，惟办理慈善事业，地方政府自应提倡，拟由本部通行各省、市政府转饬所属，于该会征求会员时，察酌情形加以提倡，以资发展。至于会员如何征求应由会依照会章自行办理，请予核示等情到院，经已指令照办。”③ 1934 年，红十字会开展组织征求会员运动，即遵照红十字会条例细则，聘请各省市长官为各地方征求会员委员会的总队长，并颁发总队长聘书（如图 1－3）。

① 《整顿红会三专员抵沪》，《新闻报》1929 年 11 月 5 日。

② 《红会召集会议纪详》，《新闻报》1929 年 11 月 7 日。

③ 《国府通令提倡红十字会》，《新闻报》1931 年 5 月 19 日。

中国红十字会总会聘书

兹聘请

先生为本会第　次征求会员委员会　总队

总队长

此聘

副会长　杜月笙

中国红十字会　会　长　王正廷

副会长　刘鸿生

中华民国　年　月　日

图1-3　总队长聘书

资料来源：《征求会员各项表格、聘书、赞助证式样》，《中国红十字会月刊》第3期（1935年9月），第83—87页。

在红会的号召下，政界要员纷纷予以回应，军事委员会委员长蒋中正电云：“贵会以民胞物与为怀，努力救护工作，至深钦递，承蒙嘱为征求会员委员会名誉总队长，自当遵命”[①]；行政院长汪精卫、军政部长何应钦“以中国红十字会为世界慈善机关，无论战事平时，均占最优地位。中国会员太少，诸多未能充分发展”，特致函红十字会“欣允担任名誉总队长之职，并各寄照片一张，以为纪念”[②]；中央委员王用宾等“先后来电，愿竭力协助该会进行救护等等工作”[③]。其他如江苏省民政厅厅长辜仁发及吴江等各县长，浙江省民政厅厅长吕苾筹及鄞县等各县长，河南省民政厅厅长李培基及信阳等各县县长，安徽省民政厅厅长马凌甫及凤阳等各县县长，汉口市市长吴国桢，以及河北、福建、山东各省县长多人等亦就职征求委员长[④]。应该说，上述政府要员的举动无不体现了中央及地方政府对红十字会争取会员工作的支持。凡此种种，民国政府行政力量的支持或鼓励不仅推动红十字会章程的修订，也对该会各方面制度的确立和实施有重要的引导和促进作用。

另外，清末以来社会各界有识之士对红十字运动的认识是民国时期

① 《蒋委员长致红会电》，《申报》1934年3月20日。

② 《汪精卫、何应钦赞助红十字会征求》，《申报》1934年3月9日。

③ 《中央委员赞助红十字会征求》，《申报》1934年3月5日。

④ 《红会征求会员》，《申报》1934年3月14日。

红十字制度在中国得以确立和推广的思想和舆论保障。作为国际性组织，红十字运动在中国政府及民众中具有怎样的形象，直接关系到国人对红十字规范合法性的认识及其接受红十字会制度规范的程度。19世纪70年代以后，人们便能从中文期刊（如《万国公报》《中西闻见录》《新闻报》《申报》《大公报》）中见到关于红十字会活动的零星报道。但从国际红十字会成立到甲午战前，绝大多数中国人对红十字会是缺乏认识的。1894—1895年甲午战争期间，在华西人所办红十字医院在救护伤兵方面成绩卓著，“中国官员公开表示对红十字会的赞赏，并表示愿意提供帮助”①，李鸿章曾亲自授权相关红十字使团“组建一个红十字会救济协会，以治愈伤病兵”②。在东北，与红十字医院工作有关的“最闪亮的特征是道台无时无刻的亲切支持和帮助以及他和其他民事和军事当局所表现出的对红十字的浓厚兴趣”③。1898年2月，日本赤十字社成员孙淦上书清政府驻日大臣裕庚，呈请准予“仿行万国善举”，回国创办红十字会，裕庚予以肯定并及时向总理衙门报告和请示办法。1899年5月，参加海牙减兵保和会的清政府代表团请示是否要在《推广日来弗原议行之水战条约》上画押时，总理衙门认为“《推广日来弗原议行之水战条约》，西人称为红十字，今日来弗即瑞士都城，始自同治三年，各国议立约十条，大致遇有战事，在战地设立病院，救治伤病军士，两军当视作局外中立之人，公同保护”，“此次推广会章行之于水战，详列十四款，添设救伤船只，意在广施医药，拯溺救伤，故环球各国，均视为最要之善举”④。至民国前夕的辛亥革命，中国红十字会“善功所及，非特鄂省一役而已”⑤，其事业受到社会各界的普遍赞誉，堪称“发轫于俄日之战，而大彰于武汉之师”⑥。

综上可见，清末以来国内部分人士对红十字事业已有了自己的见解

① 戚其章：《中国近代史资料丛刊续编·中日战争》（第6册），中华书局1993年版，第373页。

② Ariga Nagao，121. My translation of Li Hongzhang's letter is from Ariga's French account. 转引自［美］Caroline Beth Reeves，The Power of Mercy：the Chinese Red Cross Society，1900—1937. Harvard University，1998，No. 46.

③ 《字林西报》1895年3月15日。

④ 《总署奏遵查保和会各款并红十字会章程尚无窒碍折》，参见王弢夫纂：《清季外交史料》第141卷，1933年1月，第23页。

⑤ 《武昌黎副总统转孙大总统致总会的电文》，参见中国红十字会总会编：《中国红十字会历史资料选编，1904—1949》，南京大学出版社1993年版，第57页。

⑥ 沈敦和：《中国红十字会杂志》弁言，载《中国红十字会杂志》创刊号（1913年5月）。

并持支持的态度，而甲午战争、辛亥革命中红十字会的救护业绩则进一步加深了国人对红十字运动的认知。这些功绩与评价均为红十字会在社会大众心目中的形象增光添彩，为民国时期中国红十字制度的推广奠定了基础。与此同时，国际红十字条约逐渐被人们接纳：1914 年一战中，"胶事战机已迫，疮痍待救"，红十字会人云："此次中国系中立国，所有救护手续应照万国红十字会之《日来弗条约》办理。"[①] 1916 年，一些国际法学者主张"红十字条约亦适用于国内战争之际"，对于有人认为的"不能适用红十字会于国内战争（称国内战争即承认交战团体）"的主张，则驳之为"一则不明红十字会无分己军与敌军之性质，一则不知红十字条约固有时可适用于国内战争也"[②]。民国时期国际红十字运动条约被国人接受的另一表现，则在于国人对其他国家或国际红十字条约的借鉴。1932 年，南京国民政府颁布的《中华民国红十字会管理条例》，即是由立法委员翻译《日本赤十字社条例》，参酌有关条款拟定而成。1934 年，内政部次长甘乃光参加中国红十字会第一次会员大会时曾指出："红十字会立于超然之地位，于发生战乱或灾变时，负责担任救护之义务，此为国际间公认之原则。中国红十字会过去工作虽有相当之努力，惟以救护材料平时既无充分之储备、救护人才并无充分之训练，一遇事变，往往不能应付裕如，兹已由本部训令总会，拟订《设立医院、储备救护材料及造就救护人才计划草案》，先期分送各分会签注意见，并已由总会分别整理，提交大会讨论。"[③] 甘乃光的发言既反映出了其对国际红十字运动的基本认识，也指出了中国人道救助的不足及政府对红会事业的关注，其提及的草案对中国红十字会救助制度的完善有指导性意义。而抗日战争中，红十字会各支救护队自理灭虫、治疥暨特别营养工作，深获社会人士之赞许。各地伤兵之友社鉴于红十字会上项工作对伤病兵卫生方面功效至巨，极愿协助红十字会推广其工作而资普遍，这是社会人士支持红十字运动的又一力证。不仅如此，为彻底解除受伤官兵痛苦起见，双方还订定《中国红十字会总会救护总队部接受各地伤兵之友社协助经费及收转物品办法》，在不抵触红十字会规程原则下，可由伤兵之友社变通酌情办理经费或物品收转。

最后，古今中外思想文化的熏陶亦对红十字会制度建设有不可忽略

① 《红十字会国际救护问题》，《申报》1914 年 8 月 26 日。

② 《革命时陆战法规之适用（二）——红十字条约之起源》，《申报》1916 年 3 月 16 日。

③ 《中国红十字会全国代表会昨开幕》，《申报》1934 年 9 月 25 日。

的影响。对一个组织来说，文化是大多数成员共享的价值，当大多数成员遵循某种价值去行动时，就逐渐形成一种制度。红十字运动能在中国扎根，一定程度上依赖于对中国传统文化的传承及对红十字人道文化的认可。首先，正如周秋光在研究中指出的："中国自古以来便以积德行善为优良传统，存在着接受红十字会的思想和社会基础。"例如，遂宁红十字分会为体恤贫民，以"贫民生计艰窘，特设无息借贷处于关岳庙内"，并颁布《遂宁红十字会无息借贷处简章》共二章二十条，其内容除说明借贷处人事组织、借贷对象、借贷时间等基本规则外，并将无息借贷便利贫民与慈善文化中的功德说结合，将借贷之益概括为十点：救人性命、全人骨肉、绵人宗祀、顾人体面、安慰流离、潜化盗匪、脱人刑险、义孚桑梓、宏开善路、裨益风俗①。红十字会济贫救困的人道活动与宗教伦理中的行善积德理念不谋而合，相得益彰，不仅可以扩大该简章的社会影响，提高人们对简章的认知，而且可以引发社会共鸣，发动不同阶层的仁心善意之举。此外，近代以来中西方文化的碰撞与融合亦为红十字会制度建设奠定思想基础。例如，孙中山"三民主义"思想使民主观念深入人心，在红十字会章程的制定、组织人员选聘等工作中，出台了以记名单选举法由常议员中选举资产监督及总会出纳会计员，而分会议事员亦由分会会员大会用记名单法选举之等规定。再如，从国家治理角度说，传统国家监控的范围仅限于中央核心权力内部及其连带关系，很难深入普通民众的日常生活，但清末民初的中国在由传统帝制向近代民族国家转型过程中，国家对社会和公民的"监控"不断强化。例如，1930 年 8 月 11 日，中国红十字会召开临时会员代表大会，但因议长未至，临时改为座谈会。此次开会虽没有讨论章程修改问题，但会上董心琴代表提出须遵"民权初步"时，嵇鹤琴称"本会最高机关为常议会，自革命军勘定长江以迄于今，无一次议案合于民权初步，亦无一人提及根据民权初步"②，反映了红十字会人对以往政府干预的不满。中国红十字会最初为民间组织，但在国家监控日益强化的背景下，其制度建设不可避免地受到政治力量的管控，关于其人力、物力、财力的相关制度适用与否均须经国家机关的审核备案。吉登斯所阐述的"监

① 《遂宁红十字会无息借贷处简章》，《中国红十字会月刊》第 9 期（1936 年 3 月），第 45—46 页。

② 《红十字会大会记》，《申报》1930 年 8 月 12 日。

控”理念，即“在政治领域中，对被管辖人口的行为的指导”[①]，在民国时期的社会建设、红十字会制度建设中亦得到印证。

简言之，人道需求、自身发展、行政力量及社会人士的认识乃至晚清民国时期中西方的思想文化环境在红十字制度的变迁过程中具有不可替代的推动作用。一方面，民国多灾多难的社会形势及红十字会自身建设的需要为制度建设提供了必要性；另一方面，政府和社会有识之士对红十字运动的支持与肯定为红十字制度的形成创造了可能性。诚如俞鸿钧所言，“红会之经过有伟大光明历史，其服务精神，纯抱牺牲主义，现比从前格外增多进步，不但希望此后对于财政上、政治上、国际上有进步，还希望能使全国人一致认识。全国国民更应该一致协助红十字会之发展，使全国人民，皆有为慈善而牺牲之精神”。关（絅）之也表示：“中国红十字会是世界性的慈善机关，其他慈善机关性质虽同，而少国际性，希望大家努力发展。”[②] 结合上述内容，便可窥见红十字制度在中国形成与发展过程中与政府、社会的关系：就政府而言，红十字会制度的确立和推广离不开政府的认可；就社会人士而言，尤其是直接参与红十字工作的有识之士，他们对国际红十字运动的认识引导社会大众对红十字会的看法，影响着国人对红十字制度的理解和采纳程度。

① 参见张凯峰：《论清末民初国家对社会和国民监控的强化——以东北为例》，《净月学刊》2014 年第 3 期。

② 《中国红十字会昨晚宴请各队长情形》，《申报》1934 年 3 月 3 日。

第二章　红十字会制度构成（上）

国际红十字运动诞生于世界近代化的历史潮流之中，彼时，现代化的政府机构、社会组织陆续建立。中国红十字会作为近代西方的舶来品，不可避免地带有近现代社会组织的共性，即有明确的组织运行机制、严格的职员管理制度、重视财务工作和档案保管等，并由此确立起了一个基本的制度体系，使其管理模式趋于规范化、现代化。

第一节　组织运行

作为一个社会组织，中国红十字会在运行过程中除设立总、分会及办事处外，还另立秘书处等专职部门，建立起相对完善的组织结构；而其会务决策与管理则先后经历了常议会制、理监事会制及理事会制三个阶段，形成了具有民主性质的现代化运行机制。在此过程中，围绕着业务需求，中国红十字会的部门体系也越发完善。

一、组织结构的确立

作为一个全国性组织，中国红十字会实行层级结构。总会作为中枢机构，统筹部署各项事宜。在总会的监管下，地方分会“从事鼓励及维持地方红十字会会员对于所提议工作之注意，实为一红十字会总部最重大之事务，因实行此等计划，全特为红十字会基础之各份子予以不断及热心之赞助。职是之故，红十字会之总部，必须与各支部时时保密切之关系”①。总会与分会相辅相成，保持密切联系，“分会如手足之捍头目，

① 《译日来弗红十字会总会一九二一年五月份会报》，《中国红十字月刊》第 1 期（1921 年 10 月），第 18—21 页。

本会（按：总会）如躯干之运指臂，其精神之联合，固自昭昭也”①，希望“以社会团结之力，收指臂联络之助”②。

（一）理顺层级管理体制

1912 年 9 月，第一次会员大会通过《京沪合并章程》，实现了京会、沪会“合并”。大会通过的红十字会章程仿照《美国红十字会章程》，对北京总会及上海总办事处职责予以明确划分，即：总会设在北京，总办事处和常议会设于上海；总会主要负责与政府及外交团的交涉，总办事处负责处理各项具体事务，总会办事处“由副会长、常议会及理事长主持一切”，“将所办会务报告会长”③。统一分会名称为“中国红十字会某处分会”④，“分会章程须交常议会核定，惟不得违背总会章程及日来弗红十字会条约”，各分会须“按季将所办事宜并会员名册报告总会、总办事处，转呈会长查核；每一年报告会员大会一次”⑤。层级体制下，总会、总办事处各有分工，各分会直接隶属于总会，便于组织工作的有效开展，但须指出，此时对具体工作的说明还较为简略。不过，分会名称统一并定期向总会、总办事处及会员大会报告，已体现出了中国红十字会的层级监管意识。

其后，北京政府颁布法律，规定中国红十字会于每年第一个月内“将上年收支之计算、事业之成绩，造具清册，报告陆军部、海军部及内务部”⑥；分会设于各省，分会会务每三个月报告总会一次，中国红十字会分会“以设立医院者为限，但特经总会认可者不在此限”⑦。不过，遗憾的是，北京政府颁布之《条例》暨《施行细则》均未将总办事处列入，对此，红十字会深表不满，特向大总统陈明仍设总办事处于上海，其言略谓：“查中国红十字会托始甲辰，即上海士绅醵金所成立，辛亥冬初始定设总会于北京，设总办事处于上海，仍由上海组织医队分赴武汉、江皖、京豫一带救护伤残，黎大总统在武昌奖以‘所费不赀，厥功

① 《十一年六月会员大会纪事本末》，《中国红十字会二十周年纪念刊·纪事》1924 年印行，不著页码。

② 《县署出示保护红十字会》，《锡报》1924 年 9 月 2 日。

③ 《中国红十字会章程》，参见中国红十字会总会编：《中国红十字会历史资料选编，1904—1949》，南京大学出版社 1993 年版，第 224—226 页。

④ 《中国红十字会分会章程》，参见中国红十字会总会编：《中国红十字会历史资料选编，1904—1949》，南京大学出版社 1993 年版，第 226—227 页。

⑤ 《中国红十字会章程》，参见中国红十字会总会编：《中国红十字会历史资料选编，1904—1949》，南京大学出版社 1993 年版，第 224—226 页。

⑥ 《中国红十字会条例》，《申报》1914 年 9 月 29 日。

⑦ 《中国红十字会条例施行细则》，《政府公报》1915 年第 1228 期，第 19—27 页。

甚巨’，电请南京孙前总统准予立案，并经日本赤十字社之介绍，得邀万国红十字联合会公认为中华民国正式红十字会。自甲辰至今十九年来，天灾人祸几于无岁不有，上海总办事处亦无役不从，早为中外所具瞻，尽瘁灾荒之赒恤，因仍旧贯，似尚足溥大总统仁民之泽。”① 除向总统呈明，红十字会还试图借助章程维护总办事处的地位。1922 年，第二届会员大会修改章程，明确指出“本会设总会于中央政府所在地，设总办事处于上海，设分会于全国各县及繁盛之市镇”，“设立分会均须经常议会之认可设立之”，各就所在地名为“中国红十字会某地分会”，分会会务每三个月向总办事处报告一次②，分会“按年将所办事宜及会员名册报告本会，每三年另造总册报告大会”③，再由总办事处报告外交、内务、陆军等部。又以“权限若不分明，办事即多窒碍”④，声明本次章程仍参旧章，总会负责对于政府的交接事件及对于外交方面的交接事件，总办事处则处理对于各分会的交接事件、战时对于军事长官及战地司令官交接事件、平时对于地方官厅的交接事件、对于各商埠外交方面的交接事件、对于红十字会万国联合会的交接事件及其他一切会务。

在维护总办事处地位的同时，红十字会又接受了政府所颁条例中的部分条款，总会地点与中央政府所在地一致，揭示了红十字会在处理与政府关系时试图独立却又不得不妥协的矛盾立场。在职责分工上，相较于 1912 年颁布的章程内容，1922 年新章程对总办事处职务划分更为明确，侧重于地方事宜。在总分会关系上，除了最初的总会对分会工作进行监管外，第二次会员大会增修条例，将双方关系阐述得更加具体，“凡分会办理会务场所及战时从事救护，或平时救灾防疫，所有租借之房屋、舟车及材料，曾经报明官厅加有红十字会标记者，如受损害时得由分会报告本会总办事处，函知地方官厅负保护、赔偿之责”⑤，可见总会对分会负有保护之责。

---

① 《十一年六月会员大会纪事本末》，《中国红十字会二十周年纪念刊 · 纪事》1924 年印行，不著页码。

② 《中国红十字会分会通则》，《中国红十字会二十周年纪念刊 · 分会》1924 年印行，不著页码。

③ 《中国红十字会修正章程》，《中国红十字会二十周年纪念刊 · 章程》1924 年印行，不著页码。

④ 《十一年六月会员大会纪事本末》，《中国红十字会二十周年纪念刊 · 纪事》1924 年印行，不著页码。

⑤ 《中国红十字会分会通则》，《中国红十字会二十周年纪念刊 · 分会》1924 年印行，不著页码。

1927年，国民政府定都南京，北京总会改名北平分会，总会事务由上海总办事处负责。1934年，红十字会直辖内政部后的第一次全国代表大会召开，依法改组总会与分会①。按照章程草案，在未设首都以前，总会得暂设于上海，负责“执行全国会员代表大会决议案”，“监督指导所属各分会及各直属机关”，“统筹本会事业进行计划及养成救护人才”，“征求会员及筹募捐款基金等事宜”②。总会每年一月、七月将“过去半年收支之计算、事业之成绩及将来工作进行之计划”报告内政、外交、军政、海军各部，分会则将上述事项“报告地方主管官署及总会”③。除了汇报过去事务，随后修订的条例还要求红十字会每年年度开始前，总会将下一年度进行计划、收支预算等报告内政部；年度终了后，将上一年度收支细数、事业成绩编具报告呈请政府相关部门查核，而分会则同样报请总会查核并请地方主管官署备案④。随着国内形势恶化，中日矛盾加剧，总会除了加强组织建设外，还统筹管理救护人才培训、会员征募及会费征收等，分会在总会带领下积极开展各项工作，揭示了战时环境下全民抗战的时代需求。而参照分会章程草案，在发展分会方面，总会对分会的设立进一步设定限制条件，“分会之区域以其所在地之行政区域为限”，取消了北京政府时期繁华市镇可设分会的规定。以行政地域范围整合分会分布，而不再以经济发展水平为限，这是中国红十字运动融入地方社会治理及接受政府监管的又一表现。当然，从民国时期全国经济发展的区域不平衡状况看，以行政区域为限设立分会更有助于红十字运动的普及。在分会数量上，除特别区外，“同一区域不得设二分会”；若同一区域已设有2个或2个以上分会，“由总会酌量情形分别撤销或合并之”，于必要时，分会在呈报总会核准后可“于其区域内分设办事处，隶属于该分会”⑤。其后，中国红十字会又依照1935年公布的《中华民国红十字会管理条例施行细则》，确定“设总会于首都，设分会

① 张建俅：《中国红十字会初期发展之研究》，中华书局2007年版，第133页。

② 《中国红十字会总会章程草案》，《中国红十字会月刊》第1期（1935年7月），第40—46页。

③ 《中华民国红十字会管理条例》，《中华医学杂志（上海）》1933年第19卷第3期，第491—492页。

④ 《中华民国红十字会管理条例》，《中华医学杂志（上海）》1935年第21卷第8期，第933—934页。

⑤ 《中国红十字会分会章程草案》，《中国红十字会月刊》第1期（1935年7月），第46—50页。

于各省、市、县，必要时总会或分会将分设办事处”①。

抗战爆发后，除驻沪办事处外，1937年10月4日中国红十字会在南京设立首都办事处。鉴于上海战事紧张，副会长杜月笙等人成立总会香港办事处，总会重心逐渐移至香港。可见为适应战时形势，设多个办事处“固为事实环境之需要”，以之作为总、分会不可或缺的辅助机构。1938年10月1日，红十字会驻汉口办事处由汉口迁至长沙，旋又于11月12日迁至祁阳椒山坪，原驻汉口办事处改称临时办事处。红十字会为适应事实上之需要，又派员前往昆明筹组机构。1939年1月6日，秘书冯子明率员自祁阳起程至昆明，于2月11日在昆明分会内正式办公，即为红十字会临时办事处昆明分处。此时，（汉口）临时办事处又已奉令迁至贵阳。3月13日，因重庆已为战时陪都，故中国红十字会第二次常议会议决，“驻贵阳临时办事处移转重庆，改称为重庆分办事处，所有人员除一部分候酌派至救护总队部外，尽调重庆分办事处”；驻昆明临时办事处也改称为红会驻昆明分办事处。4月12日，红十字会调派秘书高仁偶暂兼昆明分办事处主任，唐承宗则奉命为红会秘书兼重庆分办事处主任并于同月28日自港飞渝，开始筹备办事处，启用图记；前贵阳临时办事处调渝工作人员，亦于同月30日到达，于5月4日正式开始办公。此外，红十字会还筹设了一个与渝、昆办事处性质不同的临时办事处——驻海防临时办事处，该处缘自广九路断，其职掌着重于货物之运输。1939年4月，总会函聘徐可澄为海防专员，负责办理一切运输事宜。5月，“庞前秘书长与朱常务理事恒璧视察本会救护事业，道出海防，认为该处办事方面尚须调整，签请设立海防专员办事处”②。各办事处“经总会常务理监事会核准后先行试行三个月”，“遵奉总会命令处理总会交办事件及就近分会事宜，并代总会经收捐款及宣传等事项”③。1940年，总会迁渝办公，原重庆办事处并入总会，留在上海的常务理事代表总会继续在当地指导工作，总办事处仍设于香港，总会事务分设第一、二、三处，分工明确，并依事务之繁简酌设不同类别的职员岗位。总会、总办事处收发文件每星期一、三用航空快递交换工作报告，该工作报告包括会务报告、处理案件、会计报告及物品报告等，按规定，会

① 《中华民国红十字会管理条例施行细则》，《中国红十字会月刊》第55期（1940年1月），第60—66页。

② 《中华民国红十字会三年来总报告（二续）》，《中国红十字会月刊》第59期（1940年5月），第17—64页。

③ 《中华民国红十字会总会分办事处组织通则》，《中国红十字会月刊》第55期（1940年1月），第188页。

议记录和工作报告须抄寄存档备查[①]，以便会务及时沟通。

图 2－1　中国红十字会全体理、监事联席会议

资料来源：《良友》1939 年第 141 期，第 6 页。

抗战胜利后，从 1946 年初开始，国民政府各机构陆续迁返南京，红十字会确定中山路 275 号为新会址[②]。复员期间，中国红十字会加强了对分会的建设力度，对不同地区分别开展新建或改组分会工作：总会设于首都，分会以市（院辖及省辖）、县为设立单位，取消了“省”一级的分会设置。每市县限设一分会，且以所在市县之名称定名为“中华民国红十字会××市（县）分会”，按照征求会员的多寡分为甲、乙、丙三级。在战时后方，对于曾由总会核准设立并相与经常保持联系之各市县分会，参酌当地环境之需要，继续原有业务及新兴会务之开展；在收复区内，恢复战前原有各市县分会，“除先行填送总会制定各项调查表外，一面应将抗战期间经过情形及会务近况详实呈报总会核备，一面规划有关人事、经费及其他一切事项”[③]；对于未设立分会的市县，邀集当地各界领袖及热心社会事业人士，按照一定的程序筹组分会。又鉴于东北、台湾“赤十字社”于“各市县均有分会组织，其下各乡镇亦设有机

① 参见《中华民国红十字会总会总办事处工作简报》，《中国红十字会月刊》第 60 期（1940 年 6 月），第 30 页。

② 池子华，吕志茹：《复员时期的中国红十字会》，《河北大学学报》（哲学社会科学版）2004 年第 6 期。

③ 《复员期间中华民国红十字会总会调整及管理分会办法》，《中国红十字会月刊》第 2 期（1946 年 2 月），第 7 页。

构辅助所隶分会推行征募工作，深入民间，成绩卓著”[①]，规定中国红十字分会以下得于乡镇指导组设支会。对于支会的界定，起初与分会并无严格区别，有时甚至可以等同。1947 年 4 月，中国红十字会总会第二次常务理事会通过《复员期间中华民国红十字会支会组织规程草案》，规定“支会以分会为主管机关，其设立范围限于其所隶分会所在市县境内之乡镇”[②]，从而将分会与支会进行明确区分。据统计，从 1947 年 7 月—1948 年 12 月，总会登记在案的各地支会有 10 个[③]。在总结实践经验的基础上，此时的总分会关系有了重大转变，原本各项业务多集中于总会办理的局面被打破，分会的恢复和发展日益受到重视，分会的服务事项依总会规定办理，以征求会员、筹募基金为中心工作。相对而言，总会成为业务指导和计划机构，主要着眼于工作的规划设计，而各地分会负实际执行之责。日常工作中，总会“按月编造工作报告呈送行政院备案，并按业务之性质分送有关主管机关备案”[④]。另由《复员期间中华民国红十字会总会调整及管理分会办法》可知，凡收复区分会已经恢复工作及新组分会经总会核准后，由总会按月列表呈报行政院备案，分会各项工作亦须按照规定的表式按时呈报总会核备。

中国红十字会总分会职责愈发清晰，组织联系加强，不仅使层级组织结构得以巩固和发展，而且促进了红十字会职能分工的完善。复员前的红十字会会务多集中于总会办理，分会工作内容有限，战争期间部分分会的工作还完全陷于停顿。复员时期，红十字会提出“使一律成为现代化之社会服务团体”[⑤] 的目标，由总会统筹全局，分会成为主要执行者，并在总会的督促下积极推进符合现代化标准的新分会建设。另外，虽民国时期中央机构屡经更迭，但向上级部门汇报工作业绩已成定制，从汇报内容上说，主要包括两部分：财务收支、日常事务情况。财务收支，即会费、物资的收纳，年度收支预算与结算等，如中国红十字会皖北联合救护之救济妇孺会，按规定“平常费用开支应归各县红十字分会

---

① 中华民国红十字会总会编印：《复员时期中华民国红十字第二次常务理事会议事录》，不著页码。

② 《复员期间中华民国红十字会支会组织规程草案》，中华民国红十字会总会编印：《复员时期中华民国红十字会第二次常务理事会议事录》（附录二），不著页码。

③ 《支会登记表》，参见中国红十字会总会编：《中国红十字会历史资料选编，1904—1949》，南京大学出版社 1993 年版，第 546 页。

④ 《复员期间管理中华民国红十字会办法》，《中国红十字会月刊》第 1 期（1946 年 1 月），第 12 页。

⑤ 《复员期间中华民国红十字会总会初步工作实施计划纲要》，《中国红十字会月刊》第 1 期（1946 年 1 月），第 8—9 页。

协酌办理，仍由该县红十字分会按年列入会务表册，报告总会一次”，“遇有临时救济费用开支，其筹得经费应由皖北联合救护医队总理，划一酌拨济用，至于临时驻会办公职员、出发救济会员、队员、医员等均由皖北救护队酌予津贴，事后则由皖北联合救护队汇造册表报告总会及省长一次”①。日常事务情况，则涉及广泛，包括分会建废、会员增减、议员选举、救灾恤贫、历史发展等事宜，如为响应20周年纪念刊的发行，常州分会在汇报成绩时，其内容分“筹备之成绩”“成立之盛况”“职员之得人”“会务之进行”② 四部分。

（二）明确分会组建程序

当代社会任何一家民间公益组织想要实现其公益目的，都需要按照既定的程序向主管部门递交申请，经过审批获准成立之后，才能根据相关管理条例及其组织章程开展活动③。而回溯中国红十字运动的历史，无论是总会还是分会，均须报请相关机构、部门核准方可成立。相较于全国只有一个总会而言，地方分会遍布各地，是推动中国红十字事业得以进行的基层组织，规范分会筹建程序、加强分会建设是民国时期中国红十字会的重要工作，是红十字运动在中国发展成熟的前提。为此，中国红十字会在分会组建方面尤为重视，分会的组织与建设均须依照合法程序进行。

1912年，第一届会员大会、统一大会先后召开，设立分会不再像以前那样随便，而是要求分会成立须有30名会员并按照《中国红十字会组织分会申愿书》规定的程序向总会提出申请，经总会审批后方能开办。该申愿书对地方得以组织分会提出五项指示：

（一）本分会名为“中国红十字会某某分会”。

（二）本分会宗旨在会同各处分会协助中国红十字会总会办理以下各事：（甲）在战时应遵守本国海陆军部定章及临时军司令官命令，协助医队救护病者伤者；（乙）在平时应筹募款项，设立医院，造就医学人才，置办医务材料并预备赈济水旱偏灾、防护疫疠及其他各项危害之用。

① 《中国红十字会皖北联合救护之救济妇孺会通则》，《中国红十字会月刊》第23期（1923年9月），第25—37页。

② 参见《分会成绩录要：常州分会》，《中国红十字月刊》第2期（1921年11月），第44—45页。

③ 参见毛晓阳：《论清代社会公益组织的政府立案管理制度》，《山东社会科学》2016年第8期。

（三）本分会办事在某某处所。

（四）本分会会员系现在签名者并以后照《中国红十字会章程》所推举者，合力办事。

（五）除第二条所载应办之事外，认明不另干涉他事①。

1920年，红十字会改订《中国红十字会组织分会章程》，地方人士组织分会除须向总会提交请愿书，以及说明分会职责、地点之外，还提出应报由地方官厅或地方团体（如商会、农会、教育会）备具公文，邮送总会及总办事处证明委系实心为善。地方农、商、教育会共同出具的保证书略谓："为保证事，某处农、商、教育会今会同保到某某在某处发起设立中国红十字会××分会，谨依博爱恤兵宗旨，遵章办理地方慈善事业，不敢稍涉虚伪。如有营私，甘受阴谴阳罚。此证！"② 以社会力量证明其办慈善之虚实，是监督地方分会筹建过程的有力举措。而且，组织分会的前提条件之一是至少有正会员30名，每名缴会费洋25元，共计750元（上海通用之银元），全数一次缴足。每县设立一处分会③，隶属总会。而且由会章可知，分会会务每三个月报告红会总办事处一次，"分会执行会务有不妥适者，得由总会及总办事处分别令其更正或改组，或函请地方官厅令其更正或改组之"④，由此明确总、分会的隶属关系。1922年，第二届会员大会废止《组织分会章程》而改订《中国红十字会分会通则》，在原有要求基础上进一步提出分会成立之前，须先组织筹备处，规定"国内各县属地方及国外各侨埠有赞同本会宗旨者，得依据本会第二次会员大会通过修正章程，备具愿书，报由地方官厅或法团（或商会、农会、教育会）或邻近分会证明实心为善，陈送本会总办事处，交由常议会通过后得设立分会，在未成立之前则称筹备处"；"凡分会筹备处陆续劝募正会员会费全数汇交本会总办事处，以上海通用银元为准，俟募足三十人以上时得成立分会，定名为'中国红十字会某处分会'"；"凡一县属地方或一侨埠，只能设一分会，如因地方需要，得由分会择定地点设办事处，名为'中国红十字会某处分会驻某办事处'，

① 《中国红十字会组织分会申愿书》，参见中国红十字会总会编：《中国红十字会历史资料选编，1904—1949》，南京大学出版社1993年版，第227—228页。

② 《分会保证书式》，《中国红十字会月刊》第17期（1923年3月），第20页。

③ 但遇通商大埠应时势之需要不在此限。

④ 《中国红十字会组织分会章程》，《中国红十字会月刊》1922年第4期，第21—26页。

仍将理由陈明本会总办事处备案，商埠、巨镇不在此限”[①]。各分会依照《通则》的要求，有条不紊地进行筹备工作并展开会务。例如，无锡分会成立后，先“设立第一分办事处于东门外延寿师殿，函聘冯云初为分办事处主任”，后又“以邑境辽阔，第一分办事处偏于东隅，照顾难周”，因而“复设第二分办事处于四乡公所”[②]。

此后虽经中央政府更迭，但政府对社会团体的管理未见松懈。1933年，国民政府中央民运会修正公布了1930年由原中央训练部颁行的《人民团体组织许可证书颁发通则》，其后又颁布《各地高级党部指导人民团体权限划分办法》《人民团体组织指导员工作方法》《人民团体组织指导员总报告方式》《指导人民团体改组总报告方式》《人民团体分组训练会员暂行规则》[③] 等文件，对人民团体的组织建设与管理予以政治干预和指导。红十字会作为民国时期较为活跃的团体，其分会的筹建在国民政府的严格监管下愈发规范。从根据《中国红十字会条例施行细则》修订的章程草案来看，成立分会须：（一）由七人以上之发起人，备具申请书正、副二份，并由地方法团或地方官署出具证明书，送请总会核准后先设筹备处。（二）发起人奉到总会转令核准先设筹备处后，遵即推举筹备处主任一员，克日成立筹备处，开具主任履历，呈报总会备案。（三）筹备处成立后，须觅定会所并征求基本会员三十名，将全数会费连同会员名册一并报解总会核收，由总会填发会员证书、徽章及会费收据，转发各会员，并将承认书连同分会图记、印旗等件一并颁发。（四）筹备处奉到总会承认书、图记、印旗等件后，应即定期召集全体会员开分会成立大会，议定预算，照章选举理事、监事，并依《中国红十字会条例》第五条第二项之规定，列表呈报总会核准后方得就任。（五）筹备经费由发起人自行筹措之。（六）筹备期间以核准成立筹备处之日起，至多以三个月为限，逾限不能成立分会者，总会得将该筹备处撤销之。前项筹备处经总会决定撤销时，即应将前送申请书及证明书分别发还[④]。抗战爆发后，战时总会及所属各单位的组织须“由总会呈请

---

① 《中国红十字会分会通则》，《中国红十字会二十周年纪念刊·分会》1924年印行，不著页码。

② 《红十字会锡分会消息汇志（二）》，《锡报》1924年9月1日。

③ 参见孙燕京、张研：《中华民国法规汇编（内政·民国24年）》，《民国史料丛刊》（续编740），大象出版社2012年版，第20页。

④ 《中华民国红十字会分会章程草案》，《中国红十字会月刊》第55期（1940年1月），第73—76页。

军政部及卫生署备案”[①]，分会理应一并遵守。

复员期间，对于尚未设立分会的区域，红十字会在战前诸条件基础上进行细化。相比于战前的成立要求，又有了多处变化：一是筹备处成立后，“应尽速进行，征求当地公正人士至少二百人为基本会员（应包括地方之金融、工商业、宗教、慈善、教育及其他各界），征求足额时即觅定会址、造具会员名册，连同全部会费一并呈报总会核备，以凭填发会员证”。二是对地方成立大会及理事人选有所提议，在完成征求基本会员、觅定会址等事情后，筹备处“应即定期召集全体会员开分会成立大会，并呈请当地政府指派代表莅会指导暨进行选举候聘理事十一人至十五人，在可能范围内应包括地方之金融、工商业、宗教、慈善、教育及其他各界，造具详细名单一份，呈请总会核定之”。三是总会核定理事后，“由理事互推常务理事，再由常务理事互推会长、副会长，一并造具名单呈请总会核备，并请颁发聘书、分会图记及立案证书”。这与复员之前分会筹备会先奉到图记、印旗等件，再组织成立大会的程序正相颠倒 。四是“筹备处于奉到总会颁发分会图记及立案证书后即行撤销，分会始告成立，并应分别将图记启用日期及印模分报总会备案，随将筹备处图记截角缴销”。五是在经费方面，“筹备处经费由发起人筹措之，分会经费由会长及理事筹措之”[②]。

1949 年 5 月，全国大部分地区已经解放，中国红十字会总会鉴于“解放区各地分会因社会制度及会内人士多有变更”，特于 5 月 30 日颁布《中华民国红十字会解放区分会目前会务注意要点》[③]，要求“在分会组织章程未公布前，新分会暂不设立，其已设立筹备处而尚未正式成立分会者，筹备期间予以延长至新章程公布为止”，“分会不得迁离所在市县之境地，其在解放前迁离原市县者，应即刻迁回，否则将予解散之”[④]。此处未具体提及分会的组建程序和要求，但有两点可知：一是组建分会要先设筹备处，二是分会须在所处行政范围内。

前述关于民国时期中国红十字会分会成立的一系列程序和要求：最

① 《中华民国红十字会战时组织条例》，参见贵阳市档案馆编：《战地红十字——中国红十字会救护总队抗战实录》，贵州人民出版社 2009 年版，第 438 页。

② 《复员期间中华民国红十字会总会调整及管理分会办法》，《中国红十字会月刊》第 2 期（1946 年 2 月），第 7 页。

③ 这是解放战争期间总会颁布的最后一份正式文件，共 14 点，对过渡阶段会务进行了规范。

④ 《中华民国红十字会解放区分会目前会务注意要点》，中国第二历史档案馆馆藏档案，全宗号 476，卷号 3038。

初分会成立的条件较为笼统、简略，后来对分会组建的申报、筹备过程中会费的收缴、“为善”文书的开具、组织成立者的组成等要求越发具体，从而使分会建设工作日渐严谨。

分会一经设立，即要按照总会的要求办理业务。在不违背相关法律的前提下，总会有权维护分会的生存和发展，使其免遭不公正待遇或侵犯。北洋军阀割据时期，奉天省一度下令取消辽源分会。辽源分会旋即速电总办事处，乞求设法维持。总办事处致电奉天省长，以“吾国红会为万国缔盟，以博爱恤兵为宗旨。各省频年军事迭兴，不得不设法推广，以资救护而收臂助，无畛域之见存于其间”，认为：“本会业经核准之安东、海龙、辽源三分会设有假借名义四出募捐，自应在取缔之列。倘遵照会章，无违犯事件，而遽予撤销，转无正当理由，堪以折服人心？本会权限所在，又何以为全国分会之表率？”[①] 重人道、服人心、为表率，诸条理由逐一提出，足见总会维护分会的决心。除了可能面临被撤销的情形，地方分会还会因匪患而难以维持。四川永宁县钟明理等请愿设立分会，购备药品，着手筹办。不幸在于，“匪徒程步贵始则威逼提用，匪医徐顺理等继则结党拐去”，蹂躏善举。对此，总办事处电请四川公署俯赐查办，派兵剿匪，“匪首程步贵亦已擒获正法”[②]。从这个层面讲，总会与分会“似如母子”，总会是分会的“监护人”，既要辅其行于合法之正道，又要助其摆脱忧患之困境。

二、权力机制的运行

从现代社会组织管理看，常议会、理事会、监事会均是中国红十字会组织建设中的重要机构。常议会、理事会为代理主体、执行主体，主司执行委托者意志，向会员及会员大会负责；监事会为监督主体，受会员大会委托对代理者及办事者进行监督，也对会员及会员大会负责[③]。作为现代慈善组织，红十字会在权力机制的运行过程中，亦经历了常议会制、理监事会制及理事会制的更替。

（一）常议会制

民国以前，中国红十字会效仿万国红十字会，实行董事会制。进入

① 《红十字会总办事处抗争撤［撤］销辽源分会》，参见池子华、崔龙健主编：《中国红十字运动史料选编（第一辑）》，合肥工业大学出版社 2014 年版，第 209 页。

② 《红会维护分会》，参见池了华、崔龙健主编：《中国红丨字运动史料选编（第一辑）》，合肥工业大学出版社 2014 年版，第 210 页。

③ 参见马庆珏：《社会组织能力建设》，中国社会出版社 2011 年版，第 34 页。

民国后，随着1912年9月29日第一届会员大会的召开，其权力机制由董事会制转为常议会制。10月6日常议会成立，成为总会实际上的决策中枢，是总会的权力机构。基于常议会的重要地位，政府条令一度要将常议会置于北京总会，但红十字会认为"常议会与总办事处同时成立，如驹有靳，未可相离，且上海总办事处既为执行会务之机关，常议会对于总办事处即立于监督之地位，自当同居一地，而且慈善机关如红十字会者，超然于政治之外，含有中立性质，则慈善机关之议会即不当援政治上之议会为例必与总会俱集于北京"①，因此，仍主张将常议会设于上海总办事处。

常议会每月召开一次会议，由会长召集，主要负责稽核预算决算、审决会员之除名及入会之准否、审核各项细则、选举资产监督及总会出纳会计员以及议决其他重要事件等。议事以过半数决之可否，同数时由议长决定之。常议会除议长外，非全数议员三分之二以上出席不得开会②。常议会请开特别会员大会时，会长可召集开会，但须将开会缘由预行声明，"自通告日起，应于五星期内集议，除预行声明事件外，不得另议他事"③。在战争或紧急事变等特殊时期，若来不及由常议会议决，则"会长得自裁决施行，但事后须交常议会请求追认"。而且，"战时或有事变时，会长得将常议会改组临时议会，临时议会人数由会长定之，除常议员继续充临时议员外，得由会长于会员中另选补充"④。从上述规定中不难发现，常议会在红十字会运行中具有举足轻重的地位，而会长或议长又发挥着重要作用。但同时也存在风险隐患，如选票同数时，由议长最终决定议案通过与否，临时议会人选亦可由会长选择等，这些规定易滋生以权谋私、拉帮结派、独裁专断等不良行为，使常议会公正性大打折扣。

1922年，第二届会员大会通过的《中国红十字会修正章程》对常议会召开条件的规定有所变更，除议长外，须有1/4以上议员出席，与之前的2/3相比，人数要求降低，常议会的召开更为便利。在临时议会的组织中，"于战事延长时，常议会得以全体一致改组临时议会，并增

① 《十一年六月会员大会纪事本末》，《中国红十字会二十周年纪念刊·纪事》1924年印行，不著页码。

② 《中国红十字会条例施行细则》，《政府公报》1915年第1228期，第19—27页。

③ 《中国红十字会章程》，参见中国红十字会总会编：《中国红十字会历史资料选编，1904—1949》，南京大学出版社1993年版，第224—226页。

④ 《中国红十字会条例施行细则》，《政府公报》1915年第1228期，第19—27页。

选必要之临时议员”，可见临时议员由常议会选举产生，而不再是会长选之，某种程度避免了个人意志的影响，使常议会制度得以完善。临时议会在和平恢复后解散。相较于民国成立初期的章程，此次章程赋予常议会的职权范围更广，包括审判预算决算、审查入会会员之资格、议决会员之除名、订定各项规则、选举会长副会长、公推理事长、公推财产委员、议决其他重要事件、刊印征信录及提出成绩报告于大会①，以此巩固常议会权力中枢的地位。

对于分会是否采用常议会制，1912 年的《中国红十字会分会章程》并无具体说明，只提及“本分会每年九月间开会一次”，“遇每年开会时，可公举会员五人为议事部，协助执事员协理会务”②。1915 年《中国红十字会条例施行细则》明文规定，“分会设议事会”，每月开会一次，由分会长或理事长召集，主要负责“初审分会预算、议决分会正会员入会之准否、选举分会会计员及分会职员、议决分会临时重要事件”③。虽然这只是政府颁布的法律，但红十字会人在 1920 年的《组织分会章程》中便曾有所采纳，明确指出分会设议事会。至 1922 年第二届会员大会召开后，《中国红十字会分会通则》在《组织分会章程》基础上确立了分会议事会职责：负责初审分会预决算、议决会员入会之准否及除名、选举分会长及各职员、议决分会重要事件。议事以过半数决之可否，同数时由议长决定之。分会议事会除议长外，非全数议员半数以上出席不得开会。但临时有紧急事件或战事发生时，分会长或理事长得自裁决施行，但事后须交议事会请求追认。通常而言，地方分会成立后，即开始讨论会章及议事会事宜。如 1924 年“因江浙风云日趋险恶，组织分会势不容缓”，无锡的陈尔同、刘士敏等 100 余人假瑞昶润茧栈设立红十字分会。该分会一经成立，首议分会简章，明确本会设议事员 24 人④，组织议事会⑤。从其产生方式及职权可见，议事会就是红十字

---

① 《中国红十字会修正章程》，《中国红十字会二十周年纪念刊 · 章程》1924 年印行，不著页码。

② 《中国红十字会分会章程》，参见中国红十字会总会编：《中国红十字会历史资料选编，1904—1949》，南京大学出版社 1993 年版，第 226—227 页。

③ 《中国红十字会条例施行细则》，《政府公报》1915 年第 1228 期，第 19—27 页。

④ 最初公布的《中国红十字会无锡分会简章草案》拟设 12 人为议事员。参见《锡报》1924 年 8 月 27 日。

⑤ 《中国红十字会无锡分会简章》，《锡报》1924 年 8 月 29 日。

会地方分会的“常议会”[①]。常议会制一直沿用至南京国民政府成立初期。

（二）理监事会制

鉴于红十字会在历次战争救护中发挥的重要作用，国民政府有意加强对红会的监管。1932 年 11 月—1933 年 6 月，国民政府先后公布了由立法院制定的《中华民国红十字会管理条例》及《中华民国红十字会管理条例施行细则》，使红十字会组织制度改为理监事制，以取代常议会制[②]。据此，1934 年 9 月，中国红十字会召开会员大会，决定取消常议会，以理事会、监事会取而代之，正式确立了“监事会”的制度安排。1934 年 10 月 1 日，第一届理事会及监事会联席会议（一般简称理监事会联席会议）召开。根据《中国红十字会总会理事会及监事会组织规程》的规定，理事会及监事会联席会议在全国会员代表大会开幕后，为红会最高权力机关。这在红会章程草案中便已有详细说明，“理事会为本会最高执行机关，在全国会员代表大会开会后，依照会章执行一切会务”，“监事会为红十字会最高监察机关，在全国会员代表大会开幕后依照会章监察一切会务”[③]。与总会一致，地方分会亦采用理监事会制。如 1936 年 7 月 24 日，郑州分会召开第一次理监事联席会议；8 月 10 日，遂宁分会召开第一届第八次理监事联席会议[④]。分会理事会“在分会会员大会开幕后，依照会章执行会务”，监事会“在分会会员大会开幕后，依照会章监察会务”[⑤]，由此自上而下形成理事会执行、监事会监督相互制约的管理体制。

理监事会联席会议、理事会、监事会均得三个月召开一次，必要时都可召集临时会议。联席会议由会长召集之，会长不能召集时，由副会长召集之；以会长为主席，会长缺席时，以副会长为主席。联席会议以会长、副会长及全体理监事三分之一以上出席方可举行，候补理监事列席会议但无表决权，讨论事项包括：（甲）会长及副会长、理事会或监

---

① 《中国红十字会分会通则》，《中国红十字会二十周年纪念刊 · 分会》1924 年印行，不著页码。

② 胡兰生：《中华民国红十字会历史与工作概述》，《中国红十字会月刊》第 18 期（1947 年 6 月），第 3 页。

③ 《中国红十字会总会章程草案》，《中国红十字会月刊》第 1 期（1935 年 7 月），第 40—46 页。

④ 参见《记录》，《中国红十字会月刊》第 16 期（1936 年 10 月），第 45、47 页。

⑤ 《中国红十字会分会章程草案》，《中国红十字会月刊》第 1 期（1935 年 7 月），第 46—50 页。

事会、常务理事及常务监事联席会议送议事件；（乙）关于参加国际事业及发展国内外会务等事项；（丙）本会重要章则及会务计划；（丁）本会预算决算；（戊）任免秘书长；（己）聘请名誉理事及各项专门委员会委员；（庚）关于整理本会财政之收支等事项；（辛）其他重要会务之审议事件。

理事会议以会长、副会长及理事三分之一以上出席，候补理事及名誉理事列席会议，但无表决权。理事会会议由会长召集之，会长不能召集时由副会长召集之，副会长不能召集时由常务理事召集之，而且会议以会长为主席，会长缺席时以副会长为主席，副会长缺席时就常务理事中互推一人为主席。理事会会议主要讨论理监事会联席会议交议事件、会长及副会长交议事件、常务理事或理事提议事件、监事会送请讨论事件、本会重要章则及会务计划之拟订、本会预算决算之编制、议决会员之除名、其他会务应行审议事件①。

监事会议三个月开会一次，由常务监事召集之，以监事三分之一以上之出席举行之，就常务监事中互推一人为主席，候补监事列席会议，但无表决权。其所议事项有：（甲）理监事会联席会议交议事件；（乙）会长及副会长交议事件；（丙）常务监事或监事提议事件；（丁）理事会或常务理事会送请审议事件；（戊）审核本会预算决算；（己）其他会务之应行审核事件。

常务理事、常务监事得每月举行一次常务会议。常务理事会议须有一半以上常务理事出席，由出席的常务理事中互推 1 人为主席。该会议主要讨论理监事会联席会议及理事会之交办事件、日常会务之讨论事件、审查会员之除名。所有本会日常事务由各常务理事分任之。常务监事会议须有半数以上常务监事出席，由常务监事中推选 1 人为主席，讨论理监事会联席会议及监事会之交办事件、日常会务之讨论事件。除规定日期外，可由 1 名常务监事召集临时会议。常务监事可以监察会长、副会长、常务理事所办一切会务。

另外，凡重要事务应互相协商者，可由会长或副会长随时召集常务理事及常务监事联席会议。常务理监事联席会议以会长、副会长及全体常务理监事过半数出席，以会长为主席，会长缺席时，以副会长为主席。会议讨论会长及副会长交议事件、理事会或监事会送议事件、常务

① 《中华民国红十字会总会理事会及监事会组织规程》，《中国红十字会月刊》第 55 期（1940 年 1 月），第 77—86 页。

理事或常务监事提议事件、任免秘书长以下职员、提出各项专门委员会委员人选、于理监事会联席会议及其他重要会务之审议事件。如 1934 年常务理监事经推选产生后，即举行联席会议，林康侯、刘鸿生、史量才、黄涵之、王儒堂、杜月笙、闻兰亭、陆伯鸿、钱新之列席，内政部赵科长、总会秘书卫克强等 10 余人出席，讨论“总分会章程业经大会通过，拟即呈部议决照办”，“会议等规程业经大会通过，拟即呈部议决照办”，“理事会、常务理事、监事会、常务监事及会长、副会长开具履历，以便转请聘任”，“理事会及监事会办事规则亟待拟订，请先决定原则，以便起草”① 等事宜。

与理监事会联席会议、理事会、监事会相比，常务理监事会联席会议、常务理事会、常务监事会会议周期短，更具及时性、灵活性特点。在议事内容上，理监事会联席会议讨论的事项为理事会、监事会及其常务机构开展工作的旗帜和先导，负责顶层设计，明确交办事宜；而理事会、监事会及其常务机构则为理监事会联席会议确定事项的具体执行者、监督者，彼此之间相辅相成，各有分工。从历史进程看，国民政府时期的红十字会确立理监事会制，是政府为加强对红十字会的监管而进行组织整顿的产物，替代了南京临时政府时期确立并沿用至北京政府时期的常议会制，使红十字会的内部监督机制凸显，亦是对常议会制的继承和完善。而且，监事会制度与理事会制度并存，构成了抗战前期中国红十字会组织运行的“左膀右臂”。但战后“监事会”的取消，使中国红十字会内部缺乏独立的监督机构，暴露了红十字会内部监督力度不足的缺陷。

（三）理事会制

理监事会制是国民政府治下中国红十字会主要的组织形态，但抗战胜利后，复员期间的红十字会却再次改组。1945 年 12 月 8 日，行政院公布《复员期间管理中华民国红十字会办法》，规定“总会置会长一人、副会长二人、理事十五人至二十一人，组织理事会，并就理事中指定七人为常务理事，均由行政院聘任之”，没有提及监事会。1946 年 1 月，红十字会以理事会为最高权力机构，取消监事会；2 月颁布《中华民国红十字会分会组织规程》，取消分会监事会。至此，中国红十字会运行机制由理监事制转变为理事制。理事会会议每三个月召开一次，常务理事会会议

① 《红会常务理监联席会》，《申报》1934 年 10 月 3 日。

每月召开一次，均由会长召集，以会长为主席[①]；会长因故不能出席时，由副会长代理之，秘书长、副秘书长均列席，必要时得临时召集之。

总之，红十字会的权力运行机制不断调整，但对权力的监督多有欠缺。常议会制下，偏重资产监督，对会内其他事务及会员行为规范等则较少涉及。实施理监事会制之后，监事会成为最高监督机构，但其存在并不长久，至抗战后复员期间即被取消。监事会的缺位不但会使红十字会组织结构变得不完整，缺乏相应的权力监督，而且易造成执行机构出现决策不民主、行为不规范等现象。

三、部门分工的设置

民国时期的政府采用以部会为主体的政务管理体制，如南京临时政府时期设置陆军部、海军部、外交部、司法部、财政部、内务部、教育部、实业部、交通部，各部门各司其职。类似于中央各部的管理体制，红十字会亦设立会议处或会计股、文书股或秘书处等多个部门，进行职务分工。这从红十字会广告、章程中亦可略见一二，如为感谢社会各界慷慨解囊，红十字会在谨谢善士时常曰："除交会计处核收外，特此鸣谢，以扬仁风。"无锡分会成立后，旋即照章选举"会长、副会长、理事长、副理事长、理事、文牍、会计、交际、庶务等各职员"，"分头组织会所、办事处、医院、医队、看护场、留养所等事务"[②]。

再如，国民政府时期，总会理事会之下设立妇女部和青年部，"妇女部以主持妇女义务工作、从事训练、俾养成有效之社会服务为目的；青年部以推广学校卫生、发展儿童博爱精神、训练公众服务并增进国际间友谊为目的"[③]。抗战时期的总会救护委员会为"训练救护人才、储备救护材料、组织救护队及各项救护机关、办理救护工作"，亦规定除执行委员会外，依事实之需要设训练委员会、供应委员会、人事委员会。

及至抗战胜利后，为指导复员期间工作，总会根据《复员期间管理中华民国红十字会办法》《复员期间中华民国红十字总会组织规程》《复员期间中华民国红十字会分会组织规程》等新规章构建了新的组织系统，以设立不同的课室为开展工作的前提（如图2－2）。

① 《复员期间管理中华民国红十字会办法》，《中国红十字会月刊》第1期（1946年1月），第12页。

② 《中国红十字会无锡分会成立志》，《锡报》1924年8月28日。

③ 《中华民国红十字会总会理事会及监事会组织规程》，《中国红十字会月刊》第55期（1940年1月），第77—86页。

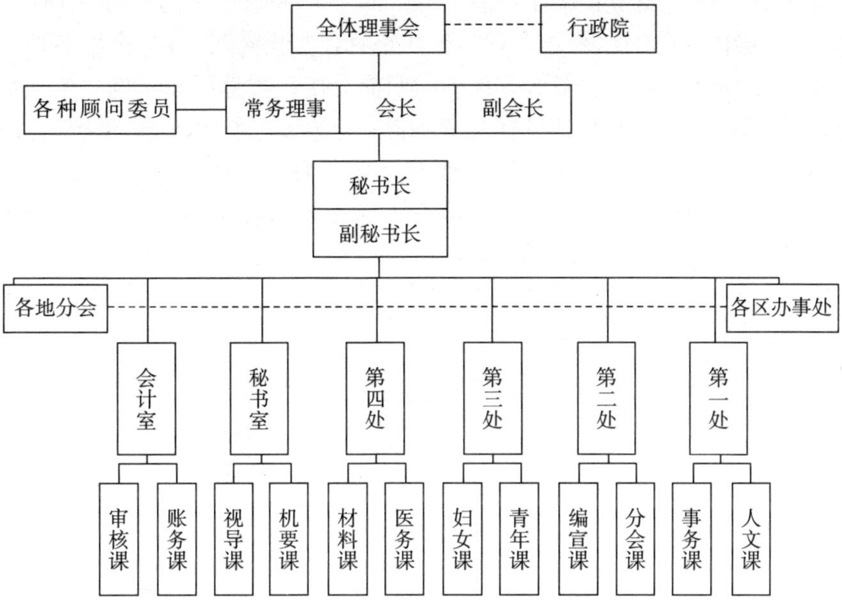

图 2-2　复员期间中华民国红十字会组织系统图

资料来源：中华民国红十字会总会编：《复员期间中华民国红十字会法规辑要》（1946 年内部印行），不著页码。

该图清晰地展现了红十字会纵向的权力结构和横向的职能分工之间的关系。红十字会实行会长、副会长制，设秘书长 1 人、副秘书长 1 人或 2 人。秘书长由会长遴请行政院聘任之，承会长、副会长之命掌理日常事务，统筹总会各课室及分会、各办事处事宜。据悉，总会下分处室办事，并设所、队、库等机构，其办事机构由原来的二处扩充为四处二室：第一处主总务，设人文、事务两课；第二处主会务，设分会、编宣两课；第三处主社会服务，设青年、妇女两课；第四处主医务，设医务、材料两课；秘书室下设机要课、视导课，会计室下设服务课、审计课。第三处为复员期间新设，其余处室均为原来组织或救护总队部编并在各处室下。办事机构设处长 4 人，主任 2 人，秘书及视导各 2 人至 4 人，课长 10 人，课员及助理课员各若干人。

另外，按照“总会视业务需要，可分区设办事处及服务实验区，并分地设各种工作及训练单位”① 的指示，总会在各地共设置总会办事处

① 《复员期间中华民国红十字会总会组织规程》，《中国红十字会月刊》第 1 期（1946 年 1 月），第 12 页。

5个（1946年已确立的有北平区、汉口区、广州区、上海区办事处①），且于全国中心城市主办“红十字会服务中心实验区”，以为全国各地分会事业之楷模。各处、各区有详细的职能分工，视部门职责确立组织结构，例如服务中心实验区设有儿童、青年、妇女、社会四部，各部之下又酌设服务机构（如图2－3）。而对于分会而言，视所办业务之性质，分会也可设各种委员会，负责办理各部门之业务。

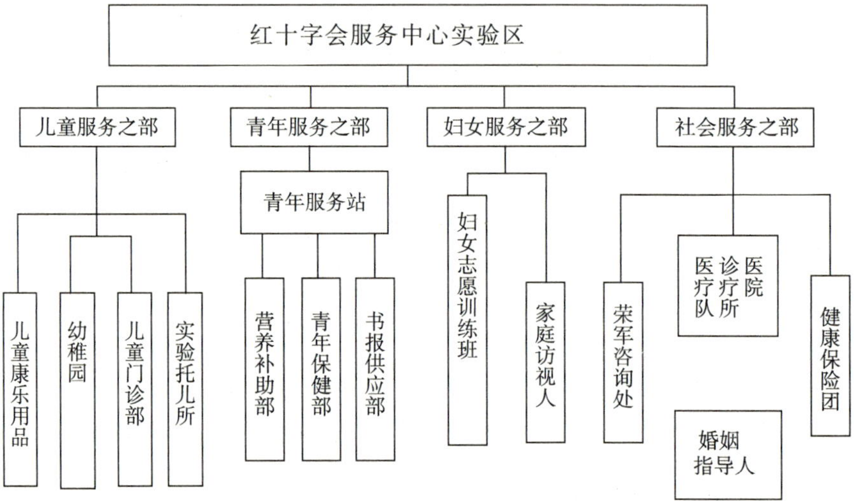

图2－3　复员期间中国红十字会服务中心组织结构图

资料来源：《复员期间中华民国红十字会服务中心实验区计划纲要》，《中国红十字会月刊》第1期（1946年1月），第10—11页。

在组织体系中，这种科层制的部门设置使红十字会内部层次有别，各有分工，围绕着红十字会工作的宗旨和目标形成了相对稳定的互动体系。这一组织结构的确立，不仅规范了实验区的建设，而且便于红十字事业延伸到人们生活的方方面面，提升了红十字运动在普通大众中的知名度、影响力，壮大了群众基础，以便更好地服务社会。

①《复员期间本会各区办事处辖区划分表》，《中国红十字月刊》第3—4期（1946年4月），第16页。

第二节　人事管理

随着孙中山提出的一系列关于文官制度的思想的传播，民国时期的中央政府加强了对文官的管理。1912 年起，北京政府便出台一系列公务员法规，到 1921 年，我国已形成文官管理法规的制度基础。而后，英美等国掀起的建立公务员制度的热潮，对当时政府文官制度的建立和完善起了推动作用。南京国民政府时期的公务员制度，正是建立在借鉴西方国家公务员制度的经验基础之上的，并已普遍采用。中国红十字会建立之初虽为民间慈善团体，但不可否认，民国以降，政府对其管控力度逐步加强，其与真正意义上的民间独立慈善团体大相径庭。随着政府相关条令的出台，红十字会在专职人员管理方面亦多借鉴政府的文官管理模式，尤其是南京国民政府成立后，确立了一套系统的职员聘用、考核、奖惩等机制。

一、职务设置

按照社会学家韦伯的观点，权威是获得认可的权力，在社会组织中的权威由具体的职位来代表。权威的领导体系，应当是一个由职位等级所确立的权力和领导体系，确立起不同层级成员之间的权利、义务关系，从而保证组织内部的秩序和共同行动的可能性。红十字会的职务设置同样遵循这一理论，设有会长及副会长职位、常议员及理监事和其他专职人员等。

（一）正、副会长

1912 年《中国红十字会章程》规定每年开会员大会一次，公举会长、副会长及顾问、秘书长、理事长各职员，任期以三年为限，可由会员公举声望卓著者为名誉总裁，由会长督率秘书长、顾问等员办理会务。应该说，最初的红十字会专职人员多由会员选举产生，其制度设计携带着民主的气息，实为孙中山“三民主义”思想对社会团体组织建设的积极影响。

袁世凯篡权后，意欲实行专制独裁，红十字会正副会长的产生、任职受行政或军事意志的影响较大。1914 年，以大总统训令形式颁布的《中国红十字会条例》规定总会会长、副会长由大总统委派充任，会长 1 人，总理会务、监督各分会；副会长 1 人，辅助会长办理一切会务。此时虽未直接表明由国家元首出任名誉会长，但大总统已掌握了正、副会长的任免权。分会长由分会推举，经会长认可后方得就任，对于“分会事业范围犹未扩大，不设分会长者，设理事长代之”。“分会长就所在地范围内执行紧急职务时，得直接陈请于该地军事长官及地方长官，余均陈请总会转陈”①。

按照上述条例规定，会长、副会长由大总统进行任命。对此，红十字会建议采纳日本赤十字社社长先选举而后任命之办法，认为对于公共团体“似不当尽夺其选举之权”，并在借鉴日本赤十字社经验的基础上，于1922年会员大会上对会章酌加修订，试图维护自身独立的选举权，但又表示“虽存民国二年原章选举之制，而于选举之后仍行陈请大总统特加任命”，由此可见这是红会对政府所颁条例有所妥协的表现。而对于原章及条令所设会长、副会长各1人，此次章程略作调整，“参照《美国红十字会章程》定为会长一人、副会长二人，以一人驻京辅助会长，以一人驻沪综持会务，期尽推行之利，不虚博爱之名”②。至此，会长、副会长“由常议会选举之，陈请政府加以任命”，任期1年，但得连选连任，会长为完全之名誉职。驻于总会之副会长辅佐会长处理总会事务，会长有事故时得代理之。另设理事长1人，“由常议会公推之”，“驻于总办事处所在之地上海”③，辅佐驻于总办事处之副会长处理总办事处诸项事宜。除了增加副会长名额外，此次修订还将正、副会长人选改由常议会选举产生、政府任命而非大总统选派。这一条令的订立，是红十字会为摆脱行政干预、保持自身独立处理事务能力而与政治力量斗争的重要表现。

在地方，分会择定会所后，议事会开会公举会长、副会长、理事长，随后将履历报告总办事处，经常议会审查确定、分别发给通知书后方可就职。分会长综理分会一切事务，副会长、理事长、理事辅助分会长执行会务，分会长有事故时，副会长代行职权④。

国民政府成立初期，总会、分会各设会长1人、副会长2人，总会由理事会推选并呈请政府加以聘任，任期三年，得连选连任；地方分会由分会理事会选举之⑤。其后，《中华民国红十字会管理条例》几经修订，

---

① 《中国红十字会条例》，《申报》1914年9月29日。

② 《十一年六月会员大会纪事本末》，《中国红十字会二十周年纪念刊·纪事》1924年印行，不著页码。

③ 《中国红十字会修正章程》，《中国红十字会二十周年纪念刊·章程》1924年印行，不著页码。

④ 《中国红十字会分会通则》，《中国红十字会二十周年纪念刊·分会》1924年印行，不著页码。

⑤ 参见《中国红十字会总会章程草案》，《中国红十字会月刊》第1期（1935年7月），第40—46页。《中国红十字会分会章程草案》，《中国红十字会月刊》第1期（1935年7月），第46—50页。

总会会长、副会长人选又由理事会推选改为由全体理事、监事推选，由隶属部门内政部（后改为卫生署）转报行政院转呈政府聘任之。1943 年，国民政府对红十字会事务的介入加深，《战时组织条例》的公布标志着红十字会被纳入军事管理体系：红十字会设会长 1 人，副会长 2 人，其人选均由军事委员会委员长令派①。复员期间，总会设会长 1 人、副会长 2 人，综理一切会务②；分会设会长 1 人、副会长 2 人，由常务理事中互选之，综理一切会务，“并于召开理事会或常务理事会时由会长为当然主席”③。分会于必要时得设名誉会长 1 人、名誉副会长 2 至 4 人，但须对国家或地方具有信望者并须列具事迹，转请总会聘任之④。

（二）常议员、议事员及理事、监事

中国红十字会第一次会员大会确定常议会每年由会员大会选举议员 36 人组成，议员可连选连任。选举用记名法，得票最多者当选，当选者姓名、年龄、籍贯、履历由会长报告内务、陆军、海军三部。按规定，“常议员每年选举十二人，其任期三年，但第一年选举常议员之任期分三种：任期一年者十二人，任期二年者十二人，任期三年者十二人”⑤，于常议员中互选议长、副议长各 1 人，议长因事未能出席时，以副议长代之。此时的会员只有名誉会员、特别会员、正会员三类。1919 年以后，随着会员种类增多，民国政府重新明确常议员的选举范围，“常议员每年由大会就名誉会员、特别会员、正会员中选举之”，“每年选举十六人”，任期三年，但第一年选举常议员的任期分三种，“任期一年者十六人”，“任期二年者十六人”，“任期三年者十六人”⑥。1922 年会员大会议决，常议会设于总办事处所在地之上海，由会员大会选举 48 名议员组成，由议员中选举议长、副议长各 1 人，“常议会议员任期三年，遇有辞职或出缺时，以次多数递补之”，“于战时及灾害时，如遇常议会

---

① 《中华民国红十字会战时组织条例》，参见贵阳市档案馆编：《战地红十字——中国红十字会救护总队抗战实录》，贵州人民出版社 2009 年版，第 438 页。

② 《复员期间中华民国红十字会总会组织规程》，《中国红十字会月刊》第 1 期（1946 年 1 月），第 12 页。

③ 《复员期间中华民国红十字会分会组织规程》，《中国红十字会月刊》第 1 期（1946 年 1 月），第 13 页。

④ 《复员期间中华民国红十字会总会调整及管理分会办法》，《中国红十字会月刊》第 2 期（1946 年 2 月），第 7 页。

⑤ 《中国红十字会条例施行细则》，《政府公报》1915 年第 1228 期，第 19—27 页。

⑥ 《中国红十字会条例施行［细］规则》，参见《呈：内务总长田文烈、陆军总长靳云鹏、海军总长萨镇冰呈大总统为修改〈中国红十字会条例〉暨〈施行规［细］则〉呈请鉴核文（附条例规则）》，《政府公报》1920 年第 1546 号。

议员、会长、副会长之任满，得延长其任期，以恢复通常状况为限”①。参照该修正后的会章，中国红十字会即召开第一次常议会，新当选议员包括庄得之、杨小川、王一亭、朱葆三、盛竹书、宋汉章、余日章、蔡耀堂、劳敬修、贝润生、许秋帆、陈光甫、王培元、江趋丹、任小珊、丁斐章、顾馨一、袁仲蔚、朱芑臣、汪汉溪、沈联芳、唐乃安、金伯平、张籋云、哈少甫、穆藕初、李敏齐、沈鼎臣、沈韫石、钟紫垣、傅小菴、姚文敷、刘襄孙、蒋星阶、荣宗敬、狄楚青、郭亮甫、倪远甫、杨叔英、李馥荪、姚虞琴、周金箴、牛惠霖、邵子愉、叶明齐、蔡翔如、俞凤宾、聂云台共48人②。全体议员记名投票，互选议长、副议长，结果分别由王一亭、盛竹书当选，并公推庄得之仍任理事长一职。常议员的选举，在总会所在地进行。1930年，中国红十字会修改会章，对于常议会人选问题，公议不以出席代表为限，“凡为中华民国国民年满二十五岁、入会满二年以上之名誉会员、特别会员及正会员，均得被选为常议员，但被选后，须常驻上海，俾免缺席”③。分会议事会则参照1920年的《组织分会章程》，由分会会员大会选举12人组织，“用记名单法选举之，以得票多数者为当选，当选者由分会长报告本会总办事处。分会议事员任期三年，但第一年选举议员之任期分三种：任期一年者四人、任期二年者四人、任期三年者四人”④。

改行理监事制后，对于理、监事人员的产生及构成，在立法初期曾有分歧：1934年首次会员大会筹备过程中，发现1933年所颁条例与之后的细则就理、监事人员选举问题出现偏差，“对于理监事之当选资格范围广狭，规定两歧”⑤。为此，立法院多次集会，决议“既准行政院咨称中华民国红十字会理事监事人选，允宜广征通才，姑将原条例酌予修改”。1934年10月，立法院第三届第71次会议通过了“修正《中华民国红十字会管理条例》第四条条文”的决议，拟将原条文修改为“本会置理事、监事各若干人，由全国会员大会就会员中选举之。理事互选常

① 《中国红十字会修正章程》，《中国红十字会二十周年纪念刊·章程》1924年印行，不著页码。

② 《十一年六月会员大会纪事本末》，《中国红十字会二十周年纪念刊·纪事》1924年印行，不著页码。

③ 《红会修改会章委员会继续开会》，《申报》1930年9月15日。

④ 《中国红十字会组织分会章程》，《中国红十字会月刊》第4期（1922年1月），第21—26页。

⑤ 《行政院咨请审议修正〈中华民国红十字会管理条例〉第四条条文由》，《立法院公报》1934年。

务理事五人，监事互选常务监事三人，由本会呈请内政部转报行政院转呈国民政府聘任之”[①]。当然，法律条令就理、监事人选的分歧并未影响该年第一次会员大会的理、监事选举工作。大会“公推刘孟阳、嵇鹤琴、董新琴、王奎璧四人为唱票员，凌古愚、周光九、颜逸岑、何静斋四人为收票，朱定一、张良弼、李应南、王培元四人为监票员”[②]，最终“林康侯、王培元、王晓籁、虞洽卿、关絅之、闻兰亭、杜月笙、王一亭、王正廷、朱子桥、颜惠庆、许世英、史量才、王振川、刘鸿生等十五人当选为理事；黄涵之、姚虞琴、顾竹轩、李应南、张仙台、钱新之、朱吟江等七人当选为候补理事；劳敬修、汪伯奇、黄涵之、沈联芳、叶恭绰、钱新之、穆藕初、姚慕莲、狄楚青、陆伯鸿、袁履登、宋汉章、赵晋卿、徐新六、胡孟嘉等十五人当选为监事；顾馨一、陈光甫、王清泉、王奎璧、屈文六、黄炎培、张蕴山等七人为候补监事”[③]。1934 年 10 月 1 日，中国红十字会第一届理监事联席会议举行，除内政部长黄绍竑、上海市长吴铁城列席外，出席的理监事包括“王正廷、史量才、钱新之、赵晋卿、林康侯、王培元、张台仙、张蕴山、李应南、刘鸿生、叶恭绰、汪伯奇、袁履登、宋汉章、屈文六、徐新六、穆藕初、顾馨一、陆伯鸿、王振川、王清泉、姚虞琴、闻兰亭、狄楚青、朱吟江等二十余人。”此次会议公推蒋中正为名誉会长，黄绍竑、吴铁城为名誉副会长（10 月 11 日第二次理监事会联席会议添聘颜惠庆、虞洽卿为名誉副会长），并推“杜月笙、王一亭、闻兰亭、林康侯、王晓籁等五人为常务理事，黄涵之、钱新之、陆伯鸿三人为常务监事”[④]，同时择定日期举行常务理监事联席会。1936 年 7 月，国民政府颁布经再次修正的《中华民国红十字会管理条例》及其《施行细则》，指出“于必要时，理事、监事得经由国民政府遴选相当人员聘任之，但不得超过全体理事、监事人数三分之一”。而且在人员数额上，此次《施行细则》对理事、监事的名额进行分配，“置理事十五人至二十九人组织理事会，在全国会员代表大会开会期间处理一切事务”，“置监事十五人至二十九人组织监事会”，理事及监事任期均为三年，但得连选连任，“战时及非

① 《修正中华民国红十字会管理条例第四条条文》，《立法专刊》1935 年第 11 期。

② 《中国红十字会代表大会昨日闭幕》，《申报》1934 年 9 月 29 日。

③ 《红会当选理监事昨日全部揭晓》，《申报》1934 年 9 月 30 日。

④ 《红十字会昨理监联席会》，《申报》1934 年 10 月 3 日。

常事变之际，理事及监事任期虽满，非至恢复常态时，不得改选”[1]。理事、监事经选定，均由红十字会呈请主管官署转报行政院转呈国民政府聘任之。按此条令，结合战时管理办法，抗战时期中国红十字会设理事、监事各15人，常务理事5人，常务监事3人，均由军事委员会委员长委派。

在地方，理事、监事均“由分会会员大会选举”[2]。最初，分会理事会由7名理事组成，在分会会员大会开幕后依照会章执行会务，遇有缺额时以候补理事递补，候补理事额定3人，并由全体理事互选常务理事3人处理日常事务；分会监事会由5名监事组成，在分会会员大会开幕后按照会章负责监察事务，遇有缺额时以候补监事递补，候补监事额定3人，由全体监事互选常务监事3人处理日常事务。分会理事、监事、常务理事及常务监事均任期三年，均得连选连任[3]。但在之后的红十字会章程、条例或细则中并未具体说明人员数额，涉及者仅为“分会置理事、监事若干人”，“其组织人数、任期及待遇由本会另定之”等语。

复员期间，中国红十字会按照行政院颁布的管理办法进行改组，取消了监事会。总会置理事15人至21人组织理事会，并从中指定7人为常务理事，均由行政院聘任之。在地方，红会改组或改选战时后方及收复区分会理事会时，呈请当地政府指派代表莅会指导。战时后方各市县分会进行改选，邀集当地各界领袖及热心社会事业人士选举候聘理事；收复区各市县恢复原有分会并依法进行改组，由仍留所在市县之原任理监事而确无附逆行为者负责，征得当地各界领袖及热心社会人士之同意，选举候聘理事；收复区各市县分会如原任负责人附逆，影响团体行动，或其存立之基本要件已不具备，或内部发生纠纷者，得由总会予以解散或整理之。战时后方及收复区理事等人选如经检举有附逆行为者，应由总会予以解聘，并依法追究理事会之责任。分会候聘理事拟设9人至13人，由理事中互选常务理事5人为分会最高之权力机构，必要时理事名额得呈请总会增减之。

通过公开选举方式产生会长、副会长、议员、理事、监事等专职人员，体现了红十字会管理中的独立、民主意识，也体现了三民主义思想

---

① 《中华民国红十字会管理条例施行细则》，《中国红十字会月刊》第55期（1940年1月），第60—66页。

② 《中华民国红十字会管理条例》，《中华医学杂志（上海）》1935年第21卷第8期，第933—934页。

③ 《中华民国红十字会分会章程草案》，《中国红十字会月刊》第55期（1940年1月），第73—76页。

对民间社团的影响。但遗憾之处在于，这种民主的人员产生方式随着民国政府行政力量的干涉而有所改变。国民政府时期，相关人选的产生不仅受行政力量的干预，还受到战争环境下军事力量的强制介入。

（三）其他职位设置

在红十字会内部，无论总会还是分会，为维护组织的有效运行，除确立权威的领导职位外，还设有各专职人员岗位，它们之间按照红十字会章程的规定在工作中相互配合，形成一种基本的部门人员结构。

1912 年通过的总分会章程即指出，常议会“应举会计管理账目，按照定章收支，届大会时备具详册报告”；“公举查账员，查核收支账目，届大会时备具报告”；分会执事各员任期均以一年为限，每年开会时公举理事长、理事、秘书、会计，公举会员五人为议事部，协助执事员协理会务。1915 年《中国红十字会条例施行细则》规定，红十字会总会设顾问、文牍长、文牍员、书记、资产监督、出纳会计员、医药长、医院长、医长、医员、调剂长、药剂员、药剂生、看护长、看护、理事长、理事、副理事、输送长、输送人等职，但分会不得设顾问、文牍长、医药长①。1922 年红会章程确定，红十字会总会由常议会公推财产委员 5 人，由理事长会同驻在上海之副会长聘任顾问及理事，另外还设各项办事之职员②；分会职员设“分会长、理事长、理事、资产监督、文牍员、会计员、书记”③。分会的“会长、副会长、理事长、理事、资产委员由议事会选举之，任期各三年，连举得连任，当选者以正会员为限，文牍员、会计员、书记由分会长酌量任用”，资产委员保管分会所有资产④。和正、副会长一样，财产委员或资产委员亦由常议会或议事会选举产生，反映了红十字会对资产问题的重视。

1934 年的《中国红十字会总会章程草案》中虽未说明设置的具体职务，但也指出红十字会“得依事务之繁简设置职员。其职掌额数、资格、薪给、任用程序，由常务理事会同常务监事及会长、副会长会同议定之”，“本会所属各医院及学校应设各职员，由各该院长、校长报请总

---

① 《中国红十字会条例施行细则》，《政府公报》1915 年第 1228 期，第 19—27 页。

② 《中国红十字会修正章程》，《中国红十字会二十周年纪念刊・章程》1924 年印行，不著页码。

③ 《中国红十字会组织分会章程》，《中国红十字会月刊》第 4 期（1922 年 1 月），第 21—26 页。

④ 《中国红十字会分会通则》，《中国红十字会二十周年纪念刊・分会》1924 年印行，不著页码。

会核准施行”。《中华民国红十字会分会章程草案》也提出，“分会职员除前章各规定外，应由会长斟酌情形遣员任用，其额数、资格及薪给应由分会理事会商同监事会议定之”。另外，从理监事会章程可知，红会秘书处设秘书长 1 人，承会长、副会长及常务理监事之命综理本处一切事务，设秘书 1 人至 4 人辅助秘书长办理机要及特别交办事务。秘书处下附设文书股、编译宣传股、会计股、庶务股，各股设主任 1 人，承秘书长之命办理本股事务；设办事员若干人，协助一切事务。而在各专门委员会设委员 3 人至 9 人，由常务理监事就理监事及其他专门人员提出人选，送请理监事会联席会议核定，由会长、副会长聘任之。

总会迁渝后，在总会分办事处，由总会指派秘书 1 人为驻该分办事处主任，酌设办事员若干，辅佐主任处理分办事处一切应办事宜。而总会事务分设三处：第一处设会计、助理会计、出纳监印、庶务、收发管卷文书、译电兼校对事务员、司书各若干人；第二处设视察、文书、编辑、统计各若干人；第三处则酌设医务行政医师、内科外科医师、护士、主任、药剂师、文书事务员各若干人①。

复员期间，总会顾问委员会下设社会服务、青年工作、妇女工作、医药卫生、征求会员、筹募基金等小组委员会为设计、咨询之机构，各委员会设主席 1 人，副主席 1 人或 2 人，由会长提请理事会通过后聘任之；委员若干人，由委员会主席、副主席商定，请由总会聘任之；必需办公人员，由总会指派兼任之②。地方分会设总干事 1 人，得由理事兼任，承会长之命与常务理事会之决议，掌理日常事务，呈请总会聘任之。分会总干事之下设总务、业务两组，总务组办理文书、人事、事务、会计等，业务组办理医疗及社会服务等工作。两组各设组长 1 人，干事及助理干事若干人，视工作之需要决定之，组长、干事暨助理干事均由分会任用，转报总会备案③。

由上所述，民国时期的红十字会运作模式，以遵守各项规章条令为前提，中国红十字会总会名誉会长一般由国家元首兼任，虽不直接参与会务管理，但其地位凸显了红十字会的行政合法性。从当选方式看，总

---

① 《总会迁渝后内部组织暂行办法》，《中国红十字会会务通讯》第 1 期（1941 年 1 月），第 7 页。

② 《复员期间中华民国红十字会总会顾问委员会组织简则》，《中国红十字会月刊》第 3 期（1946 年 3 月），第 8 页。

③ 《复员期间中华民国红十字会分会组织规程》，《中国红十字会月刊》第 1 期（1946 年 1 月），第 13 页。

会历届会长或直接由政府任命，或由红会选举后经政府聘任[①]，副会长则一般由绅商担任[②]，红十字会的民间独立性日渐削弱。而红十字会内部各机构或部门的设置及职员的聘用，不仅是红十字会自身发展的需求，亦是现实社会中人道需求变化的必然要求。

二、职员管理

作为红十字事业的直接参与者，红十字会所聘职员的思想、行为是影响红十字运动的重要因素。为此，加强职员管理，完善管理制度是健全红十字会建设、推进红十字运动良性发展的不可或缺的重要内容。纵观红十字会诸项规章条令，关于职员的任用、奖惩、服务等事宜，最初涉及较少，但至国民政府时期，尤其是抗战期间，对职员的要求日渐提高并写入章程，从而固定下来。

（一）选拔任免

1. 有严格的条件要求

红十字会职员入职须经过严格考察，满足条件者方可任用。如抗战时期救护总队部任用人员须满足下述条件之一：“（1）经登记审查合格者；（2）曾在卫生机关或其他机关工作满一年以上，确有成绩者；（3）有专长学识技能，适合实际需要者；（4）品行纯正，具有相当经历，确能为红十字会带来奋斗者。”[③] 而如果被选拔者有下列行为的，如违反国民党言论或行动确有实据、被剥夺公权或停止公权尚未复权、无原服务机关离职证件、有精神病或体力衰弱不堪任事、有不良嗜好等，均不得任用。聘用人员在退职、离职时，亦须参照一定的条例规范，区别对待。如救护总队部职员退职，其处理办法分以下几种情况：（1）免职，改任待命、退除或因疾病事故呈准辞职者属之；（2）停职，因疾病事故连续请假达三个月以上者（或予留职停薪）、因过犯尚不须撤职而非他种惩罚所可满足者、犯罪嫌疑或被劾而须查办或受审理未决者、因失踪在三个月以内尚不能判明者等属之。停职后三个月内，其停职之原因终止者得核令回职；届限尚不能回职或虽未届限而职务重要不便久停者，

① 池子华、郝如一：《中国红十字历史编年，1904—2004》，安徽人民出版社 2005 年版，第 72—96 页。

② 《中国红十字会总会历届名誉会长、正副会长一览表（1904—1949）》，参见中国红十字会总会编：《中国红十字会历史资料选编，1904—1949》，南京大学出版社 1993 年版，第 550—552 页。

③ 《中华民国红十字会救护总队部任用工作人员暂行办法》，贵阳市档案馆编：《战地红十字——中国红十字会救护总队抗战实录》，贵州人民出版社 2009 年版，第 468 页。

得核令免职；（3）撤职，过犯较重者，或触犯刑律者属之。由此可见，救护总队部职员退职有严格的范围界定。当然，不同时期，任免条件略有变更。

复员期间总会所用职员须符合“（1）经登记审查合格者；（2）曾在其他机关工作满一年以上，确有成绩者；（3）有专长学识技能，适合实际需要者；（4）品行纯正，具有相当经历，确能为红十字会事业奋斗者”，如果是被剥夺公权或停止公权尚未复权者、无原服务机关离职证件者、有精神病或体力衰弱不堪任事者、有不良嗜好者，则不能聘用。

从战时及战后复员两个阶段任用职员的条件看，红十字会对职员的工作技能、道德品质、身体素质极为在乎，但不同时期又有所差别：一方面，战时红十字会强调卫生机关工作经验，一定程度上反映了红十字会救护委员会对医疗卫生人才的需求；另一方面，从否定条件看，战时任用条件中强调了违反国民党言论或行为者不予聘用，揭示了“以党治国”环境下国民党对红十字会职员思想、行动的严格控制，战后删除此要求，体现了红十字会企图摆脱军政力量影响、置身政治之外的态度。

2. 遵循法定的程序

红十字会实行层级组织体系，其管理亦采取逐级汇报、审核方式进行。例如救护总队部委派新人时，“各级内外勤工作人员，除大队长及同等阶级人员由总队部荐呈临时救护委员会转请总会核委，中队长及同等阶级人员荐请临时救护委员会核委转请总会备案，中队长以下由总队部分别委派外，各级主管人员得荐请总队部分别核转与任用之”；“驻外大、中队部及各队库所站如编制内有缺额，并因事实上之需要不及待总队部派员补充时，得先遴员暂派工作，一面速具报告，述明到职日期”。

无论战时还是平时，红十字会所有任用人员均得先行试用，俟审查其能力后再定去留，但试用期最多不得超过三个月。试用认为合格者于抗战时期“由主管单位执部（按：救护总队部）给予任用书”，复员时期“由主管单位呈请本会给予任用书”。应征人员接到入职通知后，以七日为限，七日内不报到且未说明事由者，以不就职论；到职后不立即着手开始工作，则以旷职论。工作人员不得无故免职或降职，因受处分被撤职后，非依法不得再予任用。一般情况下，抗战时期救护总队部规定，各单位主管人员辞职时，须经救护总队部核准；工作人员辞职时，须经各所属主管人员签具意见，转呈救护总队部核准。但办事处主任、医疗大队长可直接处理本处工作人员的退职申请。所有工作人员未经核准，不得离职，负有交代任务者尚须将任务交接清楚后方可离职。

（二）服务登记

红十字会会员入会、学生入读红十字学校均须签署志愿书或保证书，以保证其对红十字事业的热心与忠心，并督促其正确对待本职工作或学业，专职人员入职时亦须签订志愿书。在国难当头或情况危急之时，救护总队部任用工作人员依然要求“须填具登记表、调进表、健康记录、保证书各一份，随同证明文件呈本部核委”，“各级主管人员推荐人员参加本部工作时，须先将推荐人员志愿书寄呈总队部，经审查合格后，分别核转与任用”。据现有资料记载，加入抗战救护委员会的工作人员，皆须签订志愿书（见图2－4）。

中华民国红十字会总会工作人员服务志愿书

立志愿书人　　兹因国难益亟，全国人民莫不同仇敌忾。余义属国民，救死扶伤，责无旁贷，志愿加入本会参加救护工作，并于非常环境之下，绝对遵从命令，听候本会调遣，忠实服务，艰苦不辞，倘有意外事件发生，皆出自愿，与会无涉。谨此签立志愿书存照。

中华民国　　年　　月　　日　　　立志愿书人　　　签字盖章

图2－4　中华民国红十字会总会工作人员服务志愿书

资料来源：《中国红十字会月刊》第55期（1940年1月），第146页。

工作人员通过签署志愿书，表明自己投身红十字事业救死扶伤的决心。而且，中国红十字会救护委员会所属的人事委员会还制有职员服务调查表，相关应征人员须填写详细履历，包括姓名、年龄、性别、籍贯、曾在何处及何校毕业、现任何职、擅长何科、愿担任何种工作、能否往外埠服务、能否尽义务（若要报酬，每月若干）、现在通讯处等信息。“未曾填报志愿服务调查表之医药及护士人才”，人事委员会“有设法劝动其填报之责”①。因战事而志愿参与红十字事业的战时任用人员不能随便离职，须在战事结束后方可辞职。

战事既靖，红十字会亦对职员服务登记进行重新要求。与战时相似，总会任用职员须填登记书、保证书（见图2－5、图2－6）各一份，随同证明文件及照片两张，呈会核任。

① 《中国红十字会救护委员会人事委员会简则》，《中国红十字会月刊》第13期（1936年7月），第69页。

（正面）

<table>
<tr><td colspan="3">姓名　　别号　　性别　　年龄　　籍贯</td><td rowspan="12">此处粘贴二寸半身像片</td></tr>
<tr><td colspan="3">英文姓名　　　　　　　　　　登记号</td></tr>
<tr><td rowspan="2">通讯处</td><td>永久：</td><td rowspan="2">电话</td></tr>
<tr><td>临时：</td></tr>
<tr><td rowspan="6">家庭概况</td><td colspan="2">父姓名　　年龄　　职业　　住址及通讯处</td></tr>
<tr><td colspan="2">母姓名　　年龄　　职业　　住址及通讯处</td></tr>
<tr><td colspan="2">夫姓名　　年龄　　职业　　住址及通讯处</td></tr>
<tr><td colspan="2">妻姓名　　年龄　　职业　　住址及通讯处</td></tr>
<tr><td>子人</td><td>姓名　　年龄　　职业　　住址</td></tr>
<tr><td>女人</td><td>姓名　　年龄　　职业　　住址</td></tr>
</table>

<table>
<tr><td rowspan="5">学历</td><td colspan="2">学校名称</td><td>所在地</td><td>毕业年月</td><td>专门</td></tr>
<tr><td rowspan="2">中学教育</td><td></td><td></td><td></td><td></td></tr>
<tr><td></td><td></td><td></td><td></td></tr>
<tr><td rowspan="2">学院出身</td><td></td><td></td><td></td><td></td></tr>
<tr><td></td><td></td><td></td><td></td></tr>
</table>

（反面）

<table>
<tr><td rowspan="5">履历</td><td>年月日</td><td colspan="3">曾任职务</td><td>薪给</td><td rowspan="12">志愿书
立志愿书人
本服务社会、博爱人群之旨，志愿加入本会工作，绝对遵从决定，忠实服务，艰苦不辞。谨此签立志愿书存照。
立志愿书人

中华民国　年　月　日</td></tr>
<tr><td></td><td></td><td></td><td></td><td></td></tr>
<tr><td></td><td></td><td></td><td></td><td></td></tr>
<tr><td></td><td></td><td></td><td></td><td></td></tr>
<tr><td></td><td></td><td></td><td></td><td></td></tr>
<tr><td rowspan="6">本会登记事项（填表人请勿填写）</td><td>证章</td><td colspan="3">字号　　服务证明书</td><td>字　号</td></tr>
<tr><td colspan="5"></td></tr>
<tr><td colspan="5"></td></tr>
<tr><td colspan="5"></td></tr>
<tr><td colspan="5"></td></tr>
<tr><td colspan="5"></td></tr>
</table>

图2－5　中华民国红十字会总会服务人员登记书

中华民国红十字会总会服务人员保证书
字第　　号
具保人　　今保　　君在中华民国红十字会总会服务期内，服膺宗旨，热心服务。如有违反会章以及行为不轨等情，具保人愿负完全责任。特具保证书存照。
具保人（签名盖章）
现任职务
服务机关所在地
与被保人关系
住址
中华民国　　　年　　月　　日

图 2-6　中华民国红十字会总会服务人员保证书

资料来源：中华民国红十字会总会编：《复员期间中华民国红十字会法规辑要》（1946 年内部印行），不著页码。

从上表可见，登记书的内容较为全面，从职员本人到其亲属均须记录，便于红十字会了解入职人员信息，建立职员档案，从而依其个人情况酌给职务。而志愿书、保证书重在强调志愿服务的精神，可以对职员的工作、行为起到一定的督促和约束作用。

应该说，登记书、志愿书、保证书的制订与签署，既反映出红十字会职员管理工作的规范化，而且还能引起入职人员对红十字会“博爱”“奉献”精神的重视，提醒其在工作中恪守红十字会相关章程，热心服务。

（三）薪资标准

虽然在红十字运动中，人们可选择志愿无偿参与，但对于专职人员而言，红十字会采用公务员的管理办法，定期发放薪俸。关于南京临时政府及北京政府时期的专职人员薪给，我们知之甚少，但南京国民政府时期的红十字会则已形成等级有序的薪资标准。众所周知，南京国民政府时期是我国现代公务员制度的开端，根据这一时期政府颁布的《文官俸给表》可见，政府将薪俸分五等：政务委员为特等、月薪俸 800 元为一等，荐任为二等，荐任官及委任官为三等，委任官为四等，雇员为五等[1]。

参照国民政府的公务员薪资管理办法，无论战时还是复员时期，红十字会内职员按照等级及任职方式领取不同数额的薪资，而且卫生人员单独制表。这也就揭露了一个现象：红十字会工作人员的服务虽为自愿，但不是完全无偿服务，而是有明确的薪资标准。如复员时期为管理职员薪给工作，1946 年 8 月公布的《中华民国红十字会总会任用工作人员暂行办法》规定，红十字会工作人员之薪给“依照本会工作人员薪额

① 参见王宇眉：《浅析南京国民政府时期的公务员制度》，《商》2016 年第 30 期。

标准表及卫生技术人员薪额比照表核定之”，其制表如下（表2-1）。

表2-1　中华民国红十字会总会职员支薪标准表

级别		薪额＼职别	秘书长	副秘书长	处长主任	一级视察秘书	二级视察秘书	三级视察秘书	一级课长	二级课长	三级课长	一级课员	二级课员	三级课员	助理课员	一级干事	二级干事	助理干事
特任		800																
简任	1	680	↑															
	2	640	┆	↑														
	3	600	┆	┆														
	4	560	┆	┆	↑	↑												
	5	520	↓	┆	┆	┆												
	6	490		↓	┆	┆												
	7	460			┆	┆												
	8	430			↓	↓												
荐任	1	400					↑		↑									
	2	380					┆		┆									
	3	360					┆		┆									
	4	340					┆	↑	┆	↑						↑		
	5	320					↓	┆	↓	┆						┆		
	6	300						┆		┆						┆		
	7	280						┆		┆						┆		
	8	260						↓		↓	↑					┆		
	9	240									┆	↑				┆		
	10	220									┆	┆				┆		
	11	200									┆	┆	↑			↓		
	12	180									↓	┆	┆					
委任	1	200										↓	┆					
	2	180											┆				↑	
	3	160											┆				┆	
	4	140											┆	↑			┆	
	5	130											↓	┆			↓	↑
	6	120												┆	↑			┆
	7	110												┆	┆			┆
	8	100												↓	┆			┆
	9	90													┆			┆
	10	85													┆			┆
	11	80													┆			┆
	12	75													┆			┆
	13	70													┆			┆
	14	65													↓			↓

资料来源：中华民国红十字会总会编：《复员期间中华民国红十字会法规辑要》（1946年内部印行），不著页码。

复员期间，卫生基础人员的薪额标准则沿用抗战期间《中华民国红十字会总会救护总队部卫生人员薪额比照表》①，将卫生技术人员分别与文武官等级进行比照，分级确定薪额。

表2－2　中华民国红十字会总会救护总队部卫生人员薪额比照表

比照文官等级	简任			存任										委任																雇员		
级别	6	7	8	1	2	3	4	5	6	7	8	9	10	1	2	3	4	5	6	7	8	9	10	11	12	13	14	15	16	1	2	3
薪额	490	460	430	400	380	360	340	320	300	280	260	240	220	200	180	160	140	130	120	110	100	90	80	70								
比照武官等级	上校			中校						少校				上尉				中尉				少尉				准尉						
比照毕业年限	11	10	9	8		7		6		5		4		3	2	1		六年制医药院校毕业人员														
	12	11	10	9		8		7		6		5		4	3	2	1	五年制医药院校毕业人员														
				10		9		8		7		6		5	4	3	2	1	四年制医药院校毕业人员													
										8	7	6	5		4		3	2	1	护士及助产士												
							曾受训练技士技佐					9	8	7		6		5		4		3	2	1								
														曾受训练之医护员				7	6	5	4		3		2	1						
																		同初中程度医助				7	6	5		4		3	2	1		

资料来源：中华民国红十字会总会编：《复员期间中华民国红十字会法规辑要》（1946年内部印行），不著页码。

需要指出的是，红十字会人员请假期间，可酌情发放薪给。如救护总队部规定，“事假在一个月以内、病假在两个月以内者，得照给薪金；超出以上规定者留职停薪”②。总会也规定职员事假、病假超过规定期限

① 参见贵阳档案馆编：《战地红十字——中国红十字会救护总队抗战实录》，贵州人民出版社2009年版，第473页。

② 《中华民国红十字会总会救护总队部工作人员请假规则》，《中国红十字会月刊》第55期（1940年1月），第378—379页。

后方才按日扣薪，服务每满两年且未请假者，可带薪休假。

（四）考勤考核

南京临时政府成立之初，孙中山即提出“主权在民，官为民仆”的政治思想，着手整顿吏治，严格考核，推动第一部公务员法——《文官考试委员官职草案》的颁布①。在孙中山思想影响下，之后的北京政府、国民政府进一步推动公务员考试制度的施行。在此背景下，随着政府对红十字会管控的加强，红十字会对专职人员及其附属机构人员的考勤与考核亦同步加强，先后出台《中国红十字会总会职员守则》《中华民国红十字会总会职员值日规则》《中华民国红十字会总会职员给假规则》等条例，内容涵盖职员的到职、服务、出差、请假、离职、给假、值日值夜值星等，以示管理的规范化、制度化。

1. 考勤

无论哪部规章条例，均要求红十字会职员按时到值，遵守统一的上班、下班时间并采取一定的考勤措施。如战时总会要求职员“每日上、下午到值，须分别在签到簿上亲自签到”，“在办公时间内，非因公务最好不接见宾客，以免妨碍公务”，“工作繁忙，经主管人员指定须延长工作或例假日及办公时间以及经指定须轮值者，不得藉词推诿”。在值班时间上，值日人“规定为上午八时至下午五时”，值夜人“规定为下午五时至下午十时”，值星人“每一组分为三班，第一班规定为上午八时至十二时，第二班规定为中午十二时后至下午五时，第三班为下午五时后至晚间十时”②，除主任、秘书及各处长、视察员外，其他会内职员均须遵守该规则。后来，值日人员工作时间又做调整，改为“上午十二时至翌日上午十二时”③。

若需请假，分事假、病假、特假三种。参照抗战期间所拟《中国红十字会总会职员守则》中的“给假规则”，职员请假时间、程序、类别等均有详细说明。在请假程序上，“职员因不得已事故须请假时，应填具请假单，声叙确切事由，经主管人员核准并将经办事务交人代理后，方可离职；如理由不充足或妨碍工作时，得不准请假或令延期请假”，因急病或重病而不能自行到会请假者，“应于当日以书面或电话委托其

---

① 参见李颖：《民国时期公务员绩效考核法律制度研究》，《兰台世界》2013年第25期。

② 《中国红十字会总会职员守则》，《中国红十字会会务通讯》第2期（1941年2月），第17—19页。

③ 《中华民国红十字会总会职员值日规则》，《中国红十字会会务通讯》第17期（1943年6月），第41—42页。

他职员代理职务并代填请假单，向主管人员陈明，请核给假期”。受理请假申请，主要分两种，“请假在三日以内者，由直接主管人员核准；逾三日者，由上级主管人员核准”。在期限上，“事假每年不得过三十日，逾限按日扣薪”，“病假每年积计不得逾一月。逾限得以规定事假之未满日数抵补，但患重大病症、医师证明确非短期所能治愈者，得于上项规定外再给一个月以内之假期，逾期以留职停薪论”。遇有婚丧、妊娠等事，得请特假，但“本人婚嫁”及“承重祖父母、父母、翁姑、配偶之丧”均“最多不得逾十五日”，“分娩前后合计以二月为限”。“每服务满两年，绝未请假”的勤劳称职者，“得给优待假一月，照支原薪”，这对于勤劳称职者而言是极大的鼓励。计算假期时间时，“病假、事假日数得除去星期及例假计算”，“每年自一月一日起至十二月三十一日止，按年截计，如假期涉及两年，应分别计算，不得以前年或次年未请假日数互相抵补。年中到职者，其应得假期按服务之日数比例扣算”。其后，1943 年 3 月，总会公布经重新修订的职员请假规则共 15 条，在既有给假规则基础上进行调整，各级受理请假申请的分本会职员及直属各单位职员两种情况，本会职员“请假在二小时至四小时以内者，由股组长批准；在一日以内者，由处长批准；一日以上者，由秘书长批准并将经办事务交人代理后方可离职”，“直属各单位职员请假在三日以内者，由直接主管人员核准，逾三日者由上级主管人员核准”。因病请假在三日以内者，免验证件，但在三日以上者须有红十字会所认可医师开具的证明书。在请假期限及停薪时间上亦有所变化，对逾期的处理方法更加严苛：事假“不得超过三十日，逾限按日扣薪，至两个月者停职”；病假除之前所定规则，增订“自留职停薪日起，逾四个月者停职”；“特假逾期不到者停薪，停薪后满一月仍不到者停职”①。

抗战期间因战事紧张，情况较为特殊，救护任务繁重，救护总队部要求各股室及所属各大、中队及各队库、所、站之各级工作人员以不请假为原则，“事假最多以一个月为限，病假最多以两个月为限，逾期即以久假不归论”，遇有特殊情况不能按期归队，“须于假期未满前呈报总队部，叙明理由，请求续假，但续假至多不得超过一个月”。而且各队部人员按照入职时间长短划分请假期限，“工作不满三个月者，一律不

① 《中华民国红十字会总会职员给假规则》，《中国红十字会会务通讯》第 17 期（1943 年 6 月），第 42—43 页。

得请给事假"[1]，"工作满三个月以上者，事假至多以一星期为限；满半年以上者，得请两星期；九月以上者，得请三星期；一年以上者，得请一个月"。在请假程序上，通常而言，"一星期以内者由其直接主管人员核定（如医务队之队长），一星期以上、二星期以内者由直接主管人员转呈上级主管人员核定（如医务队之大中队长）"[2]，事后均由直接主管人员呈报总队部备案；"二星期以上者，概须呈由总队部核定"，外勤人员可由直接主管人员电呈总队部。由上述可见，红十字会严格控制请假期限，以保障战时状态下的人员履职。

2. 考核

除了日常上下班、请假考勤外，红十字会还会定期对职员进行业务考核，以此提升职员的职业素养。例如，复员期间，总会每年年终举行考核一次，由主管人[3]负责，其考核内容包括思想、学识、体魄、品行、服务五个科目。通过考核，判定分数，给予职员等级，并将考核结果填入下表（表2-3）中：

表2-3　中华民国红十字会总会工作人员考核表

评定	绩分：
	等级：

职号________

（一）

姓名　年龄　性别　籍贯　省/市　县　到职年月　年　月　日
出身　毕业年月　年　月　日
现任职务　实支薪额

① 遇婚丧大故、持有亲属电函证明者除外。

② 驻外之材料库、修理所、汽油站、汽车队、船舶队、骡马队、输送队等，如同一驻地设有大、中队部者，其工作人员如请假在一星期以上、两星期以内，可由直接主管人员转请大、中队部核准之。

③ 本条主管人以秘书长、副秘书长为处长室主任、区办事处主任及秘书视导等之主管人；处长室主任、区办事处主任为课长干事之主管人；课长干事为课员助干之主管人；余类推。对秘书长、副秘书长的考核办法另订。

（二）

课目	基分	细目	上	中	下	细目	上	中	下	细目	上	中	下	细目	上	中	下	给分
思想	20%	理解力				融贯力				社会意识				世界眼光				
学识	15%	一般常识				本为技能				求进成绩								
体魄	15%	强健				振奋				整洁								
品行	20%	修己				处人				接物				从公				
服务	30%	负责				合作				守时				惜物				
		有恒				迅速				精确				勤劳				
		条理				自动								总平均分数				

（三）

<table>
<tr><td rowspan="2">平时对于会议或读书会情形</td><td>有否缺席　缺席　次</td><td>见解</td><td>记忆力</td><td>言语</td><td></td></tr>
<tr><td>发言时能否把握时间</td><td></td><td>讨论题目能否把握中心</td><td colspan="2"></td></tr>
</table>

（四）

<table>
<tr><td rowspan="5">特殊记载</td><td>对于红十字会工作之认识</td></tr>
<tr><td>对于重要之任务及既定计划之执行成绩</td></tr>
<tr><td>具有以下特长：</td></tr>
<tr><td>曾有以下著作：</td></tr>
<tr><td>对于日常规定工作能否依时完成</td></tr>
</table>

（五）

主考人评语		盖章

中华民国　年　月　日　呈报

（六）

初核人意见		盖章

中华民国　年　月　日　呈报

（七）

人文课查签		盖章

中华民国　年　月　日　呈报

（八）

覆核人评定		盖章

中华民国　年　月　日　呈报

资料来源：中华民国红十字会总会编：《复员期间中华民国红十字会法规辑要》（1946年内部印行），不著页码。

考核成绩分甲、乙、丙、丁四等，“八十分以上者为甲等，七十分以上者为乙等，六十分以上者为丙等，不满六十分者为丁等”，成绩是对职员进行奖惩的重要参考标准。新进工作人员到职不满三个月不予考核。

客观而言，这种从思想态度到服务能力的考核，不仅是红十字会敦促职员严格守法、激励职员积极进取的有效方式，也是提高组织服务效率的重要举措。但考核过程中，“考核成绩得依其参加会议或读书会之成绩暨考核表所列特殊记载情形，核予加分或扣分”，以及“办事处主任之考核，除由本会派员考察外，并按规定之工作是否如期完成及处理公务是否缜密为标准”等条款的确立，又使考核成绩的评估不可避免地受到评估者主观意志的影响。

（五）奖惩机制

所谓奖惩机制，即对组织成员或为组织发展做出贡献的人士进行奖励，对违犯组织条例、阻碍组织运行的行为进行惩罚。红十字会奖惩机制的确立，可激发会员乃至社会各界人士积极参与红十字运动，也可约束红十字会成员的行为，提高成员的责任意识。

一方面，红十字会通过业绩来考核会内职员，奖励忠于职守、业绩出色或有功者，惩戒有懈怠、违法乱纪等不良行为者。如《中国红十字会条例》指出："中国红十字会有功人员得由会长分别陈请内务、陆军、海军各部审核，呈请大总统给奖。"《上海中国红十字会出发救护队临时章程》在奖恤和惩罚方面规定，"队员服务勤劳，热心任事者，由本会按其劳绩分别给予奖赏"，"队员如行为暴戾，操守难信及有一切不端之事者，查明斥革外，损失着保证人赔偿。如情罪较重，违犯法律者，送有司惩办，对于附带私诉，亦归保证人担负责任"①。为激发工作人员服务精神，抗战时期救护总队部也呈请总会于1943年7月7日颁发第一次纪念章，规定服务满4年以上者赠予一等纪念章，满3年以上者赠予二等纪念章，满2年以上者赠予三等纪念章，满5年以上成绩优异者呈请总会特予奖励②。而在历届征求会员运动中，征求业绩也被纳入红会对个人及分会的奖惩考核范围。1934年，按照《内政部颁发红会征求会员章则》，"凡分会及各队总分在一千以上者赠奖旗，五千分以上者赠匾额，一万分以上者赠奖旗及匾额，五万分以上者呈请内务部褒扬"③。在第二届征求会员运动中，凡各总队长暨各该地方委员会委员长对于征得会员之成绩，"总分在一百分以上者赠给奖状一张，总分在五百分以上者赠给奖旗一面，总分在一千分以上者赠给银盾一座，总分在三千分以上者赠给敕银宝塔一座，总分在五千分以上者赠给银鼎一座，总分在一万分以上者赠给匾额，总分在五万分以上者呈请内政部依照《褒扬条例》转呈奖给匾额，总分在十万分以上者呈请内政部依照《褒扬条例》转呈奖给褒章"；凡各总队之分队长暨各委员会之委员或其他个人对于征得会员之成绩，"五十分以上者推赠为普通会员，一百分以上者推赠为正会员，五百分以上者推赠为特别会员，一千分以上者推赠为特别会员并给丙等奖状、奖章，二千分以上者推赠为特别会员并给乙等奖状、奖章，三千分以上者推赠为特别会员并给甲等奖状、奖章，五千分以上者推赠为名誉会员，一万分以上者推赠为名誉会员并给匾额，五万分以上者推赠为名誉会员并呈请内政部依照《褒扬条例》转呈奖给匾额，十万分以上者推赠为名誉会员并

① 《上海中国红十字会出发救护队临时章程》，《中国红十字会二十周年纪念刊·章程》1924年印行，不著页码。

② 贵阳市档案馆编：《战地红十字会——中国红十字会救护总队实录》，贵州人民出版社2009年版，第539页。

③ 《内政部颁发红会征求会员章则》，《申报》1934年2月25日。

呈请内政部依照《褒扬条例》转呈奖给褒章”[①]。以工作业绩为标准，授予不同的奖励，对激发职员的工作热情有积极意义。不过，红十字会的奖惩制度被引入内政部奖励条例，体现出深厚的官方色彩。

另一方面，红十字会参照政府的公务员考核制度，对职员的职业素养进行定期考核，依成绩等级进行奖惩。如救护总队部为提高抗战期间队员的工作热情，实行定期考核，就思想、学识、体魄、品行、服务等五方面进行打分，对发扬红十字精神事业、救护成绩优异、应变事（适）宜处置得当、公物保管有方不损失遗弃、忠于职守恪守规则纪律、冒险在火线工作、进退绝对服从命令、服务期间长久、从未请假或请假极少的工作人员施以晋级、加薪、嘉奖及记功等奖励；与此同时，对妨害红十字会荣誉者、假公济私者、亏空公款盗窃公物者、弃职潜逃或擅离职守久假不归者、不守规则纪律者、不听指挥不受约束者、借端要挟意图捣乱者、言行不检者、管理无方处置失当者、放弃职责怠于工作废弛公务者、损失遗弃公物者、进退不服从命令或故意推托延迟者，采取撤职查办、通缉、撤职、停职、罚薪[②]、记过[③]、申诫[④]、检束[⑤]等惩罚[⑥]。各级主管人员[⑦]对于直属人员，以及大队长对于各队库、所、站长均有施行罚薪、记过、申诫、检束之权，“对于直属人员，除前条规定外，在必要时并得先予以停职处分”。复员期间，红十字会按照《中华民国红十字会总会工作人员考核办法》对工作人员进行考核后，依照成绩予以奖励，分为记功、晋薪、升职或给予奖章四种。其中“记功”者为：（甲）对于本职有特殊贡献或有劳绩者，（乙）办事迅速，确实从未延误者，（丙）按时工作，从未请假者，（以服务满一年以上者为限）；“晋薪”者为：（甲）具有前项成绩二款以上者，（乙）受记功二次以上

---

① 《中华民国红十字会第二次征求会员酬赠给奖办法》，《上海市政府公报》1935 年第 157 期，第 72—74 页。

② 罚薪数额以月薪百分之十至百分之三十为限，期间至多以两个月为限。

③ 记过分大过、小过二种，小过三次等于大过一次；如记功，可以抵消。记大过三次者，得予以撤职处分。

④ 申诫以书面或言词行之。

⑤ 检束期为一日以上、一星期以内。在检束期内，除工作外，不得外出及接见宾客。

⑥ 各级主管人员（例如各股室主任、各大中队长、各队库所站长等）对于直属人员，以及大队长对于各队库、所、站长均有施行罚薪、记过、申诫、检束之权，但事后应即报救护总队部备案。各主管人员对于直属人员可在必要时先予以停职处分，一面再速报救护总队部核办，由总队部按其情节轻重予以撤职或停职数日之最后处分，停职期间不予薪水。参见《总会救护总队部工作人员奖惩规则》，《救护总队档案》，档号 40-2-516。

⑦ 此处“主管人员”包括各股室主任、各大中队长、各队库所站长等。

者，（丙）年资届满工作努力者；“升职或给予奖章”者为：（甲）已至原职一级薪仍应受晋薪之奖励者，（乙）具有第一项甲款情形实堪升任者，（丙）遇无缺可升职时，除存记尽先升任外，并给予奖章。对于工作人员服务满三年以上确具有成绩者，由红十字会给予奖章；服务满五年以上、其堪深造者，得由红十字会奖助进修。而在惩戒方面，则分警告、记过、降级、停职、撤职五种。警告、记过、降级主要针对三种情形酌给惩处：（甲）不接受指导及违反上级决定者，（乙）工作不力，废弛职务者，（丙）办事疏忽，泄露机密者；停职、撤职针对情形也有三种：（甲）行为不检，违背纪律者，（乙）学识经验对于本职难胜任者，（丙）曾受警告三次、记过两次以上者。另外，为表彰抗战救护有功人员，红十字会还制定了《中华民国红十字会参加抗战有功人员功绩事实表》，呈请奖励者须在表内注明单位名称、职务、姓名、功绩事实等。其奖励办法如下：（一）“对于本会确具特殊贡献之事迹者”“迭经战役救护有功者”“身经战役因公负伤者”，“如合于政府勋奖条例，得转请政府酌予勋奖或由本会给予奖章”；（二）对于“在会工作十年以上成绩卓著者，除给奖章外，另给一次酬劳金十万元”，“在会工作五年以上成绩卓著者，除给奖章外，另给一次酬劳金五万元”，“在会工作两年以上成绩卓著者，给奖状”，上述情形均由红会分别奖励；（三）对于“特殊劳绩因而病故者”“前方救护壮烈牺牲者”，“报请国史馆及红十字会国际联合会载入史篇或转请政府给予褒扬”。“如有身陷敌后维护红十字会业务，经证明确无附逆行为者，得比照以上各款予以奖励”，分会工作人员合于本《办法》奖励条件者，除“由总会给以奖章外，其应给之酬劳金应由分会自行酬给或酌情作为受奖人之捐款”①。

红十字会对职员的奖惩分别明细、赏罚有度，对会内职员来说，是约束自身行为的有效手段。例如，1914 年，山西分会、晋北救护团会长尚文明在蒙匪内犯时率队募捐施药，尽力疗治，数月内医活兵士百数十人之多，功劳卓著，国务总理、陆军部长呈文请予奖励曰：“核与《陆军奖章令》第六条‘非陆海军人在战地随同出力，劳绩卓著之例’相符，拟请给予二等奖章，以昭激励。”② 又如复员期间，因抗日战争中红十字会“以全力从事军民之救护，血汗交织，艰苦卓绝，救治军民达一

① 《中华民国红十字会奖励参加抗战有功人员暂行办法》，载中华民国红十字会总会编：《复员期间中华民国红十字会法规辑要》（1946 年内部印行），不著页码。

② 《陆军总长段祺瑞呈大总统红十字会山西分会会长尚文明于蒙匪内犯时随队医疗伤兵请给予二等奖章文并批》，《政府公报》1914 年第 710 期，第 28—29 页。

千六百万人，其贡献于国家者殊大”[①]，经总会报请，1946年5月5日，国民政府对胡兰生、曾大钧、庞京周、汤蠡舟等27名优秀红十字工作者“各给予胜利勋章”[②]。而对于分会工作，总会规定，“凡业务能依照既定计划进行，并征募成绩优良者，列为甲等”，“凡业务能依照既定计划进行而征募成绩较次者列为乙等”，按此标准，南京、上海、武进、广州、江都、长春、昆明、郾城等19处分会分居甲、乙等之列，经理事会决议由总会分别颁发奖状[③]。对于会内的违纪犯法行为，亦进行必要的惩罚。例如1915年在山东，红十字会调查员密查山东分会“所发会员执照、袖章、会旗及盖印门牌办法，均有不合实，与售旗无异，中外指摘”，“且该执照前衔书山东红十字会会长刘字□已属悖谬，而门牌盖印则翻刻总会之中西文字，旧章事前并未报告，未免有意蒙混”，建议“将刘恩驻、庄钰二人先行撤退，另行选举，以资整顿，而免停辍”[④]。又如1930年，红十字会总办事处筹赈处职员卫锐锋父子被会员多人告发，经调查属实，业令停职，并由常议会惩办[⑤]。

虽然红十字会事业“纯乎道德问题，原不以得奖为荣，然以表社会之敬恭，且以策精神之感奋，奖励殊不可无”[⑥]。奖惩机制的确立，其意义主要在于对组织成员的激励和监督，一方面，以有效的激励手段吸引更多的社会人士投身红十字运动，发展壮大会员队伍；另一方面，规范、约束组织成员的行为，通过考核可以提升其工作能力，培养其奉献精神。

对服务人员的管理完善与否，关乎红十字会及个人名誉。“吾国在红十字会服务者须慎之又慎，如掉以轻心，非但败坏慈善事业之名誉，而且必召外人之责言，酿成无谓之交涉矣。”[⑦] 伴随着政府文官制度的建立和完善，红十字会对职员的管理亦趋规范。尤其是抗战时期，开展人道救护与加强自身建设并驾齐驱，使职员管理走上制度化轨道，具有鲜明的现代组织特征。

---

① 沈怡：《本会募集事业基金——人人有帮助红十字会的义务》，《中国红十字会月刊》第20期（1947年8月），第1页。

② 参见池子华：《红十字与近代中国》，安徽人民出版社2004年版，第436页。

③ 《中国红十字会新闻》，《中国红十字会月刊》第14期（1947年2月），第42页。

④ 《红十字会对于山东分会之取缔》，《申报》1915年1月13日。

⑤ 《红会内部除弊近讯》，《申报》1930年8月23日。

⑥ 《中国红十字会二十年大事纲目》，《中国红十字会二十周年纪念刊·纲目》1924年印行，不著页码。

⑦ 《万国红十字会第十次大会纪要》，《中国红十字会月刊》第9期（1922年7月），第1—2页。

第三节　财务会计

民国时期是中国财政摒弃传统、实现近代化的转型时期。所谓的财政近代化，即国家或政府通过财政分权、编制预算与决算、改革出纳与保管方法、构建监督体制等方式，对经济和社会提供公共服务，实现封建社会家计财政向公共财政、统治阶级的消费型财政向生产型、服务型财政转型①。同时，中国统一的会计制度开始建立，会计行业由此迈入法制化、规范化、科学化的新时期。值得一提的是，1935 年国民政府颁布的《会计法》，强化了政府对会计进行控制的思想，突出了会计规范，是民国时期会计立法的最高水平。在这一背景下，中国红十字会的财务会计工作也备受政府关注，而与资产管理有关的会计法案逐次出台，亦为红十字会的财务管理工作提供了切实的法律指导。

一、资产与会计科目

北京政府时期，按照政府所颁条例，红十字会资产包括原有动产及不动产、政府补助金、会员捐、特别捐、遗赠、本会事业发生之收入及以上各项发生之孳息②，其中会员捐、特别捐、遗赠所得资产可有金钱、物品、材料、房屋、田地、股票、债券等形式。1922 年，会员大会将红十字会财产概括为：会员缴纳之会费、慈善家捐助之金钱物品、属于本会所有动产不动产及其利润，并提出红十字会得受中央政府或地方官厅之补助。国民政府成立后，对红十字会规章予以修订，在资产部分，规定总会资产包括“基金、政府补助金、会员之会费、经募款项、遗赠、本会事业上所生之收入、本会所有之动产及不动产及以上各项之孳息”③；分会资产包含基金、地方官署或总会之补助金、分会事业上所生之收入、分会所有之动产及不动产及以上各项之孳息④，可见基金当时

① 参见周春英、路保萍：《民国时期财政监督制度的近代转型》，《财政监督》2014 年第 22 期。

② 《中国红十字会条例施行细则》，《政府公报》1915 年第 1228 期，第 19—27 页。

③ 《中华民国红十字会管理条例施行细则》，《中国红十字会月刊》第 55 期（1940 年 1 月），第 60—66 页。

④ 《中华民国红十字会分会章程草案》，《中国红十字会月刊》第 55 期（1940 年 1 月），第 73—76 页。

已被纳入红十字会资产的范畴。在此基础上，抗战胜利后，除去医药上的现金及银行存款、动产及不动产（包括医药器材及设备）资产之外，红十字会对资产进行清理时还将资产分为现金及银行存款（基金及结余）、所有动产、所有不动产三大类，明确增加的资产方式包括募集资金、接受遗赠及补助、征求会员及捐款①；分会资产有基金、地方官署或总会之补助金、分会事业上所生之收入、分会所有之动产及不动产和以上各项之孳息②。

资产是红十字会开展活动的物质基础，对资产的统筹管理是红十字会会计工作的主要内容。对此，红十字会设立特定的机构或专门的财务部门负责会计工作，如1912年，《中国红十字会章程》规定“本会收入政府各种津贴并善士捐输、各分会协款均归常议会管理”，“本会存款及所置产业应在常议会中公举五人，按照定章执管，每届一年，即由此五人将存款产业各情形报告常议会，转陈会员大会”③；1930年，红十字会修改会章委员会委员蒋达秋提议“分会财产管理员二人或三人，由议事会互选之”④，体现了红会人对财务管理问题的重视。抗战时期，救护总队部设会计课，其职能结构如图2-7所示。救护事业会计课下辖六组，与救护总队部工作多有交集，负责收支审核、收支账务、保管报销簿册单据、统计会计以及稽核其他物品会计等事项⑤。复员时期，红十字会资产“设财务委员会管理之；如已设财务委员会者，其资产报告之程序须先通过财务委员会办理”，“对于战前资产必须调查与清理者，得组织资产整理委员会负责处理”⑥。对于医药事业资产，若属于合办性质，那么“补助医药器材及设备，当应完全属于本会所有。至其他遗赠与募捐之财物，亦应属于本会所有。于必要时得由本会派用会计，对本会负责”⑦。

此外，中国红十字会还安排专职会计负责会内收支。如民国肇建，

① 《复员期间中华民国红十字会资产管理办法》，《中国红十字会月刊》第8期（1946年8月），第20页。

② 《复员期间中华民国红十字会总会调整及管理分会办法》，《中国红十字会月刊》第2期（1946年2月），第7页。

③ 《中国红十字会章程》，参见中国红十字会总会编：《中国红十字会历史资料选编，1904—1949》，南京大学出版社1993年版，第224—226页。

④ 《红会修改会章委员会继续开会》，《申报》1930年9月14日。

⑤ 《总会救护委员会第一次报告》，《救护总队档案》，档号40-3-60。

⑥ 《复员期间中华民国红十字会资产管理办法》，《中国红十字会月刊》第8期（1946年8月），第20页。

⑦ 《复员期间中华民国红十字会医药事业资产管理办法》，《中国红十字会月刊》第8期（1946年8月），第21页。

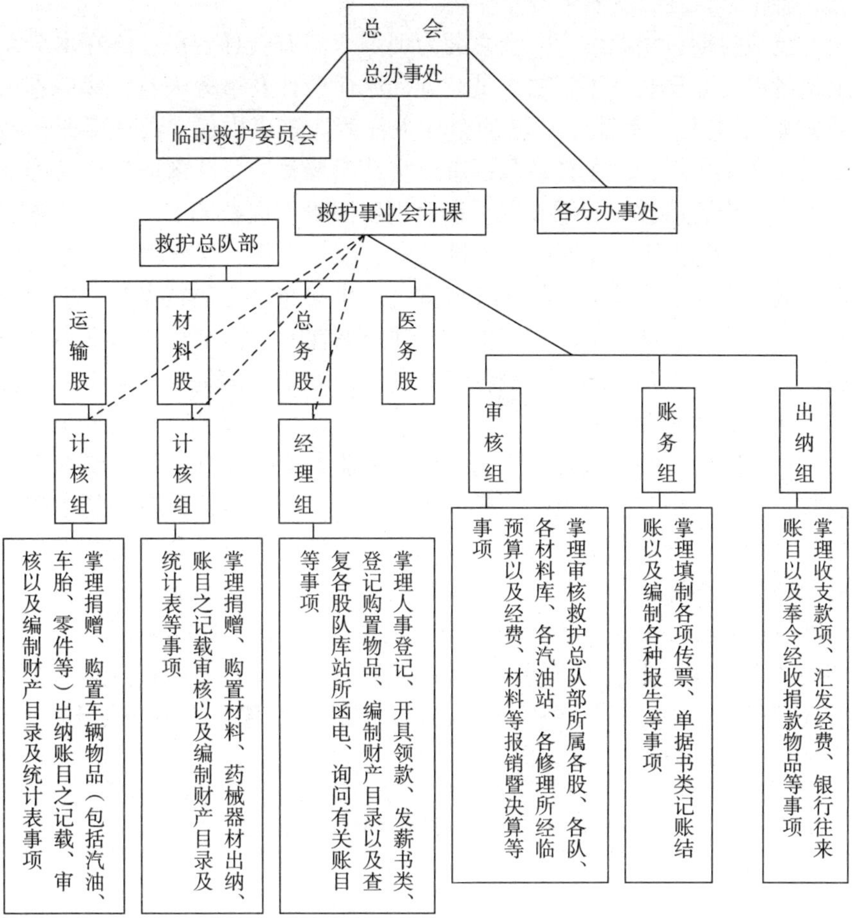

图 2-7　中华民国红十字会总会救护事业会计课组织系统表

资料来源：《中国红十字会月刊》第 55 期（1940 年 1 月），第 291 页。

红十字会召开第一次会员大会议决“常议会应举会计管理账目，按照定章收支”。总体上看，中国红十字会先后设置会计、资产委员、资产监督等职务，或将财务归资产委员兼管，或由资产委员兼任会计员。如南汇县鲁家汇镇绅商组织红十字分会时，选举徐庆之为资产委员①；虞城分会成立后，由议会公举正副会长、理事长、理事、资产委员各 1 人，并由分会长聘请文牍长 1 人，选任会计 1 人、书记 2 人②，“所募灾赈捐

① 《南汇组织红十字分会》，《申报》1924 年 10 月 8 日。

② 《虞城红会成立》，《申报》1925 年 11 月 25 日。

款，悉由常议会公决资产委员签付”①。

抗战时期，中国红十字会总会为训练“素有会计资历，愿在本会及所属各单位办理会计事宜之人员及调训原任会计及事务人员，俾增进工作效能”，特设训练班，总会的会计主任兼任该班主任，救护事业会计课长兼任副主任，由主任从救护事业会计课及救护总队部职员以及当地有名之士中聘请教授若干授课。该班组织明确，设教务、训练、总务三组，“教务组掌理拟订课程、编排教材、编纂讲义、保管图书、甄试注册、成绩考核及其他关于教务各事宜”，“训导组掌理品行考查、生活指导、思想纠正、请假奖惩及其他关于训导事宜”，“总务组掌理文书、庶务、会计、卫生及不属于其他各组事宜”②，从而全面提升了红十字会会计工作人员的职业素养。

另外，为了便于系统、全面地核算和监督资产管理工作，明细经费收支，中国红十字会还对会计科目予以界定。所谓会计科目，是按照不同特点和经济管理要求对会计要素的具体内容进行科学分类的结果，由此明确分类核算的项目名称，规定其核算内容，从而为成本核算、财产清查及编制会计报表等工作确立统一的规范③。在不同时期，中国红十字会的会计科目会略有调整，在此以1931年7月1日开始施行的《本会会计规程》及1934年会员大会召开后新拟之《中国红十字会会计规程》为例进行比较分析（见表2-4）。

表2-4　不同规程中的会计科目比较

文件 内容 分类	《本会会计规程》	《中国红十字会会计规程》
收入之部	会费、捐款、补章及奖章费、赈捐、指赈灾童、时疫医院捐款、捐助物品售价、息金收入、兑盈、杂项收入、其他临时收入	政府补助金、会费、捐款、补章及奖章费、赈捐、时疫医院捐款、捐助物品售价、息金收入、杂项收入、其他临时收入、捐助物品

① 《中国红十字会谨告海内外大善士捐户会员各省分会乞赈》，《申报》1929年3月30日。

② 《中华民国红十字会总会第一期会计人员训练班组织规程》，《中国红十字会会务通讯》第4期（1941年6月），第8页。

③ 参见管友乔、王峰：《会计学基础》，南海出版社2009年版。

（续表）

文件 内容 分类			《本会会计规程》	《中国红十字会会计规程》
支出之部	事业费	医院经费	总医院经费、南市医院经费、北市医院经费、时疫医院经费、吴淞防疫医院经费、伤兵医院经费	常设医院经费、临时医院经费
		赈济	赈款、补助费、救护队、掩埋队、灾童留养院经费	赈款、补助费、救护队、掩埋队
		分会经费	分会基本金	分会基本金、分会补助费
	事务费	本会开支	薪俸、公费、伙食、房地租捐、文具、印刷、广告、邮电、购置物品、消耗、修缮、保险、旅费、车资、交际、抚恤、兑损、杂项	薪俸、伙食、公费、房地租捐、文具、印刷、广告、邮电、购置药品、购置赈具、消耗、修缮、保险、旅费、车资、交际、杂项
		其他临时开支		
	资产		现金、银行往来存款、定期存款、公债、股票、地产房屋、暂记付款	基金、现金、银行往来存款、定期存款、公债、股票、地产房屋、暂记付款、药具家具
	负债		基金、借用基金、收支剩余金、暂记收款、未付款项	借用基金、收支剩余金、暂记收款、未付款项

资料来源：《本会会计规程》，《中国红十字会月刊》第一卷第二号（1931 年 6 月），第 19 页。《中国红十字会会计规程》，《中国红十字会月刊》第 1 期（1935 年 7 月），第 66 页。

通过比较前后两部文件关于会计科目的分类可见：在“收入之部”款项来源增多的同时，“支出之部”的内容变化则表明了红十字会有意控制资产支出。单就支出部分说，第一项“事业费”中，“医院经费”不再设限于具体的医院，对医院的界定较为笼统，显示出了红十字会对于附属医院统一管理的态度；而剔除“灾童留养院经费”、增加“分会补助费”，反映了红十字会侧重扶助分会发展的工作策略。第二项“事务费”中“抚恤”“兑损”被“购置赈具”取代，表明红十字事业发展中对经费用途的调整，也可看出20世纪30年代以后，随着国内形势动荡加剧和战争的爆发，红十字会人道救护活动中对赈具的需求增加或要求有所提高。第三项中增加“药具家具”，并将原属于第四项的“基金”划归于“资产”项，基金成为资产的一部分，而非借来之负债款，不仅丰富了会内资产的种类，而且减轻了红十字会的经费压力。

抗战期间，红十字会又按照战时会计规程，对会计科目进行重新划分，科目名称更为笼统。具体而言，分收入与经费两类，如表2-5：

表2-5　战时会计科目

收入	资产	现金（收入存留数）、专户存款、垫付其他账类款（收入类）
	负债	收入款、预收款、代收款、暂收款、应解缴款
经费	□力及资产	现金（经费存留数）、零用金、周转金、现金、预付经常费、预付临时费、垫付其他账类款（经费类）、核发经费、押金、暂付款、应收剩余经费款、应收剔除经费款、应领经常费、应领临时费、经费亏绌（待拨补部分）
	负担及负债	经费应付数、代领经费、借入其他机关款、应解剔除经费款、借入其他账类款（经费类）、经常费预算数、临时费预算数、经常费分配数、临时费分配数、经费剩余（待解缴部分）、经费剩余（押金部分）
	费用	薪工津贴、办公费、特别费

资料来源：《中华民国红十字会总会暨所属各单位战时会计规程》，《中国红十字会会务通讯》，1943年第16期。

与战前相比，战时的会计科目归类略为繁琐，划分不明确，极易造成混淆。例如原文件中，“薪工津贴”包括薪金、工资、战时津贴、生活补助金、特别办公费这五项，前四项可以理解，“特别办公费”则未说明。因抗战前期及抗战中红十字会工作主要依赖于总会，因而前述会计科目的内容总会、分会均得适用。复员工作中，随着总、分会工作的调整及重视分会发展，红十字会还就分会会计事宜单列大纲，理清科目。除经常费用外，红十字会将收入、支出及资产、负债各科目详细划分如下（表2-6）：

表2-6　复员期间中华民国红十字会分会会计科目

科目	项　目
经常费用	员工薪津：薪俸、生活补助费、薪金加成、工饷、工役津贴； 办公费：文具、印刷、邮电、旅费、消耗、修缮、租赋、杂支； 购置费：购置； 特别费：特别办公费

（续表）

科目	项　目
收入	补助费、捐款收入、会费收入、业务收入、利息收入、租金收入、杂项收入
支出	预算各项目、临时费、开办费、管理费、医务事业费、运输费、社会服务费、训练费、利息支出
资产	现金、银行存款、押金、证券、代付款、预付款、暂付款、应收未收款、预付经常费、预付临时费、房屋、地产
负债	基金、应付未付款、代收款、暂收款、借款

资料来源：《中华民国红十字会分会会计处理纲要》，中华民国红十字会总会编：《复员期间中华民国红十字会法规辑要》（1946年内部印行），不著页码。

由上表可见，复员时期会计科目简洁明了，分类周详，经常费用又分四类，涵盖内容明确具体，避免混淆，据悉，“目与目之间流用，应于事前呈准备案”。而且，按照相关规定，“办公费、事业费、购置费暨特别费不得流用为员工薪津”，“员工薪津非经呈准亦不得流用为办公费及其他各费”。将员工薪津单列，不与其他科目经费流用，表明红十字会对员工薪资管理的重视以及对经费使用的严格划分。当然，此时的“基金”又被划分为负债项目，且取消了“借用基金”项目，这或与复员期间红十字会需要向社会募集大量基金有关。简言之，从制度层面说，会计科目的调整既是红十字会会计工作规范化的过程，也是红十字会会计事业循序渐进的立法过程。

二、物资收入与支出

“中国红十字会总会接受外界捐款、药械、车辆及其他物品等等，向系通盘筹划，统收统支。”① 如前所述，红十字会资产有会员缴纳会费、社会捐赠、政府提供补助等多种来源，其形式可以是现金，也可以是房屋、器具、食物等。在具体的管理过程中，物资收入与物资支出是两个截然相反的过程，为保证会计工作的高效进行，相关规程对物资收入与支出提出制度性要求。

（一）收入

红十字会的经费收入种类较多，但就其来源看，主要有收取会费、

① 《中华民国红十字会三年来总报告（二续）》，《中国红十字会月刊》第59期（1940年5月），第47—55页。

筹募善款及接受政府补助、变卖物品这几种方式。

收取会费是红十字会自筹经费的重要方式，会员须缴纳足额的会费方可入会。最初，以发展会员方式收取会费属于红十字会自筹自办的行为，1933 年《中华民国红十字会管理条例施行细则》颁布后，收取会费成为全国范围内上下一体的活动。在会费管理方面，按照北京政府时期所颁法令，分会所收会费至少应将一半之数按季汇交总会总办事处[①]。会费形式除缴纳现金外，“入会者得以相当物品、材料、房屋、田地、股票、债券作为会费之代价，但不得以无完全所有权者充之”[②]。1922 年修正章程时亦认为，“会员得以各项动产、不动产核价作为会费，但不得以无完全所有权者充之”[③]，分会所招正会、特别会员、名誉会员，所收会费“一半作分会基金，其余一半随时解交总办事处核收，作本会基金”，“普通会员、学生会员由分会介绍者，其会费不得截留，一并解归本会总办事处”。国民政府时期，亦规定分会向总会呈缴会费时可留存半数作为分会经费，同时填具领证，随同半数会费送交总会，由总会出具正式收据，发给会员凭照[④]。至复员时期，分会收入会费应以半数解缴总会充作备用金，并留半数充作分会备用金[⑤]，而且分会少年会费不再全部交与总会。为发展青少年红十字，所收少年会员会费“除以半数呈缴总会外，其余半数专户存储，备作发展红十字少年工作之需，不得移作他用”[⑥]。

向社会募捐是红十字会收入的主要来源。国民政府时期，“募款每年得举行一次，其日期及办法应呈请内政部核准备案”[⑦]，平日收入善款概由收捐员经收后于每日下午四时连同收捐日报交由出纳员检收，于次日上午以红十字会名义悉数存入银行[⑧]，所存零用现金不得过四百元。这里主要是针对总会组织的募捐而言的，而分会则以不募款为原则，所

① 《中国红十字会分会章程》，参见中国红十字会总会编：《中国红十字会历史资料选编，1904—1949》，南京大学出版社 1993 年版，第 226—227 页。

② 《中国红十字会条例施行细则》，《政府公报》1915 年第 1228 期，第 19—27 页。

③ 《中国红十字会修正章程》，《中国红十字会二十周年纪念刊·章程》1924 年印行，不著页码。

④ 《中国红十字会分会会计规程》，《中国红十字会月刊》第 1 期（1935 年 7 月），第 75 页。

⑤ 《复员期间中华民国红十字会总会调整及管理分会办法》，《中国红十字会月刊》第 2 期（1946 年 2 月），第 7 页。

⑥ 《中华民国红十字会各地分会推行红十字少年工作办法》，《中国红十字会月刊》第 25 期（1948 年 1 月），第 17—18 页。

⑦ 《中华民国红十字会管理条例》，《中华医学杂志（上海）》1933 年第 19 卷第 3 期，第 491—492 页。

⑧ 银行先期由会长及经济委员会、执行委员会拟定的银行，后改为由常务理事会择定。

需一切救济费用应报给总会于募款内酌量拨给。分会因灾情重大确须募款时，应“将事实理由报请总会，拟定募款区域暨起讫日期，并造成捐簿呈请内政部核准盖印，仍由总会将募捐结果及捐簿呈部分别查核发还”①。遇有自愿捐助者，应出具由分会会长、常务理事及常务监事共同签字盖章的正式收据，收入账册就地登报致谢，并须呈报总会，由总会逐户函谢②。由此可见，分会的募捐活动受总会管控，申请募捐程序亦较严格。其他各附设机关不得用本机关名称募捐，亦不得收存，外界捐助款项须直接交付红十字会③。

值得一提的是，1912 年会员大会召开时，红十字会还出现了新的筹款方式，即由会员自发组成的“中国红十字会赞助团”。赞助团“分头劝募捐款，招致会员，为本会之劝募机关”④。在民国时期的征募过程中，以“赞助”之名向红十字会捐款者不少。对此，无分会员与非会员，凡赞同红十字会宗旨、愿慷慨捐助者，红十字会均可发给赞助证。每十张订成一本，每本列号码，每张俱有存根以备查核，其赞助证式样及封面说明书如图 2－8。

中国红十字会赞助证

今承

君赞成本会宗旨捐助大洋一元，

合给此证为据。

年　月　日

赞助证说明

一、此项赞助证可向已入会之会员或非会员，请其捐助。凡捐洋一元者，即给此证一张为凭（多则类推），不再另给收据。

二、捐助者之姓名应随时填入此证及存根内。

三、结束时应将所收捐款连同存根一并解会核收，以便登报征信。

四、此证如未用完，应将原证连同存根一并缴会核销，否则应照数缴款。

五、此证应请郑重保管，倘有遗失，须照数缴款，不得申请作废。

六、此证每本十张，计洋十元。

图 2－8　赞助证式及说明书

资料来源：《征求会员各项表格、聘书、赞助证式样》，《中国红十字会月刊》第 3 期（1935 年 9 月），第 83—87 页。

① 《中华民国红十字会管理条例施行细则》，《中国红十字会月刊》第 55 期（1940 年 1 月），第 60—66 页。

② 《中国红十字会分会会计规程》，《中国红十字会月刊》第 1 期（1935 年 7 月），第 75 页。

③ 《本会附设各医院及其他机关会计规程》，《中国红十字会月刊》第一卷第二号（1931 年 6 月），第 23 页。

④ 转引自周秋光：《红十字会在中国（1904—1927）》，人民出版社 2008 年版，第 80 页。

复员期间，随着总、分会关系调整，征求会员及募集捐款以分会办理为原则，统应由总会出具正式凭执，“总会经费除政府补助及业务收入外，得以募捐方式征集之，按月终造收支，请会计师查核，报主管机关备案”①。在捐款方针上，分会得视其每年经费之需要，每年捐款一次，造具概算书，呈报总会核定后发给捐册，须定期办理，结束呈报总会，按捐册分别出具正式收据并转报行政院备案。捐款如不能一次定期结束或不在规定捐款期间收到捐款者，得酌情办理并报告总会，按照捐册分别出具正式收据；因灾情重大实有另行捐款之必要者，“应将事实理由呈请总会，拟定捐款区域暨起讫日期，仍由总会发给捐册，结束后呈报总会，出具收据并转报行政院备案。但此项捐款得专作指定之用途”②。分会募捐活动可视地方需要酌情办理，有了一定自主性。从1948年起，“为筹集经费及临时灾害救济费”，中国红十字会得举行定期及不定期之统一募捐（包括现金与物资）：定期统一募捐，于每年十月举行红十字周时由总会通知全国分会一致举行，以总会与分会全年经费预算数额为募捐总目标，分会以其本身全年经费预算加上总会经费预算分配担负之总数为目标；不定期统一募捐于遇国内外发生重大灾害及特殊需要时随时由总会通知分会举行。所有募捐一律以总会名义进行，分会不得自行筹募，“分会所在地如发生意外灾害须举行募捐赈济时，该分会应将灾害情形、赈济最低款额及募捐方式用最迅速方法呈报总会核准后，方得以总会名义就地捐募，或由总会通知适当分会协助筹募，其协助筹募所收捐款，统交由总会转发灾区所在地分会”③。

获取补助也是红十字会的收入来源之一。复员之前，地方分会除征收会费和募款，还可提请总会补助。如蚌埠分会曾“因皖北阜阳等县匪灾，组织临时医院及妇孺救济会”，除请总办事处饬令各县协助筹备外，并请拨款补助。总办事处复电曰：“惟公款支绌，难以多拨。兹由财政厅酌筹款洋三百元汇寄蚌埠，交由该会具领济用。”④ 据此可知，一方面，分会经费不足时，可提请总会拨款补助；另一方面，红十字会经费

① 《复员期间管理中华民国红十字会办法》，《中国红十字会月刊》第1期（1946年1月），第12页。

② 《复员期间中华民国红十字会资产管理办法》，《中国红十字会月刊》第8期（1946年8月），第20页。

③ 《中华民国红十字会统一募捐办法》，《中国红十字会月刊》第28期（1948年4月），第29页。

④ 《蚌埠分会报告救护皖北匪灾得官厅补助佳电》，参见池子华、崔龙健主编：《中国红十字运动史料选编（第一辑）》，合肥工业大学出版社2014年版，第215页。

拮据，政府是给予其经费支撑的重要推手。不得不说，政府补助也是红十字会物资收入的来源之一。中国红十字会自初创起，就受到中央政府及地方政府的“鼎力支持”[①]。1914 年胶东战事爆发，“以胶东人为多，所需经费，政府已允拨款四万元，以为医药之资”[②]。1915 年《中国红十字会条例施行细则》将政府补助金作为红十字会的资产之一；1922 年修正后的章程规定“本会得受中央政府或地方官厅之补助”，“分会所在地如有军事时，得受总会及地方官厅之补助费”；1930 年在修改章程委员会第五次会议上，吴甲三即提议“分会应受总会之补助，宜照旧章保留”，多数与会者赞成，同时将规章条令进一步完善，改为“得受总会及地方官厅之补助”[③]，“地方官署或总会之补助金”也被纳入分会资产。这些条例的完善为红十字会的活动获得财务补助提供了制度依据。如有资料表明，为支持红会事业发展，国民政府内政部曾提出，“自二十四年度起，每月补助三千元”[④]，行政院照此于国国库项下拨给。1937 年，中国红十字会上海国际委员会为救护伤兵、收容难民，“募集一千万元应用”，同时呈请财长孔祥熙由政府拨款倡导，孔祥熙当允拨给救国公债 80 万元，现币 20 万元，共计 100 万元[⑤]。红十字会需要政府的经费支持，但对于政府是否每年定额补助红会及补助数额，相关章程并未做统一规定。不过总体来看，将政府补助以法律形式固定下来，不仅使红十字会获得了稳定的收入来源，而且揭示了政府对红会事业的支持，使捉襟见肘的红十字会越发离不开政府。

另外，变卖物品所得收入亦被视为红十字会经费的一个来源。物品若留存较多，需要变卖时，《中国红十字会条例施行细则》要求“本会所收现款以外之物除可留用或留为生利者外，按序陈请会长审定提付常议会认可后拍卖之”[⑥]。至 20 世纪 30 年代，“经济恐慌风潮震惊全球”，“举世殷望之红十字会事业，亦因此而感受影响工作增加，经费奇绌已成为各国红会当前之难题”，“其经政府之核准而推行者，如慈善公债之举办也，纪念邮票之发行也，铁道捐与娱乐税之抽取成数也，凡此诸端，仍不

---

① 周秋光：《红十字会在中国（1904—1927）》，人民出版社 2008 年版，第 212 页。
② 《东亚战声中之鲁省消息——红十字会员之踊跃》，《申报》1914 年 9 月 20 日。
③ 《红会修改会章委员会第五次会议》，《申报》1930 年 9 月 7 日。
④ 《总会呈卫生署文》，《中国红十字会月刊》第 13 期（1936 年 7 月），第 39 页。
⑤ 《红会国际会财部拨款》，《新闻报》1937 年 10 月 29 日。
⑥ 《中国红十字会条例施行细则》，《政府公报》1915 年第 1228 期，第 19—27 页。

足以苏财政上之困厄”[①]。在此形势下，诸如专卖物品、出版刊物等活动受到拉脱维亚、土耳其、意大利、印度等国红会青睐。中国红十字会总结他国经验，亦采取出售月刊、征收广告费等方式额定价目，增加会内收入。抗战期间组织救护培训，对于发行的救护训练课本，“每本一律售价国币四角，满五十本者八折计算”[②]。这些商业化的交易行为，使红十字会在收入方面有了一定的主动性，而不只是个依靠外界捐赠的“被助者”。在此过程中，对物品收存或变卖的相关要求不断提高，这从相关章程中亦可略见一二。国民政府初期，要求红十字会在收入物品时，参照款项的收入程序办理，但收据簿、收捐日报应与现款收据有所区分以备检阅，还须另立捐助物品簿，由会计员执据，收捐物品日报登账；出售捐助物品时，“理事长应先得经济委员之同意，其售价亦须经济委员之认可，并应请购物者签具认购单，以资证明”[③]。1934 年，红会修改会计规程，对原有规则予以细化，如对收入物资“有关于现金性质者，如股票、公债等类应由会计员根据收捐物品日报登账；其他物品如施衣、施药等类，应由物品保管员根据收捐物品日报登账，并负保管之责”；出售物品时，“常务理事应先得常务监事之同意，其售价亦须经常务监事之认可”[④]。至复员期间，资产移转或变更，均须通过总会、理事会核定[⑤]。

（二）支出

北京政府成立之初便提出，红十字会“资产之动支由司出会计员按预算定数支配，经临时议事会或常议会认定后向资产监督支用”[⑥]，从而对资产的出纳予以监督和管理。而在诸项资产中，红十字会对经费的使用和支付过程尤为重视。

无论是会费所得还是募捐所得，红十字会都会将部分善款用作事业基本金[⑦]。而基本金充足与否，是红十字会事业能否全面开展、红十字会社会功能能否有效发挥的前提条件。如 1922 年 6 月，安阳分会希望河南督军、省长对红十字会酌予补助，致电总办事处曰：“分会基金微薄，

① 《各国红会之筹款新法》，《中国红十字会月刊》第 19 期（1937 年 1 月），第 11—13 页。

② 《规章诠释》，《中国红十字会月刊》第 23 期（1937 年 5 月），第 57—63 页。

③ 《本会会计规程》，《中国红十字会月刊》第一卷第二号（1931 年 6 月），第 19—23 页。

④ 《中国红十字会会计规程》，《中国红十字会月刊》第 1 期（1935 年 7 月），第 66 页。

⑤ 《复员期间中华民国红十字会资产管理办法》，《中国红十字会月刊》第 8 期（1946 年 8 月），第 20 页。

⑥ 《中国红十字会条例施行细则》，《政府公报》1915 年第 1228 期，第 19—27 页。

⑦ 基本金在当时的行文中也有称作基金的，本书于此作一说明。

此次战前救护掩埋、启病药膳、死亡棺殓，除以基金抵支外，尚亏二千元之外。现医院留住疗伤兵民仍有六十余人，逐日所需，毫无着落。地方凋敝，筹募为难。”[①] 基金不足对红十字事业的窒碍作用可见一斑。中国红十字会较早便关注到基金来源问题。第二届会员大会要求分会成立后，续招入会者，不论正会员、特别会员、名誉会员，所收会费应准一律截留一半，用作分会基本金，其余一半随时解交本会总办事处核收作本会基本金[②]。在1923年的红会新年致辞中，曾有人比较中美两国红十字会，言及“我中国红会与红会最发达之美国比较，则固瞠乎其后，美国红会会员占全国人数十分之六，基本美金三千万元，我会员仅三万余，基本金更无足述”[③]。比较之间，揭示了中国红十字会会员较少、基本金不足的缺陷，这也是民国时期中国红十字运动力求发展却面临的尴尬情境，“心有余而力不足”。基金不足，加以民国时期人道局势的步步紧逼，这就时常引发各分会同仁对红十字会捐款、解款等问题的争论。如1930年全国会员代表大会中，沧县分会提议“禁止武装募捐”，上虞分会提议“修改分会通则，减轻解款，增厚分会基金”；涟水城区分会嵇鹤琴则提议“所收捐款应由分会经手或由总会直接派委专员会同分会共同散放，不得拨予任何机关，以杜弊端”[④]。1935年《中华民国红十字会管理条例》规定，名誉会员、特别会员所纳会费及其他不属于基金之募款，除经常费用开支暨特定用途外，其资产一律作为总会基金。基金均“应存储国家银行或其他之本国妥实银行，并呈报内政、外交、军政、海军四部备案，非经四部核准不得动用”[⑤]。因而，吴耀麟曾说，红十字会每年征求会员所得会费，要作为总会及分会经常行政业务费用，特别会员和名誉会员一次缴纳的费用往往列入基金项目[⑥]。征求会员、征收会费工作中，要求分会向总会汇解会费及总会向分会拨发基本金时，均须填具基本金领证（如图2-9），作为凭据。

① 《赣州分会来电》，参见池子华、崔龙健主编：《中国红十字运动史料选编（第一辑）》，合肥工业大学出版社2014年版，第195页。

② 《中国红十字会分会通则》，《中国红十字会二十周年纪念刊·分会》1924年印行，不著页码。

③ 《中国红十字会之新年希望》，《中国红十字会二十周年纪念刊·纪事》1924年印行，不著页码。

④ 《红会继续大会记》，《申报》1930年4月24日。

⑤ 《中华民国红十字会管理条例》，《中华医学杂志（上海）》1935年第21卷第8期，第933—934页。

⑥ 吴耀麟：《如何筹募基金》，《中国红十字会月刊》第6期（1946年6月），第8页。

基本金收证填注规则

一、基本金领证为一种收支上必需之证据，各分会汇解会费时，务将所留基本金掣具领证，随同款项及会员名册、志愿书同时遽送。

二、关于所领基本金项之会员类别、名数，应于计开栏内详细注明，譬如内有名誉会员一名、特别会员五名、正会员十名，均应分别注明。

三、领证除盖分会图记外，必由会长署名盖章。

四、凡领证内应行填写名字之处，切须楷书。

中国红十字会　　分会

基本金领证

今领到

中国红十字会总会拨给本分会基本金银　　除登记外，

特具领证，陈请核存。

计开

会长

中华民国　　年　　月　　日

图 2-9　基本金领证

资料来源：《征求会员各项表格、聘书、赞助证式样》，《中国红十字会月刊》第3期（1935年9月），第83—87页。

当然，在所收会费不足以充作红十字会开展活动所需基金时，红十字会还开展募集基金工作。如复员期间，红十字会的工作“不仅止于消极之救济，进而从事积极性之建设及预防，业务既广，耗费随而激增，仅赖少数人之自动捐输，实感不足”①。1946年5月19日，第一届理事大会通过《积极筹募基金　稳定本会财源案》，提交常务理事会讨论。8月，分会工作纲要提出筹募基金应“依照总会规定或公告筹募之，但在社会经济状况未安定前，得先进行捐款，以充事业之用”。在此前提下，1947年4月24日第二次常务理事会通过《中华民国红十字会总会筹募

① 中华民国红十字会总会编：《中华民国红十字会征募手册》（1946年内部印行），不著页码。

事业基金实施办法》，决定在全国各地及向海外侨胞劝募事业基金50亿元[①]，以“加强本会服务力量，增进民众福利”[②]。分会“为谋经费之独立，应充分筹募基金”[③]，并可在社会经济状况未安定前将捐款用于兴办各项服务事业。1948年的《中华民国红十字会统一募捐办法》对定期统一捐款中的分会解缴比例予以说明，“分会捐募届满规定期限已达目标，即按总会经费预算分配担负数汇缴总会。如未达目标，则按总会经费预算分配担负数与其本身全年经费预算数之比例汇缴总会。分会捐募超出预定目标时，其超出数额百分之四十由分会截留，百分之六十汇缴总会，此项超出数额，总会及分会均作为基金，只许将所收利息列入常年收入项下，在准动用基金，以备募捐发生极度困难时发补经费”。此次募捐“以自由乐助为原则”，“配合各地实际情形举行义卖、影剧义演、球类义赛、音乐会、展览会、舞会及娱乐附加”，对募捐方式有所改进，但可惜实施效果并不理想，至当年（1948）10月，红十字会近两年共募集26.52亿元[④]，远未达到50亿元的目标。基金是红十字会资产的重要类别，筹募基金在国民政府时期成为一项制度化的活动。但从具体实践中亦可知，其一，基金多来源于募捐，这从反面衬托出了民国时期中国红十字会对医疗、教育事业等所得事业经费进行合理支配的意识不够；其二，在说明所募基金去向、用途时言简意赅，相关章程亦较少涉及，可谓支出管理在立法层面的缺漏之一。

除了基金的募集与管理，考察民国时期与红十字会相关的诸项规程，还可发现作为一个组织，红十字会在物资经费使用与管理方面有着严格有序的操作流程。一方面，在使用受捐物资时，严格按照要求汇报使用情况，接受外界问询。如抗战时期红十字会接受伤兵之友社指定用途之伤兵特别营养费、防疫费（包括灭虫治疥等），收转衣被、服装、鞋袜及其他日用品等物资时，允许各地伤兵之友社就近考核实际情形，并予以有效协助。红十字会各救护队接受经费及物品后，应妥善处理，于每月终了后填送特别营养费支出报告表、灭虫费支出报告表、转发受

① 《中华民国红十字会总会筹募事业基金实施办法案》，中华民国红十字会总会编：《复员期间中华民国红十字会第二次常务理事会议事录》（1947年内部印行），不著页码。

② 蒋梦麟：《本会筹募事业基金之意义》，参见中国红十字会总会编：《中国红十字历史资料选编，1904—1949》，南京大学出版社1993年版，第125页。

③ 《复员期间中华民国红十字会总会调整及管理分会办法》，《中国红十字会月刊》第2期（1946年2月），第7页。

④ 中国红十字会总会编：《中国红十字会的九十年》，中国友谊出版公司1994年版，第102页。

伤官兵衣被服装及其他用品收付报告表。伤兵之友社认为红十字会报支的特别营养费、灭虫费报告表等有问题时，得经函该队查询，同时将原函抄送救护总队部参阅。不仅如此，“红会各队办理特别营业及灭虫，应先就救护总队部所发款项支用，如无余存，始准动用伤兵之友社协助款。但单据粘送须完全分割，不得掺杂致碍勾稽”①。另一方面，需采购物品时，“购买日常使用之物品，其数额在事务费用预算以内者，应由理事长核准，方得购买”②；至于特别物品，不在预算之内者须按程序追加预算，“经核准购买之医具、家具等由庶务股办到后，其单据交会计股登账，其物品交物品保管员登账编号”③；“购运救护材料得分别情形，呈由内政部转咨财政部核准免征海关税及各项杂税”④。

尤须指出的是，所有获得物资在使用过程中，均须填具详细的收支情况表。如复员时期，为便于统筹各机构药品器械，分别制定了区办事处及各地医院、诊疗所月报表（如表2－7、表2－8）。

表2－7　中华民国红十字会总会　区办事处/材料库药品敷料器材收支月报表

年　　月份　　　　　　　　　　　　　　　　　　　　　　　　　　　　库长

号码		品名	单位	上月遗存	收入						单据号码	支出						单据号码	结存
编号	原号				他库	自拆	国内/外自购	捐赠	退货	合计		总会	诊疗所	制备	损坏	军/政界	合计		

第　页

① 《中国红十字会总会救护总队部接受各地伤兵之友社协助经费及收转物品办法》，《中国红十字会月刊》第59期（1940年5月），第50—53页。

② 《本会会计规程》，《中国红十字会月刊》第一卷第二号（1931年6月），第19—23页。

③ 《中国红十字会会计规程》，《中国红十字会月刊》第1期（1935年7月），第66页。

④ 《中华民国红十字会管理条例施行细则》，《中国红十字会月刊》第55期（1940年1月），第60—66页。

表 2-8　中华民国红十字会　分会医院/诊疗所药品敷料器械月报表

年　　月份　　　　　　　　　　　　　　　　　　　　　　　　主任

号码		名称及式样	单位	上月遗存	收入						支出					结存
					标准包		新领材料	何处领来	单据号码	合计	消耗	退货	损毁	转移	合计	
					数量	内容										

第　页

资料来源：中华民国红十字会总会编：《复员期间中华民国红十字会法规辑要》（1946 年内部印行），不著页码。

在日常交易中，除了要填具上述表格外，还须按照规定的流程支付款额。红十字会付款须取得正当领款人之收据，或由领款人在凭单上签字盖章作为收据，付款后由出纳员在凭单或发票上盖印付款日期。国民政府初期，“所有付款除规定得由他部代付外，一律由本会会计处支付之”，所付款项在 50 元以上者，须先由会计员开具审核单，填明用途及数额，送交执行委员审核照准后再签发支票（支票须由理事长及经济委员会长共同签字）；50 元以下者由理事长核准支付。每月零用现金支付之账目于月底送交经济委员复核，照开支票，补足原款①。1934 年第一次全国会员大会决议，红十字会应付款项一律由出纳员付给，支付前由会计员开具审核单，详填用途及数额，送请秘书长照情转请常务理监事审核照准后再签发支票，“五十元以上之付款，除额定开支外，可无须追加预算者应送请常务理事及常务监事各一人核准支付之；五十元以下之付款，由常务理事核准支付，此项付款得以零用现金支付之”②。对于单据及手续不完全者，不得核销。对于分会，支付款项前须将各项单据送请分会常务监事核准签字盖章③。对于分会以外的其他附设机构：如医院经费，红十字会除整数支予外，不得迳行代为付款，而由各医院支付，支付前得将各项单据送请院长核准签字盖章；而其他附设机关会计

① 《本会会计规程》，《中国红十字会月刊》第一卷第二号（1931 年 6 月），第 19—23 页。

② 《中国红十字会会计规程》，《中国红十字会月刊》第 1 期（1935 年 7 月），第 66 页。

③ 《中国红十字会分会会计规程》，《中国红十字会月刊》第 1 期（1935 年 7 月），第 75 页。

各自独立，向红会领款时，在核准预算数额以内，填具请款单，俟红十字会支付时，再填领款收据支领①。后来又统一规定，医院及各机关支付款项须将各项单据送交各该主管人员，由其核准签字盖章后方可支付。

另外，复员时期还公布了申请报销的须知事项，规范报销程序。会计在处理报销事务时，须将账目按科目分类并及时填具相关表格，“每月报销时须按照规定逐一填造齐全，并应汇总、一次呈会审核”②。分会在汇报会计工作时，须一并上报收支日报表、库存日报表、银行存款日报表、总分类账试算表、收支月报。这些表格项目的罗列直接明了，愈发专业和规范。仅从分会总分类账试算表（如表2-9）中便可看出，该表按照项目性质，分借、贷两类，统一核算，简洁清晰。

表2-9　中华民国红十字会　总分类账试算表

民国　　年　　月　　日止第　　号

借	金　额					贷	金　额				
现　金						政府补助费					
银行存款						会费收入					
押　金						捐款收入					
管理费						业务收入					
会务费						利息收入					
医务事业费						杂项收入					
运输费						准备金					
社会服务费						应付未付款					
训练费						代收款					
临时费用						暂收款					
还都费											
代付款											
预付款											

① 《本会附设各医院及其他机关会计规程》，《中国红十字会月刊》第一卷第二号（1931年6月），第23页。

② 《中华民国红十字会总会所属各单位报销须知》，载中华民国红十字会总会编：《复员期间中华民国红十字会法规辑要》（1946年内部印行），不著页码。

（续表）

借	金额					贷	金额				
暂付款											
应收未收款											
预付经常费											
预付临时费											
总计						总计					

资料来源：中华民国红十字会总会编：《复员期间中华民国红十字会法规辑要》（1946年内部印行），不著页码。

需要强调的是，除了日常开支，红十字会还存在一些临时开支或特殊开支。按规定，赈款在50元以上者及补助费、救护队、掩埋队、补助分会经费与其他临时开支在支拨之前，均应在所造预算经执行委员会转送常议会通过后，方可按支付手续支付①。但对于一些特殊情况，也有特殊的处理办法，如各医院经费概由各医院支付。但是，医院经费确须由红十字会代付款项时，得开单连同收据发单知照各医院转账，由医院补填领据。该项支付经费应参考各医院预算，若超出预算，则“由理事长提交执行委员会，转送常议会请求核准后再行支付”。其他附设机关因临时发生特别情形经费不足而请求追加预算时，应先将理由及超出金额详细陈明红会，待核准后再按规定手续支领②。1934年会员大会之后，相关规程有所修改，关于特殊开支、临时经费，规定自办赈务救护队、掩埋队及其他临时开支须预拨整款者，其拨付款项除了按照付款核准及支付手续办理，并应由主管经手职员填具领款收据。此类开支“只能作为预付费用性质，其收据不能即作报销之用，应由经手职员将该款实际用途详细记账，待该事全部或一部结束后，另开清册连同各项原始单据（有余款者并其余款）送常务理事转请常务监事核准后，方得作为开支出账”③。复员期间，分会如需特别救济费用，可报请总会于捐款内酌量拨给。

统筹管理会费、规范募捐行为、改善基金状况乃至将政府补助制度

① 《本会会计规程》，《中国红十字会月刊》第一卷第二号（1931年6月），第19—23页。

② 《本会附设各医院及其他机关会计规程》，《中国红十字会月刊》第一卷第二号（1931年6月），第23页。

③ 《中国红十字会会计规程》，《中国红十字会月刊》第1期（1935年7月），第66页。

化，保障了红十字会物资经费来源的合法化。对存储过剩物品进行变卖，可避免因处理不当造成的物品浪费，还可为红十字事业开展提供更多经费支撑。此外，严格物资收入与出纳程序，对于红十字会诸项资产统筹管理也有一定作用。

三、收支预算与决算

中国红十字会的会计年度通常从每年7月1日开始，至次年6月30日终止。抗战期间另有规定，按照国民政府预算法规定，自1月1日起至12月31日止为一个会计年度。在此期间，红十字会须制定预算，厘清决算，编制收支日结、月结表，以备审核。

（一）预算

预算是行为计划的量化，这种量化有利于管理者协调、贯彻计划。红十字会根据财政计划及事业计划所编定的经费预算，是该年度红十字会开支及附设各医院、机关经费支出的重要标准。

北京政府时期，红会即要求“每届预算期前，总会由会计员、分会由分会长或理事长各就所管事项编制预算”，“送由会长审定，提交常议会稽核，报告大会通过后，由会长送交资产监督查照施行”[①]。国民政府成立后，红会参照北京政府时期的会计制度酌加修正。每年度开始时，理事长造具预算，提交执行委员会，并交常议会议决通过。因特殊情况经费不足时，可由理事长向执行委员会陈明缘由和超出金额，再提请常议会追加预算。分会及附设各机关应于每年度开始前，造具详细收支预算，送由本会提交执行委员会转送常议会审议通过[②]。红会实行理监事会制后，确定总会“在每年度开始前三个月，由理事会就总会及所属各医院、各附属机关造具总会预算，提交监事会核定后，送请会长转呈内政部备案，以为该年度收支之标准”，追加预算亦提交监事会核准；“各分会预算应由总会于每年度开始前两个月分别核准，汇送内政部备案”[③]，须追加预算亦应先将理由及超出金额详呈总会核准后，再按照规定手续办理。而且，按照总会要求，“分会于每年度开始前四个月，由分会理事会造具详细收支预算七份提交分会监事会审核，五份由会长呈

① 《中国红十字会条例施行细则》，《政府公报》1915年第1228期，第19—27页。

② 《本会附设各医院及其他机关会计规程》，《中国红十字会月刊》第一卷第二号（1931年6月），第23页。

③ 《中国红十字会会计规程》，《中国红十字会月刊》第1期（1935年7月），第66页。

送总会，一份由分会迳送当地主管机关备案，其余一份留会存查”①；医院及其他附设机关须在每年度开始前四个月完成该年度经费预算，送交本会审核②。抗战结束后，红十字会对分会预算工作提出具体的处理要求，“每年十一月应根据本年度支出情形及明年度经济状况、工作计划，拟具明年度之预算，呈报总会备案；并就该年度可能收入，分类详细说明；其有不敷支出情形者如何弥补，应将其计划说明”，“分会之预算应包括其所属各单位之个别预算”，预算呈准备案后即不得任意增减，“其有必须修正时，应造具追加预算书，呈报总会并说明理由；有减少时，应造具追减预算书，呈报总会”，“遇有临时支出、非经常费预算书可以包括者时，应造具临时费预算书并呈报总会及说明款项来源”③。

各机构预算书须依式递交，分别项目。例如，分会经常费预算书即有科目、摘要、年度预算、月份预算等项，其格式不得自行变更，具体如下表（表2-10）。

表2-10　中华民国红十字会分会经常费支出预算书

科目	款	一																					
	项	一																					
	目		一						二									三		四			
	节				一	二	三	四	五		一	二	三	四	五	六	七	八		一			一
摘要		中国红十字会分会经常费		分会经常费	员工薪津	薪俸	生活补助费	薪金加成	工饷	工役津贴	办公费	文具	印刷	邮电	旅费	消耗	修缮	租赋	杂支	购置费	购置	特别费	特别办公费
年度预算																							
月份预算																							
备考																							

资料来源：中华民国红十字会总会编：《复员期间中华民国红十字会法规辑要》（1946年内部印行），不著页码。

---

① 《中国红十字会分会会计规程》，《中国红十字会月刊》第1期（1935年7月），第75—76页。

② 《中国红十字会附设各医院及其他机关会计规程》，《中国红十字会月刊》第1期（1935年7月），第74—75页。

③ 《中华民国红十字会分会会计处理纲要》，载中华民国红十字会总会编：《复员期间中华民国红十字会法规辑要》（1946年内部印行），不著页码。

（二）决算

每个年度除了制定预算，红十字会须定期统合收支情况，接受上级部门或地方主管查核。参照1915年的《中国红十字会条例》，“每届预算终期，出纳会计员应将经理出纳决算账簿附以证据”，“送由资产监督转送会长提付常议会稽核，报告大会通过后由会长汇送内务、陆军、海军三部备查，并登入征信录分送各会员查阅”，其中在送交资产监督时，“属于总会者由会计员迳送”，“属于分会者由该分会会计员送由会长或理事长付议事会初审后转送”。在经费收支决算表中，会计须将预算数目列入对照，并对不相符之处加注说明。从程序来看，北京政府时期，红十字会决算须先后经过资产监督、会长、常议会、会员大会及内务、陆军、海军部检查，已形成了一套较为严密的资产监督、审核机制，是现代组织规范运行的表现，为此后的会计工作积累了经验。

国民政府初期，红十字会成立执行委员会，于每个月初五日内由会计员将上月收支账目造具收支月计表三份，送交理事长及经济委员会备查，并由理事长报告执行委员会。每年总决算一次，在会计年度开始后20日内结算上年度账目，制成收支决算表及财产目录，送交理事长及经济委员督核，并“由理事长报告于执行委员会，由执行委员会委托会计师检查出具证明书或报告书”①。1934年全国会员大会召开后，经修改的《中国红十字会会计规程》一方面要求红十字会每日就收入、付出各账及库存银数制就日报表，“由主管各员盖章负责送常务理事、常务监事备查”；另一方面，每会计年度开始后一个月，完成上年度账目结算，将上年度收支决算表及财产目录均分送会长、理事及监事备查，再行由内政部派会计师稽核无误后，分呈四部备案②。分会每届月终编制收支月结表，每半年编制半年收支报告书，每年总决算一次并编制全年收支总报告书，分送总会核查。其中，分会全年收支报告书须编制七份，其中五份由分会理事会提交分会监事会审核并由会长呈送总会，一份由分会送往当地主管机关备案，其余一份留会存查。总会对分会收支报告有不明之处，可“调阅账簿单据之一部或全部详细核对，或由总会派员会同当地主管官署共同审查”③。附设各医院及其他各机关每届月终，应将本月份收支账目，制具收支月结表，报告本会备查；且“于每会计年度

① 《本会会计规程》，《中国红十字会月刊》第一卷第二号（1931年6月），第19—23页。

② 《中国红十字会会计规程》，《中国红十字会月刊》第1期（1935年7月），第66页。

③ 《中国红十字会分会会计规程》，《中国红十字会月刊》第1期（1935年7月），第75—76页。

开始后两星期内，将上年度账目，全部结算完毕，造具该年度收支决算表，连同账册单据送交红十字会”①。在报告周期上，从北京政府时期的一年一报，到国民政府时期的半年一报，递交报告的份数也从三份增加至七份，反映了红十字会及各主管机关对预算决算工作的重视。国民政府时期，报告书不仅须递交上级及主管机关审核，还须接受外部会计师稽核，程序愈加严谨、复杂。

四、财务汇报与监督

对慈善团体的财务监督，在形式上，分为内部监督、外部监督。就红十字会而言，会内监督即红十字会组织内部进行工作汇报或定期审核，会外监督则包括政府派员审计或社会大众的监督等。红十字会的财务监督体系兼具会内与会外两方面，做到公开透明，这样既利于规范红十字会的财务活动，也利于树立红十字会的社会形象。

首先，在红十字会组织内部，各部门、分会及附属机关须定期向总会汇报资产收支情况。1915 年《中国红十字会条例施行细则》即对资产提出会内监督的要求，规定“本会资产及其契据由司纳会计员交由资产监督管理之”，“不动产之管理权则由常议会议决后，送由会长陈请内务、陆军、海军三部核定之”。国民政府时期，红十字会收捐员每日收取会费、捐款后，于当天下午四时将本日填用各项收据之张数、起讫号数、金额填制收据日报，加盖图章，连同收入款项上交出纳员检收。检收完毕后，由出纳员在收捐日报上盖章并将日报交给会计员登账。次日上午，将前日收款存入银行。分会资产于“每年度终了时造册分报总会备案”，分会资产如有增损或其他变动时亦应“随时专案分报总会查明备案”②。复员期间，分会的经费悉以筹募自给为原则，其各项工作及经费收支情形须按照总会各种规定，按时呈报总会备案③。而且，“分会凡受总会补助者，应将补助费数额以内之单据，按月于次月中旬内粘贴支出凭证簿，汇呈总会核销”，“分会接受其他机关之补助或与其他机关合作办理业务而需向其检送报销，应于每次送出时一面呈报总会”，“临时

① 《本会附设各医院及其他机关会计规程》，《中国红十字会月刊》第一卷第二号（1931 年 6 月），第 23 页。

② 《中华民国红十字会分会章程草案》，《中国红十字会月刊》第 55 期（1940 年 1 月），第 73—76 页。

③ 《复员期间中华民国红十字会分会组织规程》，《中国红十字会月刊》第 1 期（1946 年 1 月），第 13 页。

费之呈核，可俟举办事项完毕后汇报之。但如在三个月以上时，应先呈报其已了部分”[①]。关于医药事业资产，要求“每半年应造具财产目录、资产负债表，呈报总会备案，但不得自由移管或变更”，各医药单位“于每月造具工作月报，附具各种统计，并应于每年年终详具工作年报，呈报总会备查”[②]；其他资产“每三个月（三月、六月、九月、十二月）应造具财产目录及资产负债表”，总会由会长提交理事会通过，转报行政院备案；分会由分会会长提交理事会通过，分别呈报地方主管官署及总会备案[③]。对总会、分会及其他机关资产进行定期审核和备案，是红会内部进行财务管理的重要方式，对于红会自身建设有积极的督促作用。

其次，定期编制征信录，载明缴费或捐款人姓名、数额并登报征信，以期增强公信力。1915 年的政府管理条例即要求红会收捐“每日分别登报一次”。所谓征信，即红十字会接受外界捐款捐物后，如实公布数目，以求取信于人。征信录通常为年度财务报告书，为满足民众即时获取信息的要求，红十字会规定“所收捐款，不论多寡，随时登报征信，深恐有人在外冒本会名义逢人劝募等事。特再汇总，遍登各报，以昭信实而扬仁风”[④]。王正廷就曾指出：“我们应该每月公布一次，述明收入数目，支出之分配，使全国人士认识，全国人民明了，使侨胞晓得，更使外国人士晓得，则于我人募捐之进行，将有莫大之帮助。”[⑤] 1922 年之前，中国红十字会总办事处共编制了八届征信录；1922 年 7 月 8 日，常议会议决，“嗣后征信录一年一报告，不用连年并计。每年以七月始，今届止于六月，职是之故”[⑥]。由此，编制征信录作为一种制度被固定下来。1930 年，修改章程委员会主席闻兰亭提议将“征信录之编制”添入章程[⑦]，林康侯亦指出“编制征信录，系经济处职权”[⑧]，从而

① 《中华民国红十字会分会会计处理纲要》，载中华民国红十字会总会编：《复员期间中华民国红十字会法规辑要》（1946 年内部印行），不著页码。

② 《复员期间中华民国红十字会医药事业资产管理办法》，《中国红十字会月刊》第 8 期（1946 年 8 月），第 21 页。

③ 《复员期间中华民国红十字会资产管理办法》，《中国红十字会月刊》第 8 期（1946 年 8 月），第 20 页。

④ 《中国红十字会第二届捐款汇总志谢》，《申报》1912 年 1 月 7 日。

⑤ 《王正廷谈红十字会战时工作》，《申报》1939 年 3 月 4 日。

⑥ 《中国红十字会二十年大事纲目》，《中国红十字会二十周年纪念刊 · 纲目》1924 年印行，不著页码。

⑦ 《红会修改会章委员会继续会议》，《申报》1930 年 9 月 22 日。

⑧ 《红会常议会开会记》，《申报》1930 年 9 月 26 日。

将“编制征信录”一条纳入中国红十字会会章。1934 年总会章程草案中，便将“刊印征信录”纳入理事会的职权范畴。据统计，《中国红十字会月刊》从 1935 年 7 月复刊至 1940 年 5 月，每月出一份会费和捐款清册；《中国红十字会会务通讯》从第 14 期到第 29 期也都刊有征信录，以昭信用。编制征信录，载明捐献者姓名、捐献数额及所有收支，实现红十字会财务收支公开透明，是红十字会自觉接受社会监督、树立自身良好社会形象的有力手段。

最后，红十字会财务计划、收支情况须定期向政府或主管部门报告，配合政府的审计工作。会计是对经济业务进行核算和监督的管理活动，审计则以会计活动为主要对象，审核会计资料及其所反映的财务收支活动。北京政府为审核红十字会的会计工作，规定红会资产及账簿“由陆军部、海军部、内务部各就所管事项随时派员检查”，不动产之管理权须由会长陈请三部核定，“每年一月以内将上年收支之计算、事业之成绩，造具清册，报告陆军部、海军部及内务部”①。国民政府虽多次组织修改章程或条例，但均强调红会的收支预算、收支细数等须陈报主管官署及其相关部门查核。如 1930 年修改章程时，有代表提议在会章第五章“财产”项下，增加“本会所有财产呈报国民政府备案，分会所有财产呈报总会，由总会转呈备案”② 一条。1933 年颁布的管理条例则要求总会应“于每年一月、七月将过去半年收支之计算、事业之成绩及将来工作进行之计划报告内政、外交、军政、海军各部”，分会则“报告地方主管官署及总会”。总会资产与账簿由内政部随时派员检查，必要时可会同外交部、军政部、海军部一起检查；分会则由地方主管官署及总会随时派员检查。1935 年管理条例修正后，调整为“总会应于每年年度开始前，将下年度进行计划及收支预算呈请内政部查核，于必要时，会同内政部、外交部、军政部、海军部行之。分会应于每年年度开始前，将下年度进行计划及收支预算陈报总会查核，并报请地方主管官署备案。总会应于每年年度终了后，将上年度收支细数及事业成绩编具报告，分报内政部、外交部、军政部、海军部查核（改隶卫生署后，预算、决算还须报卫生署查核）。分会应于每年年度终了后，将上年度收支细数及事业成绩，编具报告，陈报总会查核并报请地方主管官署备

① 《中国红十字会条例》，《申报》1914 年 9 月 29 日。

② 《红会修改会章委员会第四次会议》，《申报》1930 年 9 月 3 日。

案”[①]。改隶行政院后，总会资产须报请行政院备案。除了要求陈报备案，政府还邀社会第三方机构对红会工作进行审计。1934年，为巩固红十字会的财政基础起见，内政部制定《检查中华民国红十字会会计办法》，派潘序伦为红会查账会计师，“每年度暂分四期，每期三个月，在各该期间内，施行继续检查，至每一期终了后一个月内，出具全年度详细报告书，分别送部核办”，“检查范围包括该会所有之动产及不动产账簿单据，以及有关之各项文件”[②]，涉及总会及其附属之第一、第二、第三各医院及其他临时机关。诚如内政部次长甘乃光所说：“现总会账目已由本部遴派会计师实施检查，裨益增社会之信任。”[③] 加强对红十字会财务的监管，既是政府部门管理红十字会的有力手段，也是红十字会增强社会公信力的重要途径。

社会组织公信力是组织内部与外部力量共同作用的结果。管理严格、清晰透明的财务会计制度，保障了红十字会会计工作的有效进行，提升了红十字会的社会公信力，为红十字运动发展创造了有利的社会环境，“任何人只要有意愿并有能力捐款，且信任中国红十字会的救援能力与道德操守，都可以公开给予该会支持，而其捐款与运用方式也都公诸大众”[④]。

第四节　文书档案

民国时期是中国文书档案事业发展史上的重要时期。所谓“文书”，最早出现在西汉。《汉书》有“文书盈于几阁，典者不能遍读”的记载。至民国，文书的概念被广泛用于解释档案法规中“公文”一词。例如，1928年6月修订的《公文程式条例》规定：“处理公务之文书为公文。”[⑤] 但对于什么是文书，法规中并无确切解释。傅振伦将“文书”解释为“文字之说明意见，叙述事实，传达消息，表示动向，而具备内容形式者”[⑥]；肖文哲则认为“文书是传达意旨，保存史料，记录人与人之间相

① 《中华民国红十字会管理条例》，《上海市政府公报》1936年第172期，第13—14页。

② 《内政部派潘序伦为红会查账会计师》，《申报》1934年11月1日。

③ 《中国红十字会全国代表会昨开幕》，《申报》1934年9月25日。

④ 张建俅：《中国红十字会经费问题浅析（1912—1937）》，《近代史研究》2004年第3期。

⑤ 中国第二历史档案馆编：《民国时期文书工作和档案工作资料选编》，档案出版社1987年版，第263页。

⑥ 傅振伦：《公文档案管理法》，贵阳文通书局1947年版，第5页。

互关系之契约，规定一切共同性之法律与制度”[1]。概而言之，民国时期的“文书”以文字为记录形式，具备特定的形式和内容，反映人与人之间的关系。

文书档案的管理工作，备受民国历届政府重视。南京临时政府时期，内务部即订立《公文程式》《公文用折及封套式样》。北京政府也出台《大总统公文程式令》等法案，主要涉及文书程式、文书立卷与归档、档案管理等，前后颁发了上百部档案文书的法令。至南京国民政府时期，对公文档案的管理愈加严格。

1928 年 11 月公布的《公文程式条例》，对令、训令、指令、布告、任命状、呈、咨、公函的类别及使用范围予以明确。此后，随着行政效率运动的发起，文书档案改革运动逐渐展开，不仅制定颁发了中央政府档案法规，还出现了部门档案法规。档案立法的内容与形式更富多样化，内容主要针对文书程式及文书档案的收集、保管、整理、使用等，政府还专门颁布了一些法令规定具体的行文程式，基本形成了我国近代档案法规体系[2]。这些法规的颁布，为红十字会文书档案相关规章的制定营造了有利的制度环境，并为红十字档案管理规范化提供了范例。

南京国民政府成立之前，红十字会规章制度建设主要围绕人道救援活动、组织结构调整进行，但针对公文档案的规定尚不多见。国民政府成立后，伴随着政府行政力量的介入加深，官方化色彩日渐浓厚，红十字会对档案的管理也日渐严格。1937 年，鉴于“本总会、所属各分会对本总会行文所有公文程序大都参差不一，甚有以任何纸张信笔乱书者实属不甚事体”[3]，经红十字会理监事会联席会议议决，由秘书处拟具适用于总会对各分会及直属各医院、分会对所属办事处及医院的公文处理办法，即《中华民国红十字会总分会公文及戳记刊用程式》，对公文程序、戳记样式、公文及常函用纸做出统一规定。此后，《中华民国红十字会总会档案调卷简则》《中华民国红十字会总会行文程序》《总会迁渝后公文处理与交换暂行办法》等文件相继出台，标志着红十字会的文书档案管理制度体系初步形成。

① 转引自刘尽、董燕翔等：《中国文书史稿》，陕西人民出版社 1989 年版，第 388 页。

② 王芹：《民国时期档案法规研究》，合肥工业大学出版社 2010 年版，第 39 页。

③ 《中国红十字会总会训令各分会　第一号》，《中国红十字会月刊》第 24 期（1937 年 6 月），第 42 页。

一、专职人员与专职部门的设立

文书档案工作通常由秘书处掌管，依照第一次会员大会通过的章程，红十字会交涉公文由会长督率秘书长、顾问等办理，以红十字会关防为凭；总会秘书长、分会秘书均由会员大会选举产生①。后来，红十字会又专设文牍长、文牍员、书记等职。理监事会制取代常议会制后，遵照组织章程，理监事会秘书处设有文书股、编译宣传股，文书股“承办撰拟文稿、会议记录、典守关防图记、收发文件、保管档案及各项登记等事务”，编译宣传股“承办编拟各项报告、月刊、翻译及保藏各项图书及宣传会务状况，暨承办搜集材料、辅助各股办理调查统计等事务”。复员时期，红会设秘书长一人，副秘书长一人或二人，承会长、副会长之命掌理日常事务。纵观民国时期的红十字会，文书的撰拟、保管等均有专门的负责人员，彼此分工明确，对工作效率的提高和工作开展的系统化大有裨益。与之对应，秘书处、文书股、人文课、编宣课等专职部门也延续下来，虽称呼不同，但基本上都是办理文书撰拟、资料保管等事宜。

复员时期，除循例设专职部门及办事人员外，红十字会还筹设资料室，其工作分征集、整理、保管、利用四种。征集工作“应尽力为之，函索交换之外，并可酌量备款购取”；整理保管“有分类、装订、制卡、编号等数步骤”；利用方面“则有编目、介绍、编译等工作”。各处室将原存各处之资料送资料室登记保管，由资料室分类制目并每周二公告一次上周新到之图书资料，“本会其他各单位应随时协助资料之征集及保管”。此后，“人文课经收图书杂志，均送资料室”，“公文中附带有资料者，由各主管人批明；于公文办理完毕后，将资料抽出移送资料室”，“每日事务课所收报纸，以一份迳送资料室，其他于传阅完毕后，汇交资料室”，“各同人向外索得资料时，可交资料室登记保管”。在人员调配方面，除主持人员负责征集及利用资料外，整理资料则主张用专业人员，即“最好为图书管理专门人才，如目前不可能添用，则须用头脑清晰、工作勤敏、略识英文并能打字者一人为妥”，“此人于整理保管工作之外，又可担任阅报、划线，以备剪贴之用”。并且，为便于保管资料，“若能添雇装订工一人最为相宜。但如目前不能专用，则调年青有耐心、

① 《中国红十字会章程》《中国红十字会分会章程》，参见中国红十字会总会编：《中国红十字会历史资料选编，1904—1949》，南京大学出版社 1993 年版，第 224—227 页。

清洁、安静之识字工人一名，可任剪报、贴报及整补等之工作”①。

二、日常公文的格式规范

关于公文格式，在类型上以“呈”“公函”，或“函”“令”为主，在程序上层级有别，次序分明。1912 年政府所颁《公文程式令》规定，“人民对于大总统及行政各官署之陈请，官署或官吏对于大总统之陈请或报告，下级官署对于上级官署或官吏对于长官之陈请或报告，以呈行之”。1914 年《官署公文程式令》出台，规定“上级官署或职官对于下级官署或职官，及官署对于人民陈请之准、驳，以‘批’行之”。遵照政府的公文程式，红十字会在向上级汇报事件时，多用“呈”“咨”行之。如江苏省公署就红十字会会员“呈请奖励医会医生并请立案转饬保护”予以批复云：“该会员独立捐资创设送诊给药，专为救济贫病起见，洵属热心慈善。据称各医士尽力诊治，亦属不可多得。批阅来呈，良用嘉尚。至请给奖励及立案保护之处，仰候训令上海县知事，将该会办理情形查明呈复，以凭核办可也。此批！”② 由此可见上下级呈文、批文之规范，同时亦可见政府对红十字会事务的监管与指导。南京国民政府成立后，1927 年 8 月、1928 年 6 月及 11 月先后三次颁布《公文程式条例》，均明确下级机关对于直辖上级机关有所陈述时用“呈”，不相隶属的机关公文往复时用“公函”；但同级机关之间呈文则屡经变更，1927 年规定同级官署公文用“咨”，1928 年又规定用“公函”③，后又改为“咨”④。1929 年，又鉴于“各机关现用令、批、呈、咨、函各项用纸大小、形式至不齐一”，国民政府发布划一公文用纸式样令⑤，制定稿纸样式。在此背景下，红十字会统一格式，如在往复行文时，总会对各分会及直属各医院、分会对所属办事处及医院，均用“令”；分会对总会及主管官署、分会办事处及所属医院对分会，均用“呈”；分会对于同级

① 《中华民国红十字会筹组资料室办法》，《中国红十字会月刊》第 3—4 期（1946 年 4 月），第 9 页。

② 《江苏省行政公署批第七百三号：呈请奖励医会医生并请立案转饬》，《江苏省公报》1913 年第 119 期，第 34—35 页。

③ 刘炜元、曾少俊：《民国法规集刊·官规》第一辑第二类，上海民智书局 1929 年版，第 169 页。

④ 立法院编译处：《中华民国法规汇编》第 12 编，中华书局 1934 年版，第 169—170 页。

⑤ 《划一公文用纸式样令》，参见孙燕京、张研主编：《民国史料丛刊·政治·法律法规》第二辑，大象出版社 2009 年版，第 78 页。

机关及不相隶属之机关，用“公函”或“常函”[①]。总会迁渝后，针对战时的特殊情况，规定总会一切对内、对外行文概由总办事处秉承正副会长、常务理监事意旨办理，并以正副会长名义行之；对内行文时，总会与各专门委员会之间、各分办事处及救护总队部等平行机关之间均得用“公函”，但总会对其他所属机关均以“命令”行之，各办事处对总会则应用“呈”，临时救护委员会对救护总队部以“命令”行之，各机构间的隶属关系在行文措辞方面可一目了然。

在呈递公文时，凡与中央政府京城各衙门、各直省长官并外交团交涉公文，均以中国红十字会关防为凭[②]。1937年，红十字会规定，分会与同级机关间或与不相隶属机关间行文由正、副会长署名或盖章，年月日上盖总会颁发之分会图记，常函用分会戳记，“分会及本会直属之医院对于各高级之行政机关，须呈由总会或主管官署核转，不得直接行文”，“分会办事处、各分会所属之医院对于总会及其他高级机关须呈由分会核转，不得直接行文”[③]。1940年总会迁渝，而总办事处仍设在香港，为便于总会与总办事处往来文件，红十字会在行文接洽和案卷调用方面制定了详细的执行办法。在呈送方面，规定所有公文报告按照迅速、简捷原则，分别呈送总会或总办事处，总会收文后由秘书长签订“由总会拟办”或“寄总办事处拟办”[④]。整个抗战期间，救护总队部向总会有所请核时要呈由临时救护委员会核转；而在对外方面，总会对外行文仍照章办理，各委员会及各分会办事处暨救护总队部等对外行文则由总会核办。“遇必要时，其关于职员范围内例行公事暂准权宜处理，惟同时应以最迅速方法向总会备案，凡用西文之件概应由主办机关译附本国文字，以符体制，惟属科学名词等得并列原文”[⑤]。

三、其他档案资料的管理

公文是红十字会档案资料的一部分，其处理包括拟定、呈阅、摘

---

① 《中华民国红十字会总分会公文及戳记刊用程式》，《中国红十字会月刊》第24期（1937年6月），第42页。

② 《中国红十字会章程》，参见中国红十字会总会编：《中国红十字会历史资料选编，1904—1949》，南京大学出版社1993年版，第224—226页。

③ 《中华民国红十字会总分会公文及戳记刊用程式》，《中国红十字会月刊》第24期（1937年6月），第42页。

④ 《中华民国红十字会总会总办事处工作简报》，《中国红十字会月刊》第60期（1940年6月），第30页。

⑤ 《中华民国红十字会总会行文程序》，《中国红十字会月刊》第55期（1940年1月），第198—199页。

由、编号、盖章、缮校、译印、归档、调卷等程序。《中国红十字会总会理事会监事会办事规则》专列两章，分别介绍“公文处理”及“文书整理与保管”。不言而喻，汇款收据、证书、信件等是档案管理工作中不可忽视的资料。

无论何种材料，其填具、递交均须遵循一定的操作程序。例如，在收纳会费、捐款方面，北京政府时期的“收捐概以盖用图记，经会长及副会长署名编号之收据为凭。收据为三联式，一交纳捐者，一交资产监督，一存司纳会计员”，“资产等出纳账簿登记办法，均照审计院修正普通官厅簿记办理”[①]。南京国民政府时期，红十字会每届募款呈请核准后，应预定起讫日期，造成捐簿，送呈内政部盖印[②]；收入会费、筹募善款均须填具二联收据，一联交给付款人，一联留会存根，所用收据应用订本并编定字号，盖用本会会章。至于这些收据的签字盖章事宜，起初常议会制下由理事长及经济委员会长签字盖章方为有效，实行理监事会制后又规定由常务理事、常务监事及会长各一人签字盖章；收据若有误填、取消等事，应将误填或取消之收据附黏原号存账上，注明“作废”字样；若有遗失或未曾收回取消等情事，经管员应负其责。会费、捐款等以外各应收款项，由出纳员经收，填制收入传票，连同凭证单据交会计员登账。每月过后，会计处应将各种收据、发票等单据按照审核单号数、日期，顺次编号，黏入单据粘存簿。对于医院挂号、医药、诊疗、住院等费用，最初须“填具订成编号之二联收据，一联交付款人，一联存根”[③]；1934 年，全国会员大会修改规程，要求“填具订成编号之三联收据，一联交付款人，一联存根，一联送交本会备查”[④]，由各该院长签字盖章方为有效。抗战爆发后，因“各属、各机关向本会请领款项，所具领据殊不一律；每月之收支报告，格式既不一定，科目亦不统一”，总会认为应予以纠正划一，公布所属各机关领款领据统一办法六条：(1) 此项领据由总会先行印就，分发所属各机关应用，以资统一；(2) 领据上须填明具领机关名称暨主管人员及会计签名盖章；(3) 所属各机关

① 《中国红十字会条例施行细则》，《政府公报》1915 年第 1228 期，第 19—27 页。

② 《中华民国红十字会管理条例施行细则》，《中国红十字会月刊》第 55 期（1940 年 1 月），第 60—66 页。

③ 《本会附设各医院及其他机关会计规程》，《中国红十字会月刊》第一卷第二号（1931 年 6 月），第 23 页。

④ 《中国红十字会附设各医院及其他机关会计规程》，《中国红十字会月刊》第 1 期（1935 年 7 月），第 74—75 页。

无论具领何种经费，均须填具此项领据；(4) 所属各机关具领每月经费及已经核准之其他经费时，一律凭此项领据再予核发；(5) 请领经费应将此项领据先期填具呈会，以便核发而免延误；(6) 此项领据分为二联，一联填明呈会，一联具领机关留存备查[①]。

此外，各种账簿、名册、通讯、登记簿等档案材料的使用、保管等也都有统一的管理要求。在案卷调用方面，抗战时期总会迁渝后，总办事处原有卷宗仍留在港，调卷案件由总会收文后签注办法，寄港总办事处办理：新案在渝总会办理后报告总办事处；旧案寄香港总办事处办理后再行报告总会；总会对在渝各机关行文接洽，由总会办后报告总办事处；总办事处办理在港行文承转及与国外接洽，也须转报总会[②]。调卷案件由总会收文后签注办法，寄港总办事处办理，非经秘书长批准，非总会职员均不得向档案室调卷。总会职员在办理案件时若需调用案卷，应在调卷证上填明理由，送档案室调取，重要文件或密件的调用须经第一处处长批准，契据等文件得视情形停止调出室外。所有调出的案卷，要求调卷人妥为保管，归还时要保持原来次序，不得抽减件数、涂改文字。在办理完案件后，调卷人应归还所调卷宗，档案管理员可索还调卷证，文件调出时间超过一星期尚未归还时，档案室应通知原调卷人归还[③]。

这些条款的制定，是红十字会加强档案管理与建设的重要实践，不仅便于档案资料的整理，还可促进其规范化管理，从而促进相关材料的收录和保存。

四、规定统一的资料样式

红十字会资料包括行政公文、传票收据、会议记录、入会志愿书、章程条例等不同类型。复员时期筹组资料室时，红会明确指出，征集的资料包括“有关红十字会之国际法规及约章”，“国际红十字会大会、红十字会联盟、国际红十字会及英美加等先进国家红十字会出版之书刊、会议记录、研究报告及其他图书照片统计等资料”，“本会及各地分会已经编印或出版之书刊、照片、图画及统计等资料”，“国内外有关社会事

① 《中华民国红十字会三年来总报告（二续）》，《中国红十字会月刊》第59期（1940年5月），第17—64页。

② 《中华民国红十字会总会总办事处工作简报》，《中国红十字会月刊》第60期（1940年6月），第30页。

③ 《中华民国红十字会总会档案调卷简则》，《中国红十字会会务通讯》第17期（1943年6月），第44—45页。

业之图书及杂志”，“国内外各种主要日报及地方新闻纸”，“一般有关本会业务及参考价值之图书杂志，如医药学、卫生学、社会学、心理学、教育学”等[①]。总体看，不同的资料、文本，其登载的信息各有侧重，样式亦各有所别。如抗战期间办理国际通讯，要求“通讯用纸应按规定格式填写，即先书寄信人姓名、地址，再书通讯本文，最后书收信人姓名、地址”，“通讯本文不得超过二十五个字，其内容仅限叙述个人家庭消息”[②]；征求会员时所发赞助证则“采用白道林纸，三色套印，文字用黑色，十字用红色，中印绿色之‘博爱恤兵’篆文，图文并用，硬印加盖，以昭郑重”[③]。在处理款物收据时，国民政府时期红十字会记账以国币银元为单位，除了补助簿可用原币记账外，所有银角、铜元等辅币以及外国货币的收支均照当日进出市价折合成银元入账；规元的收支按七二定价折合入账，记账小数至分位为止，分位以下四舍五入[④]。此外，会外人员申请参与红十字事业、学生就读救护学校、病者住红十字会附设医院均须填具的志愿书或保证书也有统一样式。如总会救护委员会学员学习红十字会救护课程，须由学员和保人联名填具志愿书（如图2－10）。

具志愿书人　兹因自愿遵守贵会章则，学习救护课程，以备在国家遇有非常事变或灾害时服务。特请　君为负责保证人，照章缴纳训练费　元，谨将履历开列于后，并填具志愿书，送请中国红十字会总会救护委员会察核。

附履历

学员姓名		性别		年龄		籍贯	
职业		住址		永久通讯处			

中华民国　年　月　日

学员（签名盖章）

保证人（签名盖章）

图2－10　中国红十字会总会救护委员会学员志愿书

资料来源：《中国红十字会总会救护委员会学员志愿书》，《中国红十字会月刊》第13期（1936年7月），第72页。

① 《中华民国红十字会筹组资料室办法》，《中国红十字会月刊》第3—4期（1946年4月），第9页。

② 《中华民国红十字会总会举办战时国际通讯简章》，《中国红十字会会务通讯》第16期（1943年5月），第10—11页。

③ 《征求会员各项表格、聘书、赞助证式样》，《中国红十字会月刊》第3期（1935年9月），第83—87页。

④ 《本会会计规程》，《中国红十字会月刊》第一卷第二号（1931年6月），第19—23页。

作为一个社会团体，做好文书档案管理工作不仅利于提高工作效率，而且利于人们了解组织的历史和现状。中国红十字会在民国时期参照政府的行文要求制定本组织的行文规范，确定案卷的调卷程序，统一文本样式，按序编号，透露出红十字会人现代化的档案管理意识，对红十字资料的保存和红十字会工作的有序开展大有裨益。但从中亦可看出，其文书档案的管理还有不规范之处。首先，民国档案法规中，对档案人员的考核制度没有专门规定[①]，红十字会亦不例外。考察红十字会的相关法规，对档案管理人员的专业技能、职业道德等方面的要求也是较少涉及，因而其文书管理工作的专业化水平尚待提高。其次，比较不同时期的条例、章程，募款收据时而二联式、时而三联式的现象屡屡出现，要求不一，易造成混乱，影响制度的施行。此外，中国古代法典的结构体例是“以刑统罪”[②]，关于文书档案违法的处罚自古就有，如《大清律例·刑律·诈伪》规定：“凡诈为制书及增减者皆斩，未施行者绞，传写失错者杖一百。”[③]《大清律例·吏律·公式》规定：“凡增减官文书者，杖六十……若行移文书，误将军马、钱粮、刑名重事紧关字样，传写失错而洗补改正者，吏典，笞三十。”[④] 然而，考察中国红十字会的典章制度，其对于文书档案管理中可能出现的盗窃、遗失、篡改等违法问题，并未提及处理办法，这不失为立法上的一个漏洞；亦可说，民国时期，文书档案管理工作在利用法规的强制力、威慑力来约束人们行为方面刚性不足。

对于所有现代社会团体而言，组织机构、人事管理是其运行的基本要素，财务会计及文书档案管理则是其必要工作，而与之相关的制度则构成了该组织制度建设的基本框架。中国红十字会适应时代趋势，采用西方现代化的管理方式，较封建时期的社会救济机构已有显著进步。然而，由于民国社会环境、传统政治乃至经济发展水平的制约，中国红十字会制度建设可谓于困境中挣扎求生。

---

① 王芹：《民国时期档案法规研究》，合肥工业大学出版社 2010 年版，第 193 页。

② 夏锦文：《社会变迁与法律发展》，南京师范大学出版社 1997 年版，第 8 页。

③ 《诈伪制书》，《大清律例·刑律》卷三十二，法律出版社 1999 年版，第 507 页。

④ 《增减官文书》，《大清律例·吏律》卷七，法律出版社 1999 年版，第 166 页。

第三章　红十字会制度构成（下）

在现代化的组织管理模式下，红十字会确立了运行机制、统一了职员管理、规范了会计及文书工作。而作为一个慈善团体，红十字会制度建设还具有面向社会大众从事人道工作的特殊性，即围绕其救死扶伤的社会使命加强对社会各界红会会员的管理、订立救护章程、明确标志的使用规范等，以保障其社会功能的正常发挥。

第一节　会员工作

1921年，日内瓦红十字会总会在五月份的会报中强调："红十字会之卫生运动，其主要之目的，厥为广求入会会员，从人类中各分子征集，不分畛域，多多益善。会员既多，遍布于各国。其结果不但于到者卫生教育事业可得财政上之赞助，并可得精神上之助力及积极之合作。"征求会员是红十字卫生运动的目的，而会员又是红十字事业的助推者和受益者。可以说，发展会员是各国红十字运动的重要基础。在中国，倘若红十字运动是一个综合的、完整的机体，那么会员便是机体的细胞。无论个体会员还是团体会员，均是中国红十字运动的社会基础。要推进红十字运动实践的开展，须加强对会员的征募、管理工作，扩大会员队伍。

一、会员入会

中国红十字运动初期，红十字会主要向社会各界筹募资金，并未意识到发展会员的重要性。进入民国后，一方面，会员在募集物资中的作用日渐显现，发展会员成为筹资的方式之一；另一方面，为应付战争、灾荒等动荡环境下物资匮乏、人员紧缺的局面，红十字会亟须壮大会员队伍，保障人力供给。在此过程中，捐募物资数额以及对红会事业发展所做的贡献成为获得会员身份、划分会员类别的主要标准。

在入会方式上，民国时期红十字会会员入会或经“推赠”，或经个人介绍，但主要按照捐款数额以推赠为主。根据1912年会员大会颁布的《中国红十字会章程》，在捐款达到一定数额或办事异常出力的情况下，若要入会成为名誉会员、特别会员须经常议会认可，1914年的管理条例补充说明，成为正会员则要有在会会员二人以上之介绍。地方分会推举会员则须总会认可。1916年，常州分会筹办处告示各界：“捐洋在二十五元以上，即由总会举为正会员；二百元以上，特别会员；一千元以上，名誉会员；皆有徽章凭照。”① 这些标准的确立，使得捐赠成为红十字会招募会员的重要方式。如1913年12月28日，“马乙棠君介绍章鸿卿君、章绍贻君，徐永生君介绍张少莲君，陈仁山君介绍鲁寿衡君、叶淑德君，徐乃昌君介绍徐云仙君，吴敬仲君介绍杨智生君，邓笠航君介绍陈新君、贾文林君，以上九位各纳会费洋二十五元，推赠正会员”②。又如武昌首义后，“黎副总统夫人亲临医院，慰抚伤痍且愿为看护，伤兵感之如慈父母。近又捐银千圆于本会，由本会照章推赠为名誉会员”③。1922年，红十字会修正章程，明确除正会员外，名誉会员、特别会员之推赠均须经常议会之议决，由总会登册并颁布徽章分别报部立案。总体上说，北京政府时期虽力图通过立法管控红会，但执行力不够，红十字会的推赠会员行为仍具有自主性质。

如上所述，一方面，社会民众因个人的慷慨解囊而被推为红十字会会员；另一方面，红十字会视会员规模，亦自发组织各项征求会员运动，如1919年8月12日红十字会常议会通过了扩充会员的办法，即征集军界会员、政界会员、社会各界会员、华侨各界会员，这与国际社会对征求会员工作的重视遥相呼应。20世纪20年代初，国际红十字组织已意识到，“每年征求会员一次之办法，最足使地方人士对于红十字会事务渐冷淡者复行兴奋而注意。盖征求会员必有一地方之领袖为倡率，则地方一般人民，自然引起同情之兴味，而红十字会事务不啻得一新生命也”④。这不仅阐明了征求会员的作用，而且还指出了征求办法。但是，南京临时政府、北京政府时期，相比于多次登报募集善款，红十字

① 《中国红十字会常州分会筹办处入会简章》，《武进报》1916年4月29日。

② 《中国红十字会欢迎新会员》，《申报》1913年1月9日。

③ 《女慈善家（红十字会之功臣）》，《人道指南》第2号（1913年3月），第13—15页。

④ 《译日来弗红十字会总会一九二一年五月份会报》，《中国红十字月刊》第1期（1921年10月），第18—21页。

会大规模、有组织地征求会员运动较为少见，会员稀少的局面至1919年以后才有所改观。国民政府时期，随着抗战形势的持续，人力、物资短缺成了红十字会发展的限制因素，加上国民政府不满足于对红十字会人事工作的干预，征求会员活动在政府的主导下日渐制度化。按照规定，开展征募会员运动应先行呈请主管官署核准，组织各地方征求委员会行之，并得聘请地方主管官署长官为委员长，全国各地分会同时举行①。被征人员主要依据独捐或经募会费的多少来确定会员的级别高低，如1934年内政部颁发红会征求会员章则，规定“学生会员每人一元，普通会员十元，正会员二十五元，特别会员二百元，名誉会员一千元”。按照征得会费的多少，对征求人员的给奖办法为“一百分以上者推为普通会员；五百分以上者推为正会员；一千分以上者推为特别会员；五千分以上者推为名誉会员；一万分以上者推为名誉会员并呈请内政部褒扬”②。虽然聘请地方主管官署长官为征求委员长，使发展会员呈现出行政色彩，但亦可见，根据缴纳会费多少来推赠会员始终是红会发展会员的主要方式。

国民政府时期严峻的人道形势致使其会员发展对象的范围极为广泛：一方面，继续鼓励社会各界及会内职员以个人名义加入红十字会。从1934年到1936年，红会先后三次大规模征集会员，依照个人独捐、经募会费数额的多少，参照酬赠给奖章程，推赠征募对象为会员或给予其他形式的奖励。对于征募对象的身份，除军界人士不得推赠会员外，并无其他特殊要求。抗战全面爆发后，会员的征募工作一度滞缓，但从1941—1948年又通过举行红十字周发展会员。红十字周于每年10月1日—10日举办，前后共7次，其中1945年因抗战初胜而未举行。至1947年6月15日止，红十字会已有各级会员259403人③。总体而言，其发展会员的范围不仅面向社会各界，也着眼于从事会内服务的各部职员。例如，因红会人员在战地及后方工作均极辛劳，根据1941年重庆总会第二处相关文件，“凡本会工作人员未经入会者，应一律加入为会员”，并根据职务高低，进一步完善对会内职员的推赠办法。另一方面，社会团体加入红会成为会员被允许，从而从形式上将社会团体纳入了红

① 《中华民国红十字会管理条例施行细则》，《中国红十字会月刊》第55期（1940年1月），第60—66页。

② 《内政部颁发红会征求会员章则》，《申报》1934年2月25日。

③ 胡兰生：《中华民国红十字会历史与工作概述》，《中国红十字会月刊》第18期（1947年6月），第9页。

十字体系。1937 年，第一届理监事会第十七次联席会议决议添设团体会员，以法定团体为限，分永久会员和维持会员。永久会员一次缴纳会费五百元以上，维持会员每年缴纳会费一百元。这些团体涉及同业公会、公司、工厂、行政单位、学校、银行等各个领域。从总体上说，无论是多次组织征求会员，还是将社会团体纳入会员队伍，这些举措都映衬出中国红十字会急于扩大会员队伍的决心，而且揭示了南京国民政府成立之后，红十字会会员发展工作进入官方主导时期。

在会员入会规范上，抗战以前，地方分会会员入会均须将相关资料寄送总会总办事处，以备核查许可。抗战时期，交通不便，为便于会员入会，红十字会经第四十三次常务理监事会议决，临时实行分区办理：福建、广东两省，归本会香港总办事处办理（地点在香港九龙柯士甸道一百十一号）；江苏、浙江、上海、安徽、江西、山东、河北及东四省归本会驻沪办事处办理（地点在上海麦根路新闸路八五六号）；云南一省，暂归本会驻昆明办事处办理（地点在昆明翠湖南路肴美巷四号）；四川、贵州、广西、湖南、湖北、河南、山西、陕西、甘肃、察哈尔、绥远、宁夏、西康、青海归总会办理（地点在重庆小龙坎梅园新村三号）。红十字会以总会及各办事处为中心，就近择点，由此形成了一个覆盖全国范围的入会办理工作网络①。

而无论以何种方式、在何时或何处入会，所有会员入会均须填交志愿书，表明自愿服务于红十字事业。以国民政府成立初为例，其志愿书内容如下（图 3－1）：

会员入会志愿书

今愿遵守博爱恤兵宗旨及连络世界青年情感，发展实业文化以解除人类之痛苦，促进永久之和平，特纳会费　　元，希给正式收据并　　特别/名誉/正/普通/青年　　会员证书，寄　　省　　县/市　　路　　街　　号门牌为盼。此致！中国红十字会台鉴

中华民国　　年　　月　　日立志愿书人

图 3－1　会员入会志愿书（一）

资料来源：《会员入会志愿书》，《中国红十字会月刊》第一卷第一号（1931 年 5 月），第 33 页。

① 《会员入会分区办理》，《中国红十字会会务通讯》第 1 期（1941 年 1 月），第 12 页。

随着征求会员运动的进行及红十字会管理制度的发展成熟，入会志愿书的内容愈发具体详细。其正、反面样式如下（图3－2）：

字第　号

具入会志愿书人　　兹因赞成贵会博爱恤兵宗旨并愿恪遵红十字会国际公约及中国红十字会各项法令规程章则，照章缴纳会费国币　元入会为会员，特将履历开列于后，填具志愿书，送请察核。此致！中国红十字会

附履历

入会人姓名　　别字　现年　岁　性别

入会人籍贯　　省　市、县

入会人职业（请详细填明）

入会人住址、通讯处（请详细填明）

介绍人姓名　　别字　现年　岁　性别

介绍人籍贯　　省　市、县

介绍人职业（请详细填明）

介绍人住址、通讯处（请详细填明）

中华民国　年　月　日　入会人（请签名盖章）

介绍人（请签名盖章）

（正面）

入会须知

一、凡一次缴纳会费五百元者为名誉会员，一百元者为特别会员，十元者为正会员，五元者为普通会员，五角者为青年会员。前项各种会员除名誉会员、特别会员、正会员为终身会员外，普通会员之有效期间以十年为限，青年会员之有效期间以五年为限。

二、凡志愿入会者，应填具志愿书，连同会费送交本会或由分会核转本会，经本会核收审查合格后，即填发会员证书、徽章及会费、正式收据，认为本会会员。

三、凡会员领得之证书、徽章限于本人应用，不得假借他人并不得将证书添注涂改。如不依照此项规定者，一经查明属实，即取消其会员资格。如情节重大者，介绍人应负完全责任。

四、凡会员领得之证书、徽章，如有遗失，应照章报请本会或由分会转请本会补发。

五、介绍人可请已入会之会员或当地官绅担任。

（反面）

图3－2　会员入会志愿书（二）

资料来源：《征求会员各项表格、聘书、赞助证式样》，《中国红十字会月刊》第3期（1935年9月），第83—87页。

除了要求声明自愿加入红十字会外，红十字会还对入会人、介绍人的情况进行详细登记，并说明入会须知事项，体现出了红十字会对入会人员考察日趋规范、严格。而且，中国红十字会有编印题名录的传统，“截至二十五年十二月三十一日止，已十八届”，从1937年1月1日开

始，随着会员人数增加愈甚，“入会之各级会员不再另刊专录，每月改登本月刊，另辟‘题名录’栏，以资简捷”①。这一调整，不仅使题名录更为简洁，而且编印周期缩短，便于人们及时了解会员信息。

二、会员类别

国际红十字运动中，各国的红十字会法都倡导“纳费不同而区别各种不同之会员，可使经济情况不同的人民均得加入会员，但须避免过多的差别，致违反平等之原则。除了会费之外，以对红十字会有所工作和服务作为入会的条件，亦须同时或分开提倡施行”，其最终目的是“红十字会会员须普及于社会各阶层，不可集中于少数人民”②。仿效国际惯例，中国红十字会采取会员制，其会员发展经历了从无到有、从少到多，以及征募活动从民间主导到官方主导的过程。在此过程中，红十字会对会员实行分类管理。类别不同，会员期限不同，入会须纳会费的标准也不同。

民国时期，红十字会员类别屡经调整。1912 年会员大会召开前，在筹备过程中，虽已拟定会章，红十字会董事会仍广告社会人士“曾纳捐或经募捐款者，本届亦概认为会员”③，此时尚无级别之分，也无捐款多少之别。后又明确“凡廿五元以上者，经本届董事会认可，一律认为会员”④。会员大会召开后，正式对会员级别予以确定，规定红会会员分名誉会员、特别会员和正会员三种，均为终身会员，均得佩戴会员徽章，各称其位。名誉会员原则上给予对红十字会有特殊贡献的人士，理应与会费不生关系⑤。但从上述红会征募广告及章程的内容来看，缴纳会费达一定数额便可为名誉会员，一定程度上可以说是降低了对名誉会员的入会要求。1919 年，蔡廷干出任副会长后召开常议会，提出增加“学生会员”，后经第二届会员大会决议，在原有基础上增加普通会员、学生会员，名誉会员、特别会员、正会员均为终身会员，普通会员以 10 年为有效期间，学生会员以修业期间为有效期间。1935 年，《中华民国红

① 《会员题名录变更办法》，《中国红十字会月刊》第 23 期（1937 年 5 月），第 104 页。

② 参见陈履平译：《各国红十字会法比较研究》，《中国红十字会月刊》第 12 期（1946 年 12 月），第 12 页。

③ 《中国红十字会第一次会员大会广告》，《申报》1912 年 8 月 7 日。

④ 《中国红十字会会员捐户诸公鉴》，《申报》1912 年 8 月 12 日。

⑤ 袁可尚：《红十字会的经济来源》，《中国红十字月刊》第 18 期（1947 年 6 月），第 12—14 页。

十字会总会章程草案》将“学生会员”改为“青年会员”，以5年为限，其他会员级别、年限不变。复员时期，红会着手调整各项工作，将会员分为团体会员、名誉会员、特别会员、普通会员、青年会员。作为中国红十字会会员主体的正会员被取消，随之带来原有会员结构的改变，除少部分正会员成为名誉会员、特别会员外，大部分成为普通会员，普通会员的地位由此提升。与此同时，为加大青年会员征募力度，总会设第三处，下设青年、妇女两课，指示各级分会“对于青年会员尤其注重，欢迎在校学生与红十字会发生关系”[①]；征求青年会员时，“与教育行政当局联络，聘请各校长为征求队长，并不惜多方借助教育局之实际协助指导”[②]。

不同类别的会员，其纳会费或募捐数额、业绩标准不同。按照1912年的总分会章程，名誉会员须为纳捐千元以上者、募捐五千元以上者或义务办事异常出力者，特别会员须是纳捐二百元以上者、募捐一千元以上者或义务办事一年以上者，而正会员为每年纳捐五元满六年者或一次纳捐二十五元者[③]。1922年的修正章程对会员的入会缴费标准有所调整：名誉会员、正会员不变，但特别会员为“独捐银元二百元以上或募捐银元一千元以上或办事著有成绩者”，取消了办事年限；后增加的普通会员要一次纳捐十元以上，学生会员纳捐一元以上。为征求会员。国民政府选择降低入会的会费标准，参照内政部颁布的征求会员章则可知，学生会员每人一元，普通会员十元，正会员二十五元，特别会员二百元，名誉会员一千元。1935年，随着长城抗战的爆发，红十字会急需扩大队伍，增加人力、物力和财力。为此，《中华民国红十字会总会章程草案》再次降低不同类别会员缴纳会费标准：名誉会员为一次纳入会费洋五百元以上者或募捐洋五千元以上，或办事异常出力而推赠者；特别会员为一次纳入会费洋一百元以上者或募捐洋一千元以上，或办事著有成绩而推赠者；正会员须一次纳入会费洋十元；普通会员须一次纳入会费洋五元以上；青年会员须一次纳入会费洋五角。1940年12月起，对青年会员的纳费改为一次一元。1943年7月开始，伴随团体会员的加入，入会费又作调整，名誉会员一次纳费两千元，特别会员一次五百

① 吴耀麟：《如何发动中小学教师倡导红十字青年工作》，《中国红十字会月刊》第13期（1947年1月），第11页。

② 吴耀麟：《红十字青年运动》，《中国红十字会月刊》第7期（1946年7月），第10页。

③ 《中国红十字会章程》《中国红十字会分会章程》参见中国红十字会总会编：《中国红十字会历史资料选编，1904—1949》，南京大学出版社1993年版，第224—227页。

元，（普通）会员一次二十五元，青年会员一次十元，团体会员一次一千元[①]。1944 年 7 月，各级会员缴纳会费标准有所提高：名誉会员须一次性缴纳入会费国币五千元，特别会员须一千元，普通会员须一百元，青年会员为五十元，团体会员则须一万元[②]。1946 年，随着复员时期的到来，红十字会调整管理办法，将“征求会员”作为分会中心工作之一，要求团体会员须一次性缴纳会费国币五万元以上，名誉会员须一万元以上，特别会员为五千元，普通会员为五百元，青年会员为一百元[③]。1948 年 2 月，“以物价高涨，会员章证成本已超所纳会费，为弥补章证成本”，会员会费再经调高，团体会员须一次性缴纳国币五十万元以上，名誉会员须一次缴纳国币三十万元以上，特别会员一次缴纳会费十万元以上，普通会员每年缴纳会费二万元，青年会员每年缴纳会费一万元[④]。从某种程度上看，红十字会会费的调整、标准的高低不仅反映了红会对会员数量的要求，而且反映了战时落魄、战后复苏的国民收入与经济发展状况。

不言而喻，以纳费多少来区分会员类别已成为民国时期中国红十字会征募会员的制度性策略。最初，中国红十字会会员大多为当时的社会中上层人士，包括政、商、绅、学、医等各界名流[⑤]。为鼓励普通民众积极入会，“中国入会之费实较他国为俭省，他国红会会员有常年捐，中国无之，止［只］须缴纳一次会费，其数无多，而明避兵灾、暗邀天佑，获福则为无尽”[⑥]。在随后的发展过程中，为征求会员，红十字会对会员入会标准逐次降低，甚至将办事能力纳入划分会员级别的标准。而且与社会人士相比，会内职员入会标准更低。如 1941 年推赠会内职员为会员时，规定各会员所缴会费标准为名誉会员十元、特别会员五元、正会员二元、普通会员一元。这样做，一方面便于吸引更多的人士加入红十字事业中；另一方面也反衬出了民国以降，尤其是抗战期间，中国红十字会会员稀缺、急需扩大会员队伍的紧迫性。从总体上看，中国红

① 参见《改订会员入会收费办法》，《中国红十字会会务通讯》第 16 期（1943 年 5 月），第 11—12 页。

② 《本会各级会员收费办法》，《中国红十字会会务通讯》第 27 期（1944 年 4 月），扉页。

③ 《复员期间中华民国红十字会总会调整及管理分会办法》，《中国红十字会月刊》第 2 期（1946 年 2 月），第 7 页。

④ 《调整会员纳费标准》，《中国红十字会月刊》第 24 期（1947 年 12 月），第 24 页。

⑤ 周秋光：《红十字会在中国》，人民出版社 2008 年版，第 196 页。

⑥ 《中国红十字会之新年希望》，《中国红十字会二十周年纪念刊·纪事》1924 年印行，不著页码。

十字会积极贯彻国际红十字运动精神，在征募会员工作中以统一的标准划分会员类别；而且这些标准的制定，使不同身份会员的确认和维系有了可靠的保障，利于激发普通民众参与红十字事业的热情。

三、日常管理

（一）权利与义务

会员入会后，须遵照相关法律行事，在享有选举与被选举、受保护等会员权利的同时，亦须承担相应的义务。若有严重忤逆之举，将被剥夺会员资格。

会员在参与红十字会事务、子女入学等方面享有诸多权利，除有权佩戴红会徽章外，还包括与会权、选举权、被选举权、受保护等。具体而言，在选举权与被选举权问题上，北京政府成立之初，便规定“本会会员均得出席会员大会”，“会员莅会，或亲临，或函托其他会员代表，每会员一人有一选举权；惟代表者除本人外，以三选举权为限”，“大会之表决以出席会员为限”，“纳捐者如隐其名或用堂记不得推为会长”①。1922 年，第二次会员大会筹备期间，红会要求“各分会来沪赴会者以两员为限，或分会长、或理事长，如因事故未克成行，即举会员中通晓会务者为代表，均望预先报告来员姓名、简明履历，以备编查”，期盼“各员联翩来会，互抒嘉谟，同舟之济，倚盼方殷”②。1930 年 4 月全国会员大会召开期间，有代表提议“增加分会代表”，主席“付表决”，最终赞成变更者多数，遂通过。而且此次会议中，东台代表牛秉钧提议“以代表有三十权，会员一权”亦得通过③。同年，修改会章委员会在讨论会员大会代表时，蒋达秋献言曰：“凡属于总会之会员，以总会为选举区；属于分会之会员，以各分会所在地为选举区”，而各区代表人数，则“每分会有会员三十人以上者一名；每分会有会员五十人至一百人者二名；每分会有会员一百人至二百人者三名；每分会有会员二百人至五百人者四名；每分会有会员五百人以上者五名，但至多不得过五名”④。1934 年全国会员大会前夕，总会先组织召开了总会直属会员大会，以闻兰亭、林康侯、王晓籁、虞洽卿、关絅之五人得票数最多，遂被选为出

---

① 《中国红十字会条例施行细则》，《政府公报》1915 年第 1228 期，第 19—27 页。

② 《十一年六月会员大会纪事本末》，《中国红十字会二十周年纪念刊 · 纪事》1924 年印行，不著页码。

③ 《红十字会续开大会记》，《申报》1930 年 4 月 23 日。

④ 《红会修改会章委员会继续开会》，《申报》1930 年 9 月 15 日。

席中国红十字会全国会员代表大会代表，得票次多数王振川、沈金涛二人为候补出席代表。同时，总会在各地代表人数的规定上略有调整，“规定每分会有会员三十人以上者，推代表一人；如六十人以上者推代表二人，依次类推”[①]。如在松江，经总会函令选举代表四人列席，该分会遂组织新旧会员召开全体选举大会，公推议事长盛元普为主席暨监票、唱票、检票各员，“结果朱久望、周学文二人各得四十五票，盛元普得卅五票，卫锐锋得三十票当选，次多数朱广涵得二十一票为候补代表”[②]。

此外，在受保护方面，1922 年的章程专列“保护”一章，强调“会员如遇危险，或为人借端诬陷，妨害身家，并及红十字会全体慈善名誉者，本会应尽保护申理之责”[③]。“凡分会平时或战时从事救济，人员佩有本会袖章者，其身体及居室应由地方官厅尊重保护，如或因公危及生命者，得由分会罗列事实，陈报本会总办事处转呈政府优予奖恤”，“凡分会会员有被人侮辱及诬陷者，分会应负维持申理之责，如分会力有不及时，得将经过情形报明本会总办事处，尽力保护之”[④]。

随着国内形势的发展，红十字会会员及其子弟可享有的权利进一步扩大，不仅享有选举权、受保护权等固有权利，在子女就学、家属就医等方面亦多优待。根据 1935 年的《中国红十字会总会章程草案》，会员享有八项权利：（一）选举或被选举为本会理事或监事；（二）选举或被选举为全国会员代表大会出席代表（被选举权以正会员、特别会员、名誉会员为限）；（三）出席全国会员大会及分会会员大会；（四）会员及其子弟得免费考入本会所设学校；（五）会员及其子弟得免费考送本会医院实习；（六）会员及其子弟得由本会考送国际红十字会秘书厅实习；（七）会员及其眷属因病入本会所设医院得减免医药等费；（八）会员如受非法蹂躏者，得依法申理之。这些条例的制定，反映了民国人士已具有维护自身利益的权利意识，即复员以前的红十字会会员理论上享有选举、被选举等基本权利，但在实践中，大多数会员入会都是“名义上的

① 《中国红十字会定期开全国代表大会》，《申报》1934 年 8 月 7 日。

② 《松江红十字会选举揭晓》，《申报》1934 年 9 月 20 日。

③ 《中国红十字会修正章程》，《中国红十字会二十周年纪念刊·章程》1924 年印行，不著页码。

④ 《中国红十字会分会通则》，《中国红十字会二十周年纪念刊·分会》1924 年印行，不著页码。

会员”，“仅缴纳会费，并不参加任何工作”[1]。为此，蒋梦麟曾感叹道：“以往我们征求会员，而会员缴纳会费是尽了义务的。可是会员的权利呢？简直没有。虽然会员所出的会费足以增进会务事业，还有些近于施舍。”[2] 可见会员权利并未完全落实。

1946年8月，《复员期间中华民国红十字会分会工作纲要》出台，认为“分会与会员应经常取得密切联系，藉以共同力量推进会务”，并拟定联系办法三条，除召开分会会员大会，分会可以举行会员联欢大会，举行游艺或茶会，以资助兴，并借机使出席会员努力征求新会员；可以成立会员俱乐部，办理书报，供应会员交谊及其他有益身心之活体[3]，使会员权利真正得到落实。

相较于会员权利的落实力度不够，民国时期红十字会会员的义务则备受重视。1934年以前，对大多数会员而言，定期缴纳会费便是履行了义务。但1935年7月修正并公布的《中华民国红十字会管理条例》明确规定：“本会应提倡服务精神，普遍征求会员，并完成妇女及青年组织，实施有效之服务与训练。”[4] 这意味着发展会员不仅为筹集资金，而且为迎合政府需求，培育具有为社会服务精神的新国民。复员期间，1946年，会长蒋梦麟进一步提出八点红十字会服务信条，对会员的社会服务做出系统的要求。他指出：“红十字会服务的信条，扩而言之，也就是公民的信条……将这种精神在每个人身上发扬出来，这才是红十字会的会员。”[5] 遵循服务信条，发扬红十字会精神是会员的重要职责，也是作为国民必需的责任。无独有偶，红会副秘书长汤蠡舟亦指出：“红十字会须提倡男女红十字青年会员，教以服务社会之重要，个人卫生之修养，对于社会责任及各国友善之真义。”[6] 参与社会服务是复员期间会员的重要义务。而从民国时期红十字运动的发展状况来看，红十字会会员往往是有义务而无权利的，因而1941年一位局外人士在述及红十字

① 陈履平：《征募和宣传》，《中国红十字会月刊》第15期（1947年3月），第25页。

② 蒋梦麟：《复员期间的中国红十字会》，《中国红十字会月刊》第2期（1946年2月），第2页。

③ 《复员期间中华民国红十字会分会工作纲要》，参见中国红十字会总会编：《中国红十字会历史资料选编，1904—1949》，南京大学出版社1993年版，第247页。

④ 《中华民国红十字会管理条例》，《中华医学杂志（上海）》1935年第21卷第8期，第933—934页。

⑤ 蒋梦麟：《红十字会服务信条》，《中国红十字会月刊》第9期（1946年9月），第2—3页。

⑥ 汤蠡舟：《红十字会的基本原则》，《中国红十字会月刊》第12期（1946年12月），第9页。

会时曾说，“盖为红十字会会员，与其他团体之会员不同，其他团体之会员有义务和权利，红十字会会员则悉本人道主义、广泛的博爱精神，摒绝权利思想，存救人自救之信念者也”[①]。通过对会员服务提出要求来强调会员职责，不可否认，可增强会员的社会服务意识，培养其无私奉献精神。但是，若能增加会员权利来解决实践中权利与义务不对等、改变重义务轻权利的问题或可吸引更多的人加入红十字会。

（二）奖励与惩处

会员是推动中国红十字运动开展的重要力量。在《中国红十字会修正章程》《中国红十字会条例》等文件中，均有与会员奖惩相关的内容，如1915年的相关条例中单列了“奖励”一章，而至1920年修正时，则又修改为“奖励及惩罚”。此后，与会员奖惩有关的问题屡被提及，从而形成激励、约束会员行为的基本准则。

推赠会员是红十字会的一种常见的奖励方式。对于已入会的会员来说，可通过募捐或独捐而获奖励，或被推赠为更高级别的会员。如1922年经常议会决议，独捐银元五千元以上或募捐银元一万元以上者，赠以金质之功章（附赠上盘金线之赤绶）；独捐银元三千元以上或募捐银元六千元以上者，赠以银质之功章（附赠上盘银线之赤绶）[②]。在地方分会，“凡捐款一千元以上及募捐五千元以上，或对于会务有异常劳绩者，得由分会详报本会总办事处，照章推赠会员，或分别情形陈请政府，呈明大总统从优奖励。凡捐款在二百元以上，募捐一千元以上，或对于会务著有成绩者，得由分会陈报本会总办事处，照章推赠会员，或分别优奖，以资鼓励”[③]。例如，浙绅张天锡“夙性慈祥，热忱公益，历次灾振倡助巨款，并独力创办宁波红会，筹设医院，所费达七千余金”，又于上海时疫流行之时，“捐助红会时疫医院经费三千元”。1922年6月，红十字会致电国务总理转陈奖励，并以“该员已受三等嘉禾”，陈请“从优超奖，给予二等大绶嘉禾章”[④]。南京国民政府时期，历次的征募运动及红十字周活动，使这一奖励方式进一步固定下来。1931年，征求会员

① 龙云：《吾人对红十字会应有之认识》，《中国红十字会会务通讯》第2期（1941年2月），第1页。

② 《中国红十字会修正章程》，《中国红十字会二十周年纪念刊·章程》1924年印行，不著页码。

③ 《中国红十字会分会通则》，《中国红十字会二十周年纪念刊·分会》1924年印行，不著页码。

④ 《电内阁总理周》，参见池子华、崔龙健主编：《中国红十字运动史料选编（第一辑）》，合肥工业大学出版社2014年版，第199页。

奖则规定："独捐洋五万元以上者，在本会新建之礼堂或议事厅，即以捐者之台衔为堂名或题名；另赠有功章一枚，并赠会徽悬挂，均志景仰而留纪念。独捐洋一万元以上者，除赠有功章外，在本会新会所之中央，特建磐石纪念碑一座，上刊捐者姓名及肖像，并捐款数，以扬正风，藉留纪念。独捐洋五千元以上者，本会在新建之会所内，将捐者之姓名及捐数刊入纪念铜碑，悬挂壁间，永留纪念，并赠名誉会员，以志酬谢。独捐洋一千元以上者，除推赠名誉会员外，并奖给匾额一方、大号银盾一座，以酬荣誉。独捐洋五百元以上者，推赠特别会员，并奖中号银盾一座、纪念绸旗一面。独捐洋二百元以上者，除推赠特别会员外，并奖小号银盾一座、奖状一纸；捐款在百元以内、二十五元以上者，除推赠正会员外，并奖泥金颂词一纸；其在十元以上者推赠普通会员，一元以上者推赠学生会员。"

与之相对，会员若有违背法律或规则条令的行为，也将受到相应的处罚。会员的不良行为可分为违背法律与章程、有损红十字会名誉、纳捐隐匿姓名等，对其惩处亦有剥夺会员资格、宣告除名、拒绝入会等多种办法。施以何种处罚，须视情节轻重而定。1912 年《中国红十字会章程》规定，若有犯刑事案者或其做事有违本会章程者，本会得剥夺其会员资格；出会时，无论告退、被退，所收入会费概不发还。遵照总会章程，分会章程亦对会员资格进行管束，如常州分会要求"会员中有犯刑事案或其做事有违本分会章程者，本分会得剥夺其会员资格"①。1915 年，《中国红十字会条例施行细则》还详加说明，"本会会员如受公权剥夺，同时失其会员资格"，"本会会员违背本会规则或有损本会名誉者得由本会除名"，"入会之拒绝及会员除名均由常议会行之，得不宣告其理由，但对于正会员属于分会者，由分会议事会议决之"，"凡失会员资格或被除名者追缴本会徽章，但所纳会费概不发还"，"纳捐者如隐其名，或用堂记，不得推为会员"。1922 年 2 月，《中国红十字会月刊》发布通告，再次明确四项惩罚办法："（一）本会会员中受刑事处分或其行为有违本会章程者，本会得剥夺其会员资格。（二）假本会名义招摇撞骗者，得由总分会长就近通知地方官厅严行究办。（三）分会会长如有品行不正或行为违背会章，一经总会查明，得知照分会撤换，另行选举。（四）分会执行会务有不妥适者，得由总会分别令其更正或改组，或函

① 《中国红十字会常州分会章程》，《兴华》1916 年第 24 期，第 28—29 页。

请地方官厅令其更正或改组之。"[①] 第二届会员大会进一步强调，"会员有违反本会章程及其他不正当之行动，得经常议会之议决宣告除名"，"会员或丧失资格或被宣告除名，本会得追缴徽章、凭照，但所纳会费概不发还"。分会会员"有犯刑事者或违背章程者，得由议事会公决，详叙事由报明本会总办事处取消其会员资格。如有假冒本会名义招摇诈欺、损害本会名誉者，应即报告本会总办事处，函知该地方官厅查明，按律严办。分会长、副会长及各职员如有品行不正，违法营私，一经本会总办事处查觉，得知照该分会改选或撤换，情节重大者并予以相当之处分"[②]。实行理监事制度后，1935年，《中国红十字会总会章程草案》规定，除剥夺资格、追缴证章外，"会员有违反本会章程及其他不法之行为，得经理事会之议决宣告除名，关于刑事部分仍依法办理"[③]。在会章中明确惩处办法，是红会管理法制化的体现，既可遏制会员的违法乱纪行为，也可树立红十字会的权威，便于对会员实施日常管理和行为约束。

在民国的红十字运动实践中，总、分会遵循相关的奖惩条例，对会员行为进行管理。在奖励方面，如1914年，天津红十字会由"理事长徐君华清督同南下，救护伤民灾兵一千七百余人，需款二万余元，所有办事人员筹画［划］精详，不无微劳足录。现奉大总统命令给予李梦吉、刘柏年、孙凤藻、卞月廷、鲁嗣香、杨宝恒、刘家桢等七等嘉禾奖章，以示奖励"[④]。在惩戒方面，如1915年8月，"特别会员曾纪祐前充南昌分会理事长，经该处会员禀讦有案，缘念其辛癸两次救护劳绩，仅令退职，未予深究在案。乃该会员不自悔悟，辄复前往修水，串同吴晖等假冒本会名义，擅组支会，甚至招摇欺骗，敛钱扛讼，其种种不法，显违本会定章"，"除函修水县知事追缴佩章凭照并取消该支会外，合亟依据本会章程第三章第七条，剥夺其特别会员资格，以昭儆戒"[⑤]。又如1924年江浙战争中，莘庄红十字会会员将会费、制服费缴足后，该会会长"忽将发出救护队之旗章等悉数收回，制服亦不发给，率同负责诸人携带分会图章等要件潜逃上海，置会务于不顾"，对此，会员"开会议

① 《中国红十字会通告》，《中国红十字会月刊》第4期（1922年1月），第27—28页。

② 《中国红十字会分会通则》，《中国红十字会二十周年纪念刊·分会》1924年印行，不著页码。

③ 《中华民国红十字会总会章程草案》，《中国红十字会月刊》第55期（1940年1月），第67页。

④ 《会员得奖》，《大公报》1914年2月17日。

⑤ 《中国红十字会剥夺会员布告》，《申报》1915年8月21日。

决否认金石声为会长，陈请总会撤销该会长之资格”①。

四、会员大会

出席全国会员大会、地方会员大会是会员的权利之一。作为中国红十字会的最高议事机构，相关规章对会员大会的筹备与召开要求严格，以此进一步巩固红十字会的会员制度。

首先，会员大会应定期召开。按照1912年总分会章程，每年开会员大会一次，报告一年间会务，统核上年收支账目并决议下年预算。分会每年9月开会一次，须有20名会员方可议决各事。1915年的《中国红十字会条例施行细则》规定，红十字会每年开常年大会一次。大会以会长为议长，以副会长为副议长，议长缺席时以副议长代之。议事以过半数决之可否，同数时议长决之，大会表决以出席会员为限。1922年，红十字会又对会期进行调整，“本会每三年开会员大会一次，以是年四月在总办事处所在地之上海举行之”。大会以常议会议长担任议长，议长缺席时以常议会副议长代之。国民政府成立后，《中国红十字会总会章程草案》对全国会员大会召开地点进行更改，时间也不再固定到具体月份，“每三年在总会所在地开全国会员代表大会一次，以是年征求会员两个月前举行之”。分会亦须定期开会员大会，且以会员大会为最高权力机关②。后随着战争形势的发展，会员大会召开时间周期缩短。1935年，《中华民国红十字会管理条例施行细则》要求每年于首都开全国会员代表大会一次，其间应在征求会员两月前举行，但在发生战事或非常事变时，得由主管官署命令延期开会。至复员期间，红十字会着手整顿各项工作，对会员大会的召开均有新的要求。分会应于每年春季召开会员大会一次，“由分会会长报告上年度各项工作及今后实施之工作计划，并鼓励会员建议对会务改进之意见，期能得真正密切之联系”③。

其次，会员大会的讨论事项需提前公布。1915年，《中国红十字会条例施行细则》即指出大会的召集、开会目的须登报通告，所议事件除临时发生事件外，其他诸如报告会务、稽核决算、议决预算、选举常议员等亦须提前告知。国民政府时期，会员大会的开会流程进一步规范。

① 《莘庄红十字会会员启事》，《新闻报》1924年10月28日。

② 《中华民国红十字会分会章程草案》，《中国红十字会月刊》第55期（1940年1月），第73—76页。

③ 《复员期间中华民国红十字会分会工作纲要》，参见中国红十字会总会编：《中国红十字会历史资料选编，1904—1949》，南京大学出版社1993年版，第247页。

会员大会应先分区召集之，称为“某区全国会员大会”，由区全国会员大会推选代表出席全国会员代表大会，“全国会员代表大会开会日期及会议之主要事项，应于两个月前通知各分会，并于指定之报纸公布之”，且“由总会于两星期前呈请内政、外交、军政、海军四部派员监督”。全国会员大会所议事项主要有四件：报告会务、稽核决算、议决预算及其他重要案件、选举理事及监事。例如，1934 年会员大会召开前，中国红十字会总会通告在总会入会之各级会员称：“会议之主要事项为讨论总会、分会遵照条例细则、实行改组修订各项章则、选举总会理事监事、审查总会预算决算、讨论设立医院、储备救护材料及造就救护人材详细计划草案等重要事项。”① 分会每年召集地方会员开一次常年大会，亦须提前进行大会筹备工作。例如，汉口分会要求分会会员大会应设筹备委员会，于召集大会前 2 个月，由议事会推定委员 11 ~ 19 人负责会议组织工作，会期为 1 ~ 2 日②。

最后，必要时得开临时会议。根据 1915 年的《中国红十字会条例施行细则》，会长认为须开临时会议时，得临时召集之，且常议会提出理由请求会长开临时大会时，会长自受请之日起五星期以内须召集之。1922 年，《中国红十字会修正章程》对临时大会的召集更注重常议会及会员的意志，且对与会人员提出了具体要求。该章程规定“常议会认为须开临时大会时，得临时召集之”，“有分会总额五分之二以上或会员总额五分之一以上联合之请求召集临时大会，得提出理由于常议会，于五星期内召集之”，临时大会召开的目的须登报通告。理监事会制下，召集大会的限制条件有所放宽，1934 年的章程草案中提议临时大会须有分会总额五分之一以上请求或监事会之议决，且于五星期之内举行，开会目的、讨论事项均须登报通告。

当然，为保障大会的顺利进行，总会会提前登报或致电各分会派代表与会，还会提前成立大会筹备委员会，负责大会相关事宜。如 1934 年第一次会员大会筹备期间，一方面，筹备委员会成立秘书处，推王一亭为主任，王晓籁、黄涵之、关絅之、虞洽卿、王培元、闻兰亭六人为秘书，并设文书股、议事股、会计股、庶务股：“文书股王晓籁、关絅之兼股长，以魏瑞峰、沈金涛、卫铁铮、朱振新等为干事；议事股推虞

① 《中国红十字会总会为举行第一次全国会员代表大会通告在总会入会之各级会员》，《申报》1934 年 9 月 6 日。

② 《汉口分会会员大会组织暂行规则》，《中国红十字会月刊》第 23 期（1937 年 5 月），第 67—68 页。

洽卿兼股长，以嵇鹤琴、朱子京、冯子明、唐炳璋等为干事；会计股推黄涵之、闻兰亭为股长，以谢波澄、杨赞唐、江思白、吴桂林等为干事；庶务股推王培元兼股长，以鲍康宁、王耀庭、李耐霜、吴耀三、周鸿章、张丹卿、耿国祥、靳纬曾、周根镛、秦瑞庭、张子道等为干事”[①]。另一方面，公告各界会议的起讫时间、会议事项、遵守的法律等等，“统希公鉴”[②]。

从中国红十字运动的实践看，受战事爆发、政权更迭、行政力量干涉等因素影响，会员大会的召开多有迟滞，抑或不得不召开临时大会。如1930年第三届会员大会召开时，因政府代表未到，大会投票无效，不得不组织临时大会。会上，有会员进而提出质疑：“红会定章，三年开会一次，为何八年不开？今年虽开，改期、改期又改期，一连改了四五期！”[③] 据此可见，红十字会在民国时期制度执行力的不足。

五、青少年红十字运动

所谓红十字青年，指在学校中的红十字会会员[④]；红十字少年，指未成年的红十字会会员[⑤]。中国红十字会从1919年起即开始征求学生会员，国民政府时期红十字会理事会特设青年部，“以推广学校卫生、发展儿童博爱精神、训练公众服务并增进国际间友谊为目的”。但总体上看，在发展青少年红十字工作方面“并无妥善办法，所以也没什么成绩”，这种状态一直持续到抗战时期。战后复员期间，青年会员的发展愈发受到重视，总会特设有青年课，负责青少年红十字工作；地方分会工作纲要亦指出：“应特别注意对青年妇女之服务工作，其项目属于青年方面者，如补助营养、健康检查、缺点矫正、康乐服务、书报供应等；属于妇女方面者，如生育指导、儿童保育、家庭访问等，可专设服务站主办之。”[⑥]

在总会倡导下，1946年5月，南京分会建立玄武湖服务站，颁布

① 《红十字会代表大会》，《申报》1934年9月19日。

② 《中国红十字会总会为举行第一次全国会员代表大会公告》，《申报》1934年9月22日。

③ 《红十字会大会记》，《申报》1930年8月12日。

④ 吴耀麟：《红十字青年运动》，参见中国红十字会总会编：《中国红十字会历史资料选编，1904—1949》，南京大学出版社1993年版，第366页。

⑤ 《红十字少年的工作与活动》，参见中国红十字会总会编：《中国红十字会历史资料选编，1904—1949》，南京大学出版社1993年版，第373页。

⑥ 《复员期间中华民国红十字会分会工作纲要》，参见中国红十字会总会编：《中国红十字会历史资料选编，1904—1949》，南京大学出版社1993年版，第247页。

《中华民国红十字会南京市分会玄武湖服务站组织规程》，以学生会员为主要的服务对象，但尚不是真正的青少年红十字组织；10 月，又组织红十字青年服务团，训练青年会员的社会服务能力，明确规定团内的人员组成、活动训练、服装标志等，成为地方青少年红十字运动实践规范化的先驱。在人员组成方面，红十字青年服务团由市内各中学校选送若干高中一、二年级学生已入本会为会员者，再由团甄选男女各半，共 40 人组成；每 5 人为一服务小组，每 2 个服务小组为一服务队，平时学习与服务活动均以小组及队为单位，组长、队长均自选充，由团加委；团长由分会会长担任，下设副团长 1 人，由理事中推选之，总教练由总干事担任。在活动训练方面，团内实际训练中，除设总教练外，还设若干义务担任的教练；训练项目暂以公共卫生、急救训练、药物常识、社会服务项目为限；每周定星期四晚集合一次，星期日全日活动；另外，还"设团务委员会，聘请本市各界专家及总会处长以上人员担任委员，策划团务活动"。为统一管理，服务团还对成员服装、徽章佩戴等予以规范，如规定团员服装暂用蓝色布制短装长裤，女用蓝衣连裙；团徽暂用红十字白梅花底缀右胸袋上，左臂上另佩橄榄形白底红十字臂章；团旗以蓝色底内嵌白梅花，上加红十字并用白色字的服务团全衔；服务团之口号暂用"服务"两字，必要时并可将此两字嵌制臂章上白底黑字①。与民国初年对青年会员重视力度不够，抑或与后来单纯地追求增加人数不同，复员时期南京红十字分会不仅强调壮大青年会员队伍，而且重视对其进行集中培训和统一管理，表明引领地方红十字运动日益发展成熟，为此后青少年红十字运动中的制度建设提供了范例。

鉴于南京红十字青年服务团的成功经验，1948 年 2 月，总会发布筹组红十字少年会电文，决定先在南京、上海、江都、武进四处试办②。为开展青少年的组训工作，中国红十字会特设立中国红十字少年委员会，负责"拟定红十字少年规章方案，指导分会组织红十字少年工作，提倡红十字少年各种训练并编译教材，筹措发展红十字少年工作经费"。该委员会设主任委员 1 人，委员 9 ~ 11 人，人员由总会指派职员兼任；另设总干事 1 人，由主任委员指定委员 1 人兼任之，下设干事若干人，

① 《南京市分会组织红十字青年服务团暂行办法》，参见吴耀麟：《玄武湖服务站与红十字青年服务团——中国红十字会青年运动的前奏》，《中国红十字会月刊》第 11 期（1946 年 11 月），第 25 页。

② 《中华民国红十字会总会关于筹组红十字少年会的电文》，参见中国红十字会总会编：《中国红十字会历史资料选编，1904—1949》，南京大学出版社 1993 年版，第 101 页。

执行日常事务；还须请由总会聘请的顾问及技术指导若干人协助设计及指导工作①。与此同时，各地分会“在理事会之下设立红十字少年委员会”，负责“拟订推进当地红十字少年工作计划，指导当地红十字少年会之组织，协助当地红十字少年会训练工作，倡导各种红十字少年业务与活动”，委员会“由理事1人或数人，并聘请当地社教机关团体领袖、富于少年工作兴趣者7人至11人组织之；由理事1人担任主席，以分会总干事或业务组长兼任委员会总干事”。按照规定，各地分会红十字少年委员会在工作中，应按月开会讨论工作进行事宜，日常业务交由该委员会总干事执行，还得建议分会理事会聘请热心人士担任该委员会事务干事及各科指导，协助推动有关业务②。同年6月，吴耀麟撰文论述中国红十字少年的徽章服装用品问题③，建议对少年红十字的徽章、奖章、服装等进行规范或统一。

在发展少年会员过程中，学校是重要的活动场所。对于学校团体，若有红十字会少年会员20人以上并有确定之指导人员及活动场所，可向当地分会申请组织红十字少年会，由分会派员视察认可后组织之，定名为“中华民国红十字会＊＊市县分会＊＊学校红十字少年会”，简称为“＊＊学校红十字少年会”。在人员安排上，从会员中推选干事5~9人（男女同校者男女生各半）组织干事会，并由干事中互推1人为主席。干事依照干事会之决议并秉承指导人员之指导，负责事务、文书、会计、康乐、服务、卫生等工作。各少年会所需经费以自筹为原则④。各学校少年会以校长为指导员，教师1~3人为导师，并与红十字会合作，由红会经常负责辅导。在红十字少年会员培养方面，红十字少年会针对“红十字博爱人道事业之宗旨及历史”，“卫生健康及急救知识之推进”，“家庭儿童协助及其他社会服务知识之充实”，“国际情谊及合作精神之培养”这四个问题，在分会指导下定期举行以课外讲演、实习及活动为主的训练，规定读物及初步必需设备。其中，“讲演”着重精神训练，涉及红十字会史、国际红十字会组织、中国红十字会概况、基本卫

① 《中国红十字会总会红十字少年委员会组织暂行简则》，《中国红十字会月刊》第25期（1948年1月），第17页。

② 《中华民国红十字会各地分会推行红十字少年工作办法》，《中国红十字会月刊》第25期（1948年1月），第17—18页。

③ 吴耀麟：《中国红十字少年的徽章服装用品问题》，《中国红十字会月刊》第30期（1948年6月），第17—20页。

④ 《学校团体组织红十字少年会办法》，《中国红十字会月刊》第25期（1948年1月），第18—19页。

生知识、社会服务知识及红十字少年之使命等科目；“专科学习”着重自助、助人之知识、技能训练，其科目为急救、家庭护理、公共卫生、意外预防、水上安全及营养指导等；“活动”着重服务实习，以家庭、学校、医院、军人、贫苦儿童、老弱残病及难民等为服务对象，量力为之。此外，少年会训练办法强调“积极提倡健康活动、社会服务与国际交谊工作，以达成红十字少年之使命并光大红十字会‘服务社会、博爱人群’之理想”①。

中国红十字会设立专门的委员会负责少年红十字运动，派专人进行指导，并对学校红十字少年会予以制度规范，体现出了对少年群体的重视。而从红十字少年会课程来看，中国红十字会在培养青少年会员的过程中特别注重身心健康、精神感化、技能培训及国际交谊，彰显了中国红十字会注重培养学生博爱奉献精神及努力融于国际社会的姿态。

总体而言，红十字会会员种类的变化、入会门槛的降低，扩大了红十字运动的社会基础，使红会会员不再局限于富人阶层。而征募会员过程中行政力量的干预，既保障了会员发展工作的效率，又使红十字会的性质发生转变，红十字会的“民间性”削弱。另外，青少年工作在战后的全面展开，则为中国红十字会的发展注入了新活力，为中国红十字会走向国际舞台奠定了基础。

第二节　人道救助

1922年6月，中国红十字会第二次会员大会召开，会议主席在报告词中说：“本会自民国二年九月二十九日假座上海议事厅开第一届会员大会，水流电驶，忽忽已逾十年。此十年中杀机大开，宙合变色，本会负责滋重，更事亦滋多，约举之曰恤兵、曰救灾、曰恤邻、曰医疗、曰拓分会、曰征会员。”② 主席的报告，既说明了时代背景，也介绍了建会初期，红十字会的人道救助主要包括战地救护、灾荒救助以及疫病防治等。从学术界现有成果看，对中国红十字会人道活动的考察多集中于其具体的救护实践，缺少制度层面的宏观考察。通观红十字会规章可知，

① 《红十字少年会训练实施办法》，《中国红十字会月刊》第25期（1948年1月），第19页。

② 《十一年六月会员大会纪事本末》，《中国红十字会二十周年纪念刊·纪事》1924年印行，不著页码。

红十字会救济工作的规章内容涉及救济任务的界定、救济机构的组建、救护人才的培育及救护材料的储备等方面。与此相关的诸项条令，不仅成为民国时期中国红十字运动实践的理论指导，而且体现出了中国红十字事业与时俱进的特征。

一、救济任务

众所周知，国际红十字运动的兴起源于战争。民国时期，国际红十字组织对各国红十字会的救护活动范围并未予以统一界定。陈履平所译《各国红十字会法比较研究》一文即指出，各国“红十字会法尚须说明红十字会之任务为何。若干国家，系将红十字会之任务及权力列举于红十字会法；惟其他国家，仅述其范统之原则”[①]。

作为以战地救护为主要工作的慈善团体，中国红十字会遵守本国海、陆军部定章及临时军司令官命令，协助医队救护病者伤者，其战地救护活动备受关注，在规章中亦多次提及战时状态下的拯兵恤难工作。红十字会在从事战地救护的过程中，其战地人员的活动、物资运输与使用等均须听从相关部门或军事长官的安排，这充分体现了红十字会协助军政部门医疗卫生工作的重要地位。如1914年《中国红十字会条例》规定，红会于战时“辅助陆、海军战时卫生勤务”，随军救护人员所受待遇与军属同，救护队编制、服装定式及阶级比较，由陆军部、海军部协商核定；救护人员及救护材料需用国有轮舶、铁道时，可依照陆、海军人员及军用品要求办理；随军救护人员在战地应用房屋、粮食、船车、马匹，由会长分别陈请陆、海军部，转饬支给[②]。1922年，修改后的会章再次强调红会于战时得救护伤兵，随军救援人员可“临时陈请军事长官优予待遇”，红十字会运输人员和物资材料“得临时陈请主管公署，依海、陆军人员行军法办理”[③]。国民政府时期，红十字会继续负责战时后方卫生勤务，还可在军政、海军部核准的情况下，举行战时救护演习；战时及非常事变之际，红十字会可组织临时救护委员会，在军事长官管理之下执行救护事务；必要时，可呈请当地政府酌量征集僧道、

① 参见陈履平译：《各国红十字会法比较研究》，《中国红十字会月刊》第12期（1946年12月），第12页。

② 《中国红十字会条例》，《申报》1914年9月29日。

③ 《中国红十字会修正章程》，《中国红十字会二十周年纪念刊·章程》1924年印行，不著页码。

尼姑或其他团体，协助办理救护工作[1]。这些为抗日战争期间红十字会救护活动的组织与开展提供了制度保障。随着近代交通工具的运用和普及，除了轮船、铁道，1930年第三届临时会员大会组织修改章程时，经会员提议，战时运输材料等或需用飞机，“须临时陈请之机关依海陆空军人员行军法办理”[2]。抗战全面爆发，红十字会改隶军政部，红会辅佐陆海空军卫生勤务，“救护人员及材料的载运准用军属及军用品办法”，“救护人员在战地应用卫生材料、房屋、粮食、舟车、马匹、航空机得分别呈请主管机关转行酌拨”[3]，从而将红十字会的救护活动纳入军管体系。上述条令中，战时国家以政治、军事手段介入红十字会救护活动，表明了国家机关对红十字事业予以支持的态度，对红十字会战时救护活动中物资供给和人员保障、维护救护人员人身安全等大有裨益。但另一方面，从最初的强调救护人员接受军属同等待遇，到后来要求红十字会运输材料等活动须陈请主管机关依军法办理，也揭示了红十字会在战火中已丧失其独立组织救护工作的民间团体地位。

图3-3　中国红十字会第一巡回救护队

资料来源：《古北口回忆》1933年11月，第23页。

民国时期，中国红十字会不仅从事战时救伤瘗亡的工作，还配合政

① 《中华民国红十字会管理条例施行细则》，《中国红十字会月刊》第55期（1940年1月），第60—66页。

② 《红会修改会章委员会五次会议》，《申报》1930年9月7日。

③ 《中华民国红十字会战时组织条例》，参见贵阳市档案馆编：《战地红十字——中国红十字会救护总队抗战实录》，贵州人民出版社2009年版，第438页。

府及其他社会慈善团体担负水旱灾害救助、社会服务等救济任务，这在红十字会诸项规章及红十字运动实践中均有体现。民国初期的《中国红十字会条例》便指出，红会分任赈灾、施疗及其他救护事宜。如1922年武进县沙洲水灾致使“遗黎冻馁交迫，良堪悯念”，红会“筹拨现洋五百元、棉衣二百件，即乞核收散放”[①]。至国民政府时期，一方面，红十字会继续分任国内外赈灾、施疗及其他救护事业。如1934年“闸北连日火灾，灾民众多，惨哭啼号，日夜不绝。中国红十字会由闻兰亭、王培元等集议决于一二日间，散放食品，以济眉急”[②]，派李克寒亲赴灾区调查情况，“以难民众多，难免有抢米事项，为整一手续起见，特赶制米票数万张，每张四升，量口授予，凭票领米，以免拥挤。并于领票时，登记姓名住址，以备核算”[③]。另一方面，其服务内容更趋充实，广泛征求会员、开展社会服务等被纳入规章体系中，以及配合政府培养新国民等。诚如1935年《中华民国红十字会管理条例》所述，红十字会工作依内政部、外交部、军政部、海军部之指定，一应“辅佐陆、海空军战时卫生勤务及平时军事人员医务及救护”，一应从事“国内外灾变之救护、振济及伤病之治疗”，还“应提倡服务精神，普遍征求会员并完成妇女及青年组织，实施有效之服务与训练”[④]。这些工作的开展，既是红十字博爱精神使然，也离不开相关制度的有效保障。

战后复员时期，针对妇女儿童及贫苦之人的社会救济、发展青少年红十字运动等成为红十字会工作的主要内容。曾大钧认为，中国红十字会发展迎来了新机遇。在人道救助范围方面，他有自己的思考：“回溯既往，中国红十字会之工作，虽救灾恤难、仁爱博施，然其观念乃为慈善，有功利心无责任感。要其工作领域，只限于战争及灾变范围。今者，世界思潮莫不痛绝战争，而由于科学进步，已可防制灾变。所谓未雨绸缪，防患于未然，固无不宜。但何能背逆潮流，妄怀杞忧？况人群生活之匮乏不起于刀兵水火者亦可起于贪病愚私，受政治经济之影响者，不减于战争灾变。故近世贤达之士，倡社会安全者，首□免去人群生活之匮乏，以为根本之图。万国红十字会之始创也，取博爱之义，广

① 《振济常州沙洲水灾》，参见池子华、崔龙健主编：《中国红十字运动史料选编（第一辑）》，合肥工业大学出版社2014年版，第178页。

② 《中国红十字会赈济闸北火灾》，《申报》1934年3月8日。

③ 《中国红十字会赶放闸北赈米》，《申报》1934年3月11日。

④ 《中华民国红十字会管理条例》，《中华医学杂志（上海）》1935年第21卷第8期，第933—934页。

济众人。倘扩大此目的，与日常新，则济人之道，左右逢源，正有以日拓新境焉。”[①] 这段话反映出了时人对于红十字运动的认识及对其过往工作的反思，同时对未来救助工作的调整也有所启发。主管机关改隶行政院后，管理红十字会办法也随之出台，该办法亦认为红十字会业务，“参照日内瓦红十字会协会之规定及中国社会实际需要，就其人力、物力、财力之可能，随时决定之”[②]；分会除了践行“办理医药卫生及一般救济”，还“配合当地环境之需要，展开新兴之事业”，发扬社会服务精神，发展妇女工作，开展青少年红十字运动。其社会服务工作，又可具体分为三项：“（甲）保健工作。分会应以推行保健工作为应办业务项目之一。设有医院者，头二等病房可酌收费用，三等病房应酌设免费病床；设有诊疗所者，可酌收挂号金，并每年举办免费预防接种，如遇当地传染病流行时，应配合地方筹设临时防疫医院，免费救治患者，并举行巡回预防接种。（乙）经常救济。分会推行救济工作，亦为应办业务项目之一。以儿童、青年、妇女、荣军、平民为对象，以灾难伤害贫困疾苦愚弱为范围，自行酌定之。（丙）临时救济。分会如遇当地临时发生之水旱火兵等意外灾害时，应临时募捐，酌情办理救济，但须事先报告总会备案。”[③] 由此可见，相比于战争及水旱灾荒救济，日常的救助活动已成为红十字会的主要工作。而且在日常救助中，其行为活动有了明确的指导和要求。如在参与政府的冬令救济计划时，红十字会订立制度，明确：（一）救济根据受赈者的需要、不根据损失，同时要将能够获得其他帮助的因素除去，让真正困难而需要的灾民能够获得救济；（二）救济无政治、宗教、阶级等区别，即使个人行为的好坏亦在所不问；只要他是确实需要，便应受到救济；（三）救济用给予方式，不用借贷的方式，救济给予以后，使需要的人实足接受应用，不用牵制，不附有任何条件或变相的交换方式；（四）受难者虽已迁移，但仍应予以救济，对一些流徙中的受难者，尤不能忽视；（五）红十字会的救济工作处于辅助地位，因为有的地方急需救济而政府尚未及举行，或需要救

---

① 曾大钧：《中国红十字会之新机运》，《中国红十字会月刊》第1期（1946年1月），第2页。

② 《复员期间管理中华民国红十字会办法》，《中国红十字会月刊》第1期（1946年1月），第12页。

③ 《复员期间中华民国红十字会分会工作纲要》，参见中国红十字会总会编：《中国红十字会历史资料选编，1904—1949》，南京大学出版社1993年版，第247页。

济的幅度太广，政府力量容或未能普遍注意，红十字会便做些辅助的工作[①]。这些规则的制定，为红十字会的救济活动提供了理论指导和统一标准，是救济制度在复员期间充实完善的表现之一。

对救护范围的调整，既反映了社会需求的变化，也体现了红十字会救济因时、因地而异的特征。虽然如此，渗透其中的奉献精神却贯穿始终，彰显了红十字会的人道宗旨。而且，从其救助或服务内容看，除了救死扶伤，红十字会的医疗卫生工作针对不同人群，涉及防疫、医疗、保健等，不可避免地对民国时期中国公共医疗卫生环境的改善和提高人们强身健体的意识有积极影响。无论是战地救援还是战后复员活动，红十字会从近代救灾理念出发，制定了一套现代制度规范，一方面便于工作中“以资借鉴”，在制度范围内将博爱精神传播到民众中；另一方面，延伸了服务范围，在服务中确立标准，拓宽了红十字事业的规章体系。

需要再次强调的是，中国的红十字会不仅是世界的，更是中国的；它既担负着国际红十字运动一以贯之的战地救护的使命，也参酌本国国情适时调整，负责战后的社会服务工作。中国红十字会的这两个属性决定了它有可能在秉持中立态度的前提下整合资源，广纳中外贤才，积极配合政府的公共管理和服务工作。当然，与政府角色不同，民国时期的中国红十字会更倾向于是一个社会组织，充当政府的助手角色。在政府疲于战事、无暇顾及民众时，红十字会发挥自身优势，与民众进行直接接触，在救死扶伤、扶弱济贫的同时，也为民众提供了参与公共事业的途径，充当了民众与政府交流的媒介。

二、救灾程序

民国时期的灾荒，尤其是自然灾害，具有很强的突发性，灾害的影响大小亦具有不可预测性。如何在最短时间内获悉被灾范围、程度及受灾人数，是实现科学救灾的基本前提。作为救灾恤民的重要组织，中国红十字会参照政府救灾程序，认真执行救灾任务。

首先，要报灾。报灾是了解灾情、实施救灾的首要工作。北京政府财政部呈准的《勘灾报灾条例》即清楚地指出：“旱、虫各灾由渐而成，应由县局长随时履勘，至迟不得逾十日”，“风、雹、水灾均须立时履勘，不得逾三日”，报灾日期“夏灾限立秋前一日，秋灾限立冬前一日

① 参见吕志茹：《“复员”时期中国红十字会的冬令救济述评》，《兰台世界》2011 年第 20 期。

为止”，“履勘后先将被灾大概情形通详该管道尹财政厅或财政分厅暨本省巡按使”①。红十字会在遵守政府所颁报灾、勘灾程序基础上，以往来函电的方式了解各地信息，及时报灾，简略说明灾情，以备制定合理的救灾策略。如1931年皖北颍上水灾异常深重，灾民死亡惨重，医师王赈川在报告红十字会的函电中指出，“就该县第一区统计，死亡达一千一百八十六人，若合全县七区估计，至少当在六千人以上”，“颍民劫后余生，方虞死于饥寒，竟先毙于疫疠，若不广求药品诊治施舍，将来蔓延所及，岂堪设想”，希望红十字会“火速资助医药，拯此垂毙灾黎”，并表明自己“亦当聊尽棉力，追随诸大善士之后也”②。文辞简约，句句忠恳，以具体的数据为基础，客观描述灾情。

其次，要勘灾。接到报灾函电后，红十字会往往要先核实情况是否属实或灾情严重的程度。对红十字会而言，查勘受灾情形可为灾害的施救提供实际参考，以明确具体的救灾办法。如1922年，因“客秋七月中旬，风潮狂涨，长江沿岸各沙洲均遭水灾”，常州武进江岸上邻扬中、丹徒，下接江阴，为受灾最重之中点。为便于拟定救护防疫办法，常州分会理事长王完白博士“决意躬赴灾区，先作实地调查，再定办法”，“携有快镜摄成影片多帧，以便分送各机关”，“新商轮局特放小轮送王君至小河，出荫沙口，往沿江上下流视察一周”，“当地绅董及驻防水警长官，带同警兵，随同出发，以免意外”③。由上述可见，红十字会在勘灾过程中以摄影方式记录受灾情形，与传统的文字记录相比，更为直观简明，而其勘灾活动更是得到了地方人士及官厅的配合与支持。勘灾之后，了解到“灾民露宿风餐，疾病丛生，各振灾机关尚未暇顾及”，常州分会便组织救护队前往灾区防治疫病，并召开议事会讨论进行方法。

再次，要查赈。按照民国政府的规定，查赈主要是核实灾民户口，划分受灾等级，发给赈票，以备赈灾。红十字会在接到报灾函电后，便会派人实地勘察灾情，并在此基础上查赈、放赈。如1914年9月，山东“福山、即墨、胶县、高密、潍县、昌邑等县暴雨河溢，损失人民生命财产甚巨，实为近年罕见之灾”，红十字会“以潍县等处水灾綦重，拟令本会就近放赈，请知照邓笠航君改充调查员，率同书记并照□员，迅即由津乘津浦车至济谒见靳、蔡二公后，驰赴各灾区切实调查，并照摄

① 《勘报灾歉条例》，《中华民国法规大全·财政》，商务印书馆1936年版，第195页。

② 《红会会员报灾乞赈》，《申报》1931年10月28日。

③ 《常州分会之灾区救护队》，参见池子华、崔龙健主编：《中国红十字运动史料选编（第一辑）》，合肥工业大学出版社2014年版，第183页.

灾民惨状，详细报告，以凭核定赈济办法”①。除了察看灾情，在查赈过程中，红十字会还会酌给受灾群众赈票，作为领受救灾物品的依据。如1915年8月，鉴于上海风雨为灾，“沪南薛家浜沿南闸北太阳庙药水厂火车站北首一带，草棚茅屋尽被毁坏”，红十字会经调查后，“除已给米券并赶办平粜外，所有发出赈票灾户，大口每名钱四百文，小口每名钱二百文。又被毁草棚每座洋四元，择于八月二日起至六日止（即六月廿二日起至廿六日至止），每日上午十时至下午五时，南市在十六铺本会南市医院，北市在二马路本会总办事处，凭票发给”②。

最后，要放赈。放赈，即将物资散发给灾民的过程。放赈是个繁重的任务，是在查赈基础上按照受灾户数或人数施救的过程。一般而言，为减轻灾害带来的后续影响，避免更多的损伤，红十字会的查赈、放赈工作往往一并而行。如1914年山东水灾救助过程中，因“被灾各地多近战区，若但用红会名义放赈进行，仍多困难”，继而发文称，“先由本会拨汇洋一万元，乞照数支配，官义两赈同时并放，并请转饬邓笠航会同钧处派员一路随查随放，以济急赈，一面再由本会宣告灾情，设法募捐续赈，以期实惠均沾”③；最终经放赈员报告，“计被灾村庄共一百四十四处，其间最重者一千五百四十七户，次重者八千五百九十九户，较轻者三千二百三十七户，损伤人口共一百七十七名，均已一律放讫”④。又如1922年阴历二月，上海虹口分水庙及胡家木桥两处发生火灾，“是役被灾各户分水庙计共七十七家，男女大小三百四十一口；胡家木桥，计共一百零三家，男女大小四百七十七名。本会按名逐一放赈，计共现银二千余元，俾沾实惠而免偏枯”⑤。从上述不难看出，一方面，红十字会查赈、放赈工作离不开政府官厅的支持，从而再次验证了官义两赈同时开展方得卓有成效；另一方面，红十字会的施赈活动讲求“实惠均沾”，体现了红十字会对生命的尊重，是红十字文化中“平等”理念的真实体现，对避免或缓和社会矛盾有一定的积极作用。

当然，灾民众多时，若要保证物资发放到适宜人群手中，放赈员必须恪守职业道德。为规范放赈人员行为，红十字会及其他救灾团体还专门制定放赈规则，以此督促放赈人员切实执行。如1929年甘肃旱灾、

---

① 《胶澳战云中之水灾》，《申报》1914年9月17日。

② 《中国红十字会定期散放本埠风灾急赈》，《申报》1915年8月1日。

③ 《红十字会之救灾恤邻》，《申报》1914年10月1日。

④ 《红十字会放赈报告》，《申报》1915年2月17日。

⑤ 《中国红十字总会总办事处放振上海虹口分水庙及胡家木桥两处火灾》，参见池子华、崔龙健主编：《中国红十字运动史料选编（第一辑）》，合肥工业大学出版社2014年版，第185页。

图3－4　中华民国红十字会新野分会放赈

资料来源：《中国红十字会月刊》第35期（1938年5月），第1页。

雹灾、水灾相继，红十字会与其他团体共同组织赈灾委员会，为防放赈人员舞弊，要求："（一）各县经手赈款之官绅，不得通拨赈款，以他项不确实之款顶补。（二）放赈员绅，如遇灾民因故未能领取应得款品时，须将款品交回发放机关，或报明暂为保管，不得私存。（三）地方大小头人，不得浮报灾民户口，冒领赈济款品。（四）地方小头人不得利用散赈机会，扣留灾民应得款品，抵价个人私债。"[①] 随后，又发"迭接陕甘豫晋冀察绥赈务会、各分会、各会员报灾函电，声泪俱下，间有以红会扣款不放，见死不救"的电文，为保证赈款不作他用，红十字会人员建议"凡有赈款不得移作别用"[②]，此提议经公决，永为定案。这些规定着实体现了施赈团体严于律己的品质。因此，在1930年的会员大会上，淮安代表蒋达秋动议的"以后红会赈务收支一律在报公布，至散放手续，须将凭何机关、灾民清册、散放票根一律存根，以备审查"的议案获全体赞成，这也显示了红会人公开办赈的决心和魄力。

三、机构设置

成立救护队、设立医疗服务机构乃至组建提供食宿的留养院、施粥厂等，是中国红十字会救护活动中的主要救护机构。这些机构或为长期设立，或为临时设立，均在总会及地方分会指导下，联合社会各界力量

① 《豫陕甘灾赈之状况》，《申报》1929年4月11日。

② 《为国际善业悲鸣被灾同胞请命》，《申报》1930年2月22日。

共同努力，一起开展各种救济活动。

（一）救护队

无论是战争爆发还是灾荒兴起，中国红十字会总会及分会循例组织救护队，即刻赶赴战场或灾区救灾已成定制。如1914年青岛战云密布，“中国红十字会副会长沈仲礼君连日组织救护队，分为陆路、水路两组”①，并拟定《中国红十字会出发救护队临时章程》《出发救护队临时要则》等规章；《临时章程》的内容包括救护队的组织结构、队员应守规则、奖惩办法等；《临时要则》则再次强调《章程》中的遵守规则的要求，并指出“救护队与军队略同，首重纪律”。这些规章在战地救护中对约束队员活动、提高红十字会救护效率起到重要作用，也对红十字会今后规章的订立有示范作用。军阀混战期间，随着南北交锋愈演愈烈，各地红十字会也纷纷组织救护队出发战地并制定相应的规章，确立编制。如1922年南昌分会组织救护队出发赣南，拟定《中国红十字会南昌分会出发赣南组织救护队简章》《南昌红十字分会出发赣南救护队队役规则》，对医务、庶务两部的职责分工明确，“医务部置医务长一人，医员四人，救护长一人，救护员四人，看护生二人，凡关于救护、医治、药剂、看护、掩埋等事项均属之；庶务部置庶务长一人，庶务员二人，文牍员一人，书记员二人，凡关于书信、会计、交际、轮运、购办、摄影等事项均属之”②，并规定队长及队员、队役权限。由上述资料来看，民国初年地方分会出发战地的救护章程已初步显示出救护队的基本结构和功能。救护队为一个综合机构，承担救护中诸方面事宜。当然，随着救援经验的积累，救护队编制方面亦趋完善。20世纪20年代初正值“粤赣发生军事，南、赣之间已成战区”，吉安分会接赣州分会函电，组织医队出发前方协助，其对内编制如下：救护医队长一员，中、西医员各二员，文牍兼书记一员，会计一员，庶务一员，医长一员，医员（即救护队员）四员，药剂员一员，掩埋队长一员，看摄长一员，摆影技士二员，看护生八名，救护役四十名，掩埋役二十名③。相比而言，人数有所增加、列出西医员名额、书记不再身兼多职，这不仅是救护队职责分工愈渐科学的表现，而且也反映了当时社会环境下人们

① 《中国红十字会救护队出发》，《申报》1914年9月2日。

② 《中国红十字会南昌分会出发赣南组织救护队简章》，《中国红十字会月刊》第13期（1922年11月），第17—19页。

③ 《吉安分会来函》，参见池子华、崔龙健主编：《中国红十字运动史料选编（第一辑）》，合肥工业大学出版社2014年版，第198页。

对西方医学及其相关人才的需求。但总体来看，抗战以前的红十字救护队规模较小且具有地域性。抗战爆发后，中国红十字会救护队规模扩大，科室设置、组织结构、职务分配愈见成熟，逐渐发展为全国范围内的救护机构。

1931 年九一八事变后，中国红十字会虽有组织救护队的意向，但并未成行。1932 年一·二八事变发生后，中国红十字会在上海成立救护总队，下分各支队。1937 年 12 月，中国红十字会在汉口成立临时救护委员会，林可胜为代理总干事兼救护总队部总队长。救护总队作为红十字会战时专负军事救护职责之机构①，“综理医疗救护事宜”，在组建初期视战事医务情况，将战地救护区域分北、中、南三区，在医务股下设三大队②，后又发展至四大队，分派各军医院及收容所工作。救护总队实行科层化组织样式，总队长之下设副总队长 4 人，由文书、人事、事务三科负责总务事宜，医务、材料、运输三科办理业务事宜，另设会计室负责银钱出纳事宜，技术室负责设计视察事宜，材料库储备医药器材，修理厂负责修配汽车零件，特别党部和政治部负责党政活动③。抗战时期，救护总队秉持“博爱恤兵”“救死扶伤”“平时有备、战时有能”的救护信念，“逐渐成为抗战时期整个救护体系的中枢，在人事、组织、业务、训练等各方面结合卫生署与军医部门的资源，并且成为主导力量”④。地方红十字会则积极配合总会救护总队的工作，组织救护队，开展救护培训。在南宁、潢川、绥远、常熟等地方，各分会依当地需求开设训练班，颁布《中国红十字会南宁分会救护人员简易训练班简章》《中国红十字会潢川分会救护训练班简章》《中国红十字会常熟分会救护队训练班简章》《中国红十字会绥远分会救护训练班简章》等文件，对当地训练救护人才做出具体规定和指导。

救护队多为临时组设，在战争灾害的应急救援中发挥了不可替代的作用。经过历次战争、灾害的洗礼，中国红十字会救护队结构日渐完备，至抗战时期，不仅有总部，而且有分队，成为一支全国范围内的救

---

① 胡兰生：《中华民国红十字会历史与工作概述》，《中国红十字会月刊》第 18 期（1947 年 6 月），第 2 页。

② 《总会救护委员会第一次报告》，《救护总队档案》，档号 40-3-60。

③ 参见戴斌武：《中国红十字会救护总队与抗战救护研究》，合肥工业大学出版社 2012 年版，第 55 页。

④ 张建俅：《抗战时期战地救护体系的建构及其运作——以中国红十字会救护总队为中心的探讨》，（台北）《“中央研究院”近代史研究所集刊》，2001 年。

护力量。而在救护队设立特别党部和政治部，某种程度上体现了红十字会管理的政治化趋向，救护队活动的自主性受党政力量的制约。

（二）医疗机构

除了派遣救护队，中国红十字会还设立医院、收容所、留养院等各种疗养机构，收治伤兵灾民，以保障受难人群及时获得所需的医疗服务。1922 年的修订章程即明确表示，“设总医院于总办事处所在地之上海及总会所在地之北京，设分医院于分会之所在地”[①]，并特设救护队、掩埋队、疗养院及关于一切救济事宜的临时机关。分会应设立医院，但因特别情形，报经本会总办事处许可者，亦可暂行缓设[②]。仅就抗日战争中的救护总队部而言，其便有医疗大队、医务队、战地医院、诊疗所及矫形外科中心等医务执行机构，遍布各地，广为人知。

在民国时期的小说《疫》中，作者记述了一个染疫的贫苦农人在偏僻地方突发急疫，四周无专门的诊疗医院，只有红十字医院，农人便被送到红十字医院，很快得以治愈的故事。其中以农人自问自答的方式说道：“乡僻地方，那（哪）里有人出资设立医院呢？这是红十字会专为救济贫民分设的。”[③] 该故事虽简短，却折射出现实社会里人们对红十字医院的认可。而之所以有这样的社会影响，从某种角度上说，既有赖于红十字会无分贵贱贫富的博爱宗旨深入人心，也得益于红十字医院严格的管理模式及专业化的医疗水平。

为便于管理，中国红十字会较早便制定规章，为医院的建立和管理提供规范的指导。例如在名称上，北京政府时期的总会医院均称为“中国红十字会某地医院”，分会医院均以“中国红十字会某地分会医院”称之[④]；及至南京国民政府时期，亦未有改变，“红十字会各地分会附设有医院者，均定名为‘中华民国红十字会某某县分会医院’，以示一律而明系统；其在一地有医院数处者，则冠以‘第一’、‘第二’字样，以

① 《中国红十字会修正章程》，《中国红十字会二十周年纪念刊·章程》1924 年印行，不著页码。

② 《中国红十字会分会通则》，《中国红十字会二十周年纪念刊·分会》1924 年印行，不著页码。

③ 冯醒公：《疫》，《中国红十字会二十周年纪念刊·小说》1924 年印行，不著页码。

④ 《中国红十字会条例施行规［细］则》，参见《呈：内务总长田文烈、陆军总长靳云鹏、海军总长萨镇冰呈大总统为修改〈中国红十字会条例〉暨〈施行规［细］则〉呈请鉴核文（附条例规则）》，《政府公报》1920 年第 1546 号。

示区别”[①]，由此出现了诸如“九江红十字医院”“中国红十字会建瓯分会临时医院”“中国红十字会时疫医院”“中国红十字会重庆分会常设医院”“中国红十字会蚌埠分会皖北联合救护队临时医院”等。复员时期，包括医院、诊疗所、传染病防治所、产院、急救站及其他有关医药或医护训练机构在内的诸项医药事业以分会主办为原则，“除由分会主办者应于分会衔名下冠以某种事业之名称外，凡分会与其他有关机关合作者，应并列分会及与合作机关之衔名，其下冠以合办某种事业之名称”，若有关医药事业“属于总会创办，具有历史规模及成绩，而与有关机关合作办理者应保持总会原有之名称。其有关机关之标识应居客位，得附加于门首”[②]。

从名称看，无论常设医院还是临时医院，红十字会均对其名称进行统一，不仅便于红十字会对医院进行管理，还可使中国红十字会通过医疗机构的冠名提升知名度，扩大社会影响。这些医院本着红十字会博爱恤兵的宗旨，在战时及平时积极开展各种救助工作。如在北京，中国红十字会总会依红十字会管理条例设立中国红十字会北京医院，以为“平时治疗人民疾病及造就救护人材之所”，“除平时医疗外，遇有军事、灾荒时得依总会条例第一条之规定增拨经费，担任临时后方卫生勤务及赈灾施疗救护事宜”[③]。在上海，由国立上海医学院与中国红十字会合办的中国红十字会第一医院本着“诊治疾病、救护伤兵、宣传卫生并促进医学教育”的服务宗旨[④]，积极作为，卓有成效；第三医院以博施济众为宗旨，“办理诊治病患、救护伤残等工作，对外宣传卫生，对内培育后进，以符红十字会之博爱恤兵为原则”[⑤]。在西安，“分会以一般贫民偶患疾病糊口不暇，无力医疗，日久不治，成为残废或因而毙命者不少，特设贫民病院以资救济”。

在红十字会医院运行过程中，会员大会集议通过的章程及由内政部、海军部、陆军部等机构核准备案的管理条例、施行细则是红十字会设立和管理医院工作的纲领性文件。例如，按照这些文件的规定，在人

---

① 《中华民国红十字会总会抗战期间管理各地分会医院办法》，《中国红十字会会务通讯》第1期（1941年1月），第13页。

② 《复员期间中华民国红十字会医药事业资产管理办法》，《中国红十字会月刊》第8期（1946年8月），第21页。

③ 《中国红十字会北京医院组织章程》，《政府公报》1927年第3909号。

④ 《中国红十字会第一医院章程》，第1期（1935年7月），第77—87页。

⑤ 《中国红十字会总会第三医院暂行简章》，《中国红十字会月刊》第21期（1937年3月），第43页。

事安排上，北京政府时期红十字会医院均由专门医学校毕业的医院长管理，分会医院由分会长或理事长将医院办法及职员履历报送总会核准。医院长负责保存本医院病床日志、处方录，每月要编患者统计表、病类统计表并向所属会长报告①。国民政府时期，红会所属各医院应设各职员，由各该院长报请总会核准施行②。抗战期间，分会医院设董事会，院长由分会正副会长、常务理事兼任，医员以延聘当地医师为原则，总会要求“各地分会医院应将设备状况、院长及医务人员履历及预算书，呈由总会并报请总会审核”，“每月月终应将收支状况、药品消耗数量、人事异动、工作概况列表呈报总会备查”③。相关条例在民国的红十字会章程、条令文件中还有很多，在此不做赘述。在这些条令指导下，总会及地方分会组设各医院并拟订本院规章，在人员选聘、医务管理等方面做出具体指示，并将其落实到具体实践中。

上海徐家汇红会总医院被收回自办后，中国红十字会总会总办事处特地致函总医院医务团，要求“除组织经济董事会专为赞募该院经常费外”，“敦请贵团承办本会总医院院务、医务，救济民生”④。可见，徐家汇总医院在承办医务的同时，还组织专门团队进行经费筹措，分工明确。中国红十字会南市医院、北市医院较早便在上海成立。市医院内不仅“设院监一员，经常议会认可，由董事会举任之，督率各职员办理一切院务；设医员二员，收支一员，药剂、看护、庶务、学生、工役人等随时酌要委用；各职员服务勤惰，由监院及医长随时监察之”。而且，对于住院病人的治病事宜进行严格管理，如在饮食起居上要求“住院医药饭食费等，头等每日一元，二等每日半元，三等每日二角，特别房间每日二元”，“每日诊察时间由医员按照病状随时酌定，但无论病之重轻每日至少必须诊察两次”，病人“应每七日预缴住院费一次，如住院未满七日，则已缴之费当照算退还”⑤。

中国红十字会北京医院的人事结构更趋系统，包括：院长一人，综理全院医务事务；医长若干员，承院长之命分掌医务；医员若干员，承

① 参见《中国红十字会条例施行细则》，《政府公报》1915 年第 1228 期，第 19—27 页。

② 参见《中国红十字会总会章程草案》，《中国红十字会月刊》第 1 期（1935 年 7 月），第 40—46 页。

③ 《中华民国红十字会总会抗战期间管理各地分会医院办法》，《中国红十字会会务通讯》第 1 期（1941 年 1 月），第 13 页。

④ 《中国红十字会总会办事处致徐家汇总医院医务团函》，参见池子华、崔龙健主编：《中国红十字运动史料选编（第一辑）》，合肥工业大学出版社 2014 年版，第 185 页。

⑤ 《中国红十字会市医院章程》，《中国红十字会月刊》第 5 期（1922 年 2 月），第 5—8 页。

院长暨医长之命辅助医务；看护长一员，承院长之命分掌看护事务；事务长一员，承院长之命分掌院中事务；药剂员若干员，承院长之令管理药局事项；助手看护若干人，承院长暨看护长之命助理诊疗及病室勤务；事务员视事务繁简而定，承院长暨事务长之命，帮同办理文牍、庶务、会计事项。院长由董事会推举，陈请总会聘任并报由内务、陆军、海军三部备案；其他职员由院长遴派充任，但医员、看护长、事务长及药剂员之选派须得董事会之同意并须具报总会备案。为协助医务进行而设董事会、顾问会，各司其职。董事会负责“关于院务之计划及执行事项；关于审核本院各项资产经费出纳及筹款事项；关于本院预算决算之稽核事项；关于临时发生事项”；顾问会负责“关于医务之协助合作事项；关于药械医务人员之补助事项；关于医务之提议及筹议咨询事项；关于临时发生事项”①。

上述红十字医院的相关规定明确了医院的人事组成及服务规则，既可为医院的运行提供指导，也可对医院职员、病人的行为予以约束。当然，医院运行亦存在瑕疵，例如在病房设置上，存在森严的等级，时疫医院章程即明文规定凡仆役、车夫等人虽捐款获得优待券，却不能入上等人病室，只能入三等病房。这与红十字运动平等、博爱精神背道而驰。

此外，防疫机关、时疫医院、诊疗所等其他医疗机构也均通过确立规章制度来规范机构日常运行。如 1914 年，鉴于 1913 年“秋季亢旱，雨雪未施，而赣皖宁沪喉症、红痧、天花遂以盛行”，“沪地人烟稠密，号称二兆，预防疫疠为本会唯一天职”②，中国红十字会设立防疫保赤机关，劝种牛痘，并将《中国红十字会防疫保赤机关简章》登报公布。该简章不仅规定施种牛痘的费用、时间、种痘后之饮食，且说明“二马路望平街东首中国红十字会总办事处为防疫保赤第一机关，请王陪元医生主任，沈石农君副之；天津路八十号市医院为第二机关，请郁君燕生主任；十六铺外滩中国红十字会南市医院为第三机关，请陈杰初、李达夫医生主任，江伟豪女士副之；闸北沪宁车站对面为第四机关，请□□□君主任；防疫保赤总机关请本会理事长江趋丹君主任，吴敬仲君为总稽查”③。此后，在每年春、秋两季设立防疫保赤机关和两次施种牛痘成为红十字会的定制。在疫病流行时期，中国红十字会遵照章程设立多处防

① 《中国红十字会总会致京内外各机关公函（附章程）》，《政府公报》1927 年第 3909 号。
② 《中国红十字会防疫保赤机关简章》，《新闻报》1914 年 2 月 13 日。
③ 《中国红十字会防疫保赤机关开种牛痘》，《申报》1914 年 2 月 10 日。

疫机关，聘任专人负责统筹管理和督查，既利于提高防疫保赤的工作效率和专业水平，促进红十字会医疗机构的建设，还可为推动公共医疗卫生事业的发展、防治疫病积累经验。

（三）其他机构

晚清时期，随着慈善事业发展，传统的慈善思想亦得以丰富和完善。例如，魏源在考察西方慈善事业基础上，提出“赈粥以救饥者，所以悯其死而致之生也”，“赈饥之法，莫善于散米”①。施米赈药是晚清慈善救济过程中的基本举措，以满足受难灾民的日常需求。中国红十字会诞生于清末，在时人慈善思想及社会需求的影响下，亦积极地施粥给药。至民国时期亦如此，施粥、施米成为红十字会救济社会贫弱群体的重要措施。据现有资料记载，中国红十字会除提供医疗卫生服务之外，对于医愈的伤兵难民，要么资遣返乡，要么通过设立收容所、安置所、施粥厂等救济机构，为其提供生活保障。如1918年直隶水灾，中国红十字会组织散放急赈，另设留养习工所一所，为贫民谋终身之计②；1924年江浙军兴，无锡分会成立后积极筹商在第三师范、实业学校、县立女子师范学校设立三处妇孺安置所事宜③；沪城分会“广收被灾男女老幼难民来沪，分送同仁辅元堂、慈善团、大南门外施粥厂”④。这些机构虽非常设，但也多有具体章程作为行动依据。如1918年12月，负责在岳阳办赈的红十字会干事武筱航与岳阳正绅会商，改施粥为施米，开办施粥厂，拟就厂章，提出八条规则：

（一）本厂专振岳阳城乡老弱妇孺及鳏寡孤独无力生活者，经调查确实，注册发给号牌，准其到厂领米；

（二）领米人如系残废或妇孺不能亲自来厂，应准托人持牌代领，代领人如有短少干没等弊，查出送县严惩；

（三）本厂设办两月，从阴历十一月二十日起、来年正月二十日止；

（四）每名每日发秕八合，五日到厂一领，计阴十一月二十日、二十五日；十二月十五日、二十日、二十五日、三十日，来年正月五日、十日、十五日均牌发米料，从上午八时起下午三时止；

（五）本厂执事员对于领振灾民须和言询其苦况，发米尤须公平，

① 魏源：《皇朝经世文编》，《魏源全集》，岳麓书社2004年版，第369—370页。

② 《直隶安平县官绅敬谢中国红十字会赈济电报》，《申报》1918年3月25日。

③ 《无锡红十字会积极进行》，《新闻报》1924年8月31日。

④ 《沪城红会广救浏河难民》，《申报》1924年9月13日。

各灾民亦不得聚众喧哗，任意要求；

（六）本厂分给日期借用警察二名弹压；

（七）本厂执事员除发米日期外，须常赴各灾区考察领振灾民如何度日，并有无其他弊端，以便随时整顿；

（八）本厂开办后由陈君云鉴常川驻厂经理，并酌用司事一人同夫役三名以上。

从上述厂章内容可知，施米厂属临时开办，领米者须接受资格审查并按规定时间领米；执事员不仅要发米，还要了解灾民苦况以便适时调整施米策略。这些明文规定，不仅是施米厂工作得以有序进行的保障，也是红十字会救护活动规范化的实践之一。

四、培育人才

时局不靖，人才缺乏是红十字运动深入开展的窒碍之一，为此，各种应急性的救护训练应运而生。1920 年时疫发生后，上海天津路红十字会时疫医院“因疫症尚不见平，院中亟须助手佐诊，特再致函杭州广济医学校校长梅藤耕博士托延数人”①。1922 年，赣南边境发生军事，当地分会临时招募救护队员 40 名，“教授训练，准即出发”②。抗战爆发后，1938 年 6 月，救护总队长林可胜于长沙创办战时卫生人员训练所，“分批予以战时医护防疫训练，并就地编组防疫大队分驻各战区，执行防疫工作，直

图 3－5　红十字会之看护妇

资料来源：《中华妇女界》1916 年第 6 期，第 1 页。

① 《时症消息之一斑》，《新闻报》1919 年 8 月 7 日。

② 《赣县分会来电》，参见池子华、崔龙健主编：《中国红十字运动史料选编（第一辑）》，合肥工业大学出版社 2014 年版，第 194 页。

隶于卫生署”[①]。救护总队需要救护人才时，便可委托训练所代为训练。如1939年12月，为满足救护总队战时卫生救护需求，特招卫生人员若干，包括X光技术生7人、医护助理员17人以及卫生助理员等，“委托战时卫生人员联合训练所代为训练”[②]。为了保障战时救护人才的供给，这些训练的时间短暂，但培训内容具有很强的专业性，而且从招募救护人员这一客观需求可知，培养救护人才并以之服务于红十字事业，是弥补民国尤其是抗战期间救护人才短缺的必要举措。卫训总所是抗战期间最大的医护人员培训基地，总所连同分所“共训练将近两万人，泰半服务于前方，深入各部队，具有图云关旺盛服务精神，再配合红十字会救护总队各医务队技术支援，形成一种新生力量”[③]，不仅为抗战救护事业做出巨大贡献，而且为之后新中国医疗卫生事业积累了有生力量。长远来看，无论战时与平时，开办训练班以培养救护人才，不仅可以应急，而且利于红十字队伍专业化水平的提升。

从制度层面看，培育救护人才也是有章可循。1914年《中国红十字会条例》规定中国红十字会得“造就救护人才”，在细则中又提出“养成救护及看护人才办法”，要求：总会设红十字会医学校，依教育部定章办理，但会长得酌定额数免取学费；资遣学生附学于中国国立、公立或外国医学校，其学费由本会支给；看护员之养成就本会医院行之，其学费由本会支给[④]。其中，在红十字总会所设医学校及中国国立、公立学校或外国医学校就学的学生不得中途退学，毕业后归红十字会任用，违者要求保证人赔偿各费；看护员毕业后四年之内归红会任使。此后，中国红十字会的规章虽屡经修正，但均明确提出红十字会应“造就医学人才”[⑤]“造就救护人才”[⑥]等。由此不难发现，无论是中国红十字会还是民国历届政府，均对红十字会救护人才的培育高度重视。其中，为学生提供学费，可保障学业的顺利完成，而不得退学、归会任用等强制性规定除了给学生施加压力，促其认真学习，还为保障医护人员的培养与

① 陈韬：《领导战时救护之林可胜先生》，《贵阳文史资料选辑》第22辑《红会救护总队》，第193页。

② 《中国红十字会总会救护总队部招考医务人员》，《大公报》1939年12月11日。

③ 陈韬：《领导战时救护之林可胜先生》，载《贵阳文史资料选辑》第22辑《红会救护总队》，第196页。

④ 《中国红十字会条例施行细则》，《政府公报》1915年第1228期，第19—27页。

⑤ 《中国红十字会修正章程》，《中国红十字会二十周年纪念刊·章程》1924年印行，不著页码。

⑥ 《中华民国红十字会管理条例》，《中华医学杂志（上海）》1935年第21卷第8期，第933—934页。

供应创造了可能性。

从中国红十字运动的历史进程看，围绕医学生、护士、看护士等医疗人员所开展的教育、培训工作在民国时期有条不紊地进行。

北京政府时期，中国红十字会即设有救护学校、医学校。与普通的中小学通识教育一样，红十字会所办学校也会公布学校规则，对学生入学资格、入学手续、假期、学生之义务、授课时间、校规等作严格要求，使学校的工作有章可循，但从其宗旨、课程设置等方面又可见其人道特色，富有专业化色彩。如上海中国红十字会总医院护士学校“专为女看护生而设”，“特聘欧美毕业医士教授内科、外科、妇科、产科、小儿科及临床看护等学术”，“学生入校后，先试学三月，在此期内学生可自决去留。若该生品行端正，操作勤俭，则定为正式学生而继续肄业，设于三年后而无违规旷课及考试合格者，本校则给与毕业文凭”①。北市医院所创设的救护学校“为培植救护员人材”，“请本医院医员、看护长担任教授医学上之必要学术”，“学生在本校肄业三年，考试合格，再在本会医院实地练习一年，经医长考察认可，即由本会总会给予毕业文凭，但不及格者仍须留级补习方得毕业”②。地方上，部分分会也开始开办医学专门学校，在当地培养医学人才。中国红十字会广东医学专门学校以“博采世界文明医学、造就高等完备医材，以利国福民”为宗旨，“学理”与“实习”兼备，入学者无论男女，必须品行端正、十八岁以上，“以五年为毕业期”③。

这些学校以培养医学人才为主旨，实行现代化的教学管理，引进国外先进技术和师资力量，在课程设置上具有较强的针对性，突出了医学校培养医护人才的专业功能。例如，总医院护士学校安排的课程为：“第一年，身体结构学及生理学、药性学、伦理学、看护法则、绷缠带法、英文；第二年，身体结构学及生理学、看护历史、饮食法、微菌学及验尿法、产科学、药性学及施药法要、看护法则、英文；第三年，内科学、外科学、产科学及妇科学、小儿科学、揉捏法、看护法则、英文。”从中可见，红十字学校教学中重视理论与实践相结合，重视对医

① 《上海中国红十字会总医院护士学校章程》，《中国红十字会月刊》第 12 期（1922 年 10 月），第 25—28 页。

② 《中国红十字会救护学校暂行章程》，《中国红十字会月刊》第 6 期（1922 年 3 月），第 15—17 页。

③ 《中国红十字会广东医学专门学校章程》，《中国红十字会月刊》第 14 期（1922 年 12 月），第 15—24 页。

护人才的培养，而对英文的学习则提升了国人学习西方医学知识的能力。

在生源方面，1930 年，全国会员大会决议总会护士学校“六十名学生中，分四十名由分会保送，二十名在沪招考”①，这一生源的变化，近似于总会为分会培养医护人才，为学生毕业后返回原分会所在地工作或服务提供了一定的保障。成立于北京政府时期的中国红十字会第一医院附设的护士学校历经沿革，至国民政府时期，“以教授看护学理及技能，藉以造就高等护士为宗旨”，“学程分试习期及肄业期二期，最初六个月为试习期，后三年为肄业期共计三年六个月卒业”，对学生入学、课程、上课及实习规则、寝室及膳堂规则、病假规则、休假请假规则、会客规则及入学志愿书、保证书等②均有明确规定。

红十字会开办的学校，面向普通大众招生，如上海总医院护士学校要求“年龄须在十八岁以上而未出嫁者或寡妇、身家清白品行端正、具有中学相当之程度、身体康健而无嗜好者”③；抗战时期的救护学校要求“来校肄业学生之程度，至少须高等小学毕业，曾读过英文一二年，年在十六岁以上二十岁以下，体格健全，身家清白，性情温善，志愿服务社会者”④。这些招生要求至少说明：首先，其招收对象没有身份地位之别，凡符合条件者均可报名，这就为出身卑微的贫困群体创造了提升自我能力、实现自我价值的机会；其次，这种严格、公开的招生方式为民众创造了参与红十字事业的机会，让博爱思想深入人心。另外，对学历提出要求，可保障教学活动的顺利开展和学员对知识技能的及时吸收与掌握。而且从社会治理的角度看，一位积极的公民会主动参与公共事务，乐意与他人建立友好关系；会认为在一个互助的体系中，帮助别人就是帮助自己。由此说来，接受民众入读红十字救护学校，让其有机会参与红十字事业，不仅利于红十字运动深入民间，实现大众化、普及化，也为缓和社会矛盾、解决人际冲突创造了条件。

随着中日关系的日益紧张，尤其是抗战爆发后，救护人才稀缺日

---

① 《红十字会续开大会记》，《申报》1930 年 4 月 23 日。

② 《中国红十字会第一医院护士女学校章程》，《中国红十字会月刊》第 6 期（1935 年 12 月），第 25—37 页。

③ 《上海中国红十字会总医院护士学校章程》，《中国红十字会月刊》第 12 期（1922 年 10 月），第 25—28 页。

④ 《中国红十字会救护学校暂行章程》，《中国红十字会月刊》第 6 期（1922 年 3 月），第 15—17 页。

亟，招聘医师、护士的广告随处可见。如1938年红十字会需医师、护士、医护助理员多人，为此通告“凡在医学院内或专门学校、护士学校毕业或肄业者以及曾在医院服务有医护助理经验者，持有证明文件并愿参加本会救护工作，不分性别，自即日起可来汉口怡和街一号本会报告登记，受训四星期后，即予分派工作”①。而与医学专科学校的系统化培养相比，抗战期间中国红十字会救护委员会开设救护培训班多属于应急阶段的人才培育方式，“训练宗旨系灌输相当救护技术以备国家非常时期之需”②，学习战时外科学、简易实验诊断术、简易药剂学、实用护病术、防毒常识、担架术等；同时又出台《中国红十字会总会救护委员会训练班细则》《中国红十字会总会救护训练班简章》《中国红十字会救护训练班通则》等一系列规章，团体、个人均被允可参与培训；从训练班细则来看，“凡请求训练者须先行报名，填具志愿书送会审核”，“训练费须于报名时一次缴清，非缴清训练费后不得上课，中途退学亦不发还”③，医学校学生由该校训练，不收训练费。及至战后，红十字会分会仍主张“开设各种卫生常识训练班、救护常识训练班，召集青年予以短期训练，作储育救护人员之用”④。

除了引进西方的医学技术，中国红十字会还响应万国红十字会号召，遴选高等人才赴国外研究公共卫生，以便为国内医疗卫生事业服务。1927年选派“海格路德医院优等护士殷粹和女士，克日放洋，驰赴伦敦”，与各国所派之高等护士共同肄业，并于课余、年假期间赴英、法、比、美、加拿大诸国考察，学习他国的公共卫生经验；次年回国充任红十字会“总医院公共卫生科护士长，悉心进行公共卫生之组织，以副时势之需要”⑤。此后，积极培养高等医护人才，借鉴国外经验，派员留学、考察或进修在红十字会规章中屡见不鲜，成为定制。

抗战期间，救护总队部拟定各级医事人员进修办法，指出“凡在该部服务满三年，最后二次成绩分数均满八十分以上之医事人员，均可得

① 《中华民国红十字会总会救护委员会征求医师护士医护助理通告》，《大公报》1938年9月26日。

② 《中国红十字会救护训练班通则》，《中国红十字会月刊》第19期（1937年），第56—57页。

③ 《中国红十字会总会救护委员会训练班细则》，《中国红十字会月刊》第13期（1936年7月），第72—73页。

④ 《复员期间中华民国红十字会分会工作纲要》，参见中国红十字会总会编：《中国红十字会历史资料选编，1904—1949》，南京大学出版社1993年版，第247页。

⑤ 《红十字会遣赴英国留学之殷女士返国》，《新闻报》1928年11月1日。

赴国内外医务机关或学习进修”，其选派对象以医师、药铺护士、助产士为限，“进修处所以本会重庆医院总院、分院、其他公立医院以及有关各卫生人员训练所班为限。其年资悠久、成绩优异者，并得保送国外进修”，“保荐进修人员每医疗大队（或单位）每次最多为二人，此项进修人员甄审选送得每年办理一次”，进修时间以6个月为限，“进修人员进修期满后，应继续仍在本部服务两年。凡服务期限未满而离职者，得按进修期间本部给予一切待遇之两倍赔偿。其有特殊情节而经本部查明核准者，不受此限制”[①]。根据此办法，总会又订定《中华民国红十字会总会救护总队部医事人员国外进修及考察选送暂行办法》，进一步明确进修或考察人员须为“在本部继续服务五年以上之现任医师护士，最后三年考绩分数均在八十分以上，并未受过惩戒”，并达到“对于所任工作有特殊表现”，“具有专门学识，堪深造者”，及“品性优良”“体格健全”“通晓该国文字”等要求。每年两人，进修学科得就医学及护理范围内选拟，“进修期间暂定为二年，考察期间暂定为一年”，“进修或考察期满后，仍回本部继续服务至少三年；凡进修考察或服务期限未满，中途离职者，追偿进修或考察期间本部所给予一切费用，但经总队长核准者不在此限”[②]。将两份文件比照可发现，救护总队部医事人员赴海外进修或考察的选拔标准提高了，而且对所修学科有硬性要求，反映出了红十字会对医学人才的需求。另外，回国服务期限延长，是挽留人才的必要举措，一定程度上可保障战时医学人才及专业医术的供给。

1946年8月，中国红十字会又出台《中华民国红十字会总会选送国外考察及进修人员暂行办法》，与战时相比，其不同之处在于：一是确定国外考察或进修之人员须为在总会继续服务五年以上之现任人员、前后三年考绩分数均在八十分以上且未受过惩戒；二是考察及进修“以学习与红十字会业务有关之学科为限”；三是“凡考察国外红十字会设施之人员得优先选送，每年总额暂定二至四人”；四是“考

① 《中华民国红十字会救护总队部各级医事人员进修暂行办法》，《中国红十字会会务通讯》第26期（1944年3月），第17—18页。

② 《中华民国红十字会总会救护总队部医事人员国外进修及考察选送暂行办法》，参见贵阳市档案馆编：《战地红十字——中国红十字会救护总队抗战实录》，贵州人民出版社2009年版，第471页。

察期间暂定为半年，进修期间暂定为一年”①。战后的选送办法显然是对战时医事人员选送办法的继承与调整，进修、考察期限均有缩短，选拔条件更为严苛。

综上所述，中国红十字会按照工作业绩优异与否选派职员或医事人员出国进行考察、进修，可鼓励职员积极进取，以期获得选派机会，而且将学科范围限于与红十字事业相关并要求进修者回国服务一定期限，这些为中国红十字事业的发展及专业人员素质的提升开辟了新的路径。

总体上看，民国时期中国红十字会培育人才不仅重视传输基本知识，而且对学生有实习要求，强调技能培训；不仅有专科学校的人才培养，还有特殊时期的应急培训，以满足现时的需求。知识与技能结合、平时与战时结合、国内医学与国外医学结合，由此构成了一个相对专业化的红十字人才培训体系。

五、材料储备

材料的储备与供应是红十字会工作能否顺利进行的重要因素，在战时或紧急灾害发生时，材料的种类、数额、运输乃至人员对材料的配送能力更是直接影响红十字会的救护工作满足人道需求的程度。早在20世纪20年代初，万国红十字联合会组织大纲就曾提出，“各国之红十字分会应设立一特别机关，预备粮料及救济物品，包裹整齐，以便随时分送各处。在此机关之人员务须曾受教育及训练，以备随时差遣往各处，从事救济”②。就中国而言，预备救护材料的工作贯穿民国时期中国红十字运动始终，无论南京临时政府、北京政府时期还是南京国民政府时期，红十字会立法都强调预备救护材料的必要性并对材料类别予以区分。如1915年的《中国红十字会条例施行细则》将救护材料分为三种：“一、卫生材料，如器械、药品、滋养品、治疗用消耗品、病者被服寝具及病者运搬用具均属之；二、普通材料，如事务用品、被服、帐棚、食器、庖厨用品及杂品均属之。三、赈济材料，如棉衣、粮食、棺具等均属之。”这些救护材料由总、分会协商分担储备，会长在每预算年度

---

① 《中华民国红十字会总会选送国外考察及进修人员暂行办法》，《中国红十字会月刊》第8期（1946年8月），第19—20页。

② 《万国红十字会联合会之新计划》，《中国红十字月刊》第28期（1924年2月），第1—4页。

开始之日将本会前年度及本年度各分担之数报告内务、陆军及海军三部[1]。此后，《中国红十字会修正章程》沿用了该分类方法，提出“一、卫生材料，如器械、药品、滋养品、治疗用消耗品、病者被服寝具、运搬用具属之；二、普通材料，如事务用品、被服、帐篷、食器及杂品属之；三、赈济材料，如衣服、粮食、棺具等属之”。战时随军救护人员需要房屋、粮食、船车、马匹，须陈请军事长官就地拨给之；灾害时救护人员需要房屋、船车，则须陈请地方官厅拨给之[2]。这些条令对材料进行合理分类，为民国时期尤其是战时状态下红十字会材料储备工作的制度化奠定了基础，而在抗战时期，红十字会对材料购置与供应的规定愈加严格。

抗战时期，中国红十字会救护总队部材料股接收中央救护事业总管理处的药品器材[3]，成为战地救护医药器材的供应中心。材料供应有三方面工作：（1）材料的输入与装运；（2）内地材料的转运（材料输至内地）；（3）材料的制备、分发与保管。设立材料股并明确材料供应职责，使战时的材料管理工作有的放矢。其中，第一项工作在香港沦陷前，由香港总办事处负责，所有来自国外的材料均由总办事处负责装运[4]。除了供应，与材料相关的工作还包括分配、购置、保管等等，红会对此均有详细规定。如“为统一各处属采购一切所需材料用品”，中国红十字会香港办事处设立购料委员会，设委员3～5人、秘书1人、干事3人，秉承会长、理监事会的指示，接受各处属采购国内外各种需用物品的审查、评价、采购事宜[5]。随后，红会颁布总会购置物品办法，将购置物品分为两类，即向国外购置与在国内购置。“在国内购置物品价值在二百元以下者，由秘书长或各处属主管人员在核准预算中核定采购之；二百元以上者，将物品名称、数量、金额、品质牌号等列表申请购料委员会代办之。向国外购买者（包括香港在内），一律申请购料委员会办理之”，“各处属请购料委员会购置物品，不得超过各该处属预算购置经费之外，对于请购物品得有指定合乎何种需要，不得易以代用品

① 《中国红十字会条例施行细则》，《政府公报》1915年第1228期，第19—27页。

② 《中国红十字会修正章程》，《中国红十字会二十周年纪念刊·章程》1924年印行，不著页码。

③ 《总会救护委员会第二次报告》，《救护总队档案》，档号40-3-60。

④ 参见戴斌武：《抗战时期中国红十字会救护总队研究》，天津古籍出版社2012年版，第161页。

⑤ 《中华民国红十字会总会购料委员会组织规程》，《中国红十字会月刊》第55期（1940年1月），第190—191页。

之权，并可向购料委员会介绍出品厂肆或声明对于该项代购物品需要之意见”，“急需物品得请购料委员会限期办理”[①]。中国红十字会成立购料委员会，设立专职人员处理国内外购料事宜，从某种程度上说，利于购料工作有条不紊地进行；设定预算、指定需求、急需用品限期办理等要求，既可避免材料的盲目购置，又可提高紧急状态下的材料供应效率，保障材料及时供应。

中国红十字会秉持博爱宗旨，开展战地救护、灾荒救济以及社会服务诸项工作，设立救援队、时疫医院、施粥厂等救助机构，为民国时期社会慈善事业的发展做出了重要贡献；而其开展的救护培训工作，培养了大量医疗人才，不仅缓解了民国时期救护人才紧缺的问题，而且形成了系统的教育培训规则；另外，对救护材料的储备、购置工作，则是红十字会救护管理规范化的写照。总之，红十字会人道救助过程中所形成的这些约定俗称的传统惯例及法律规范，成为中国红十字会制度建设不可或缺的一部分，促进了中国救灾制度的丰富和发展，可为今天的救灾防疫提供有益借鉴。

第三节　标志使用

对于任何一个社会团体而言，标志是其展示和树立自身社会形象的重要工具。关于红十字会标志的使用，有学者曾指出，“有效保护标志使用，很大程度上依赖于国家立法和法院判决，因为国家才是履行公约条款的主体”[②]。作为一个国际组织，红十字会有自己的标志和符号，“红十字虽非基督教记号，而回教各国如土耳其、埃及及以来克诸国皆用红半月形之记号，波斯国用一红狮及太阳，远东诸国（中国、日本、暹罗、印度）皆用此红十字，苏维埃联邦之红十字及红半月会（此会已承认为一会），共用十字及半月形”[③]。红十字运动虽是国际性组织，但各国红十字标志又因该国的特殊情况或文化环境而有所区别。

---

① 《中华民国红十字会总会购置物品暂行办法》，《中国红十字会月刊》第 55 期（1940 年 1 月），第 191—192 页。

② Habib Slim, Protection of the Red Cross and Red Crescent Emblems and the Repression of Misuse, International Review of the Red Cross, No. 272, 1989, p. 430.

③ 《白郎先生致送本会之备忘录》，《中国红十字会月刊》第 1 期（1935 年 7 月），第 135—141 页。

就中国而言，不同时期的标志也会有所区别。民国初期的《中国红十字会章程》规定："本会旗帜、袖章均用白地红十字为识。"但与晚清初创时"于红十字旁加花纹"不同，民国时中国红十字会"改用嘉禾，藉合于国徽"。

在标志使用方面，万国红十字会一向订有严禁违用红十字旗帜和袖章的条例，"凡红十字会公产及输运红十字救护队应用药料器械等件之时并为红十字会服务时等外，概不得挂用红十字旗。即红会会长及上级职员之各种私产上，亦不得挂用红十字旗[①]……除为红十字会服务之人员外，别人不得乱用红十字袖章……凡有一切商标或为发展商业起见冒用红十字样者，倘经查出，则重罚不贷"[②]。晚清时期，中国红十字会便有商标使用红十字之利害说："此项徽章若使商号标记可以借用，恐致习而生玩，英日虽未颁布，我能订定在先，尤可为我律完全之证据。"[③]并建议将所有滥用红十字徽章的罚则酌量纳入新编刑律。不言而喻，红十字会标志被广泛用于红十字运动实践中，对其使用状况进行统一规范，是红十字会维护自身形象的必要举措。

一、衣帽服制

服装的制度化是慈善事业现代化的重要标志，也是组织内部致力于统一管理的表现。日本红十字会要求其看护妇在"病院勤务中，当冠本会制定之看护帽，着看护衣（除襟章），于胸间附着笃志看护妇人会员之记章"[④]。中国红十字会仿效日本，对救护队服装严格管理，规定非救护时不准穿用[⑤]。

北京政府时期，在开展战地救护过程中，相关法律对红十字会救护队服装样式无具体说明，视陆军部、海军部协商核定[⑥]，而且参照总会服制帽制，分会组织救护队服式、帽式"照总会会长及各员各降一

① 若此项私产有急用时，转借与红十字会公用，则不在此例。

② 《红十字会禁用条例之通知》，《锡报》1924年9月6日。

③ 《商标禁用红十字一事当由本馆编入新律由》，（台北）"中央研究院"近代史研究所馆藏档案，档号02-13-026-02-041。

④ ［日］川俣馨一著，池子华、郭进萍译：《日本红十字运动史》，合肥工业大学出版社2015年版，第176页。

⑤ 《红十字会函请查禁挨户派捐》，《大公报》1928年4月10日。

⑥ 《中国红十字会条例》，《申报》1914年9月29日。

级”[①]。总体看，不同救护队服装着色或有不同，但已基本实现着装的统一，以黄色、白色为主。1914 年胶东兵灾救护过程中，救护队员统一着黄色制服，臂系红十字袖章，以帽上金线之道数及阔狭为区别，执证书，悬救护记章[②]。1922 年“粤赣交兵，大军云集”之际，吉安分会筹备救护过程中，职员暨各役制帽均采用红十字帽章，用白底红十字袖章并加盖本会图记以为标志；职员制服采用土黄色线布，救护役使用白竹布褂裤，掩埋役则用白洋布背搭半节裤[③]。1922 年底，为便利救护起见，上海总办事处特设马路救护队。该救护队“特备自由车多辆，无论医士队员，均穿制服”[④]。1923 年临城劫案中，红十字会救护队的队员计 11 人，均穿黄色制服[⑤]。1924 年渠县分会组织救护队出发战地时，各职员制服用白色线布；袖章用白底红十字，加盖正式图记并编列号码；掩埋队役制服胸背有图形白底红十字标记[⑥]。

南京国民政府加强对红十字会的管制，红十字会服制“由总会呈请军政部、海军部协商核定”[⑦]。1935 年，军政部、海军部会同核定救护队服装，采用中山装样式，借鉴英式男装设计，在颜色上分夏冬两款，“夏季用草黄色，国货哔叽或斜纹布；冬季用土黄色，国货呢；差役冬夏季用黑色及蓝色国货布”[⑧]。中山装是西式服装中国化过程中一道独特的风景[⑨]，其贴合人体结构的服装样式不仅便于红十字会人员灵活方便地走动，也是中国红十字会融入国际发展轨道的体现。在战时状态下，救护队制服尤倡清洁卫生、整齐一致，刘鸿生将章华呢绒纺织公司出品的呢料捐出，以备为总会职员制作制服。抗战期间，救护总队医护人员夏装、冬

① 《福建浦城分会组织救护队之往来函电》，参见池子华、崔龙健主编：《中国红十字运动史料选编（第一辑）》，合肥工业大学出版社 2014 年版，第 288 页。

② 《红十字会医队出发》，《申报》1914 年 9 月 13 日。

③ 《吉安分会救护报告》，参见池子华、崔龙健主编：《中国红十字运动史料选编（第一辑）》，合肥工业大学出版社 2014 年版，第 204 页。

④ 《红会马路救护队之成绩》，《申报》1922 年 12 月 14 日。

⑤ 《沪上营救临城被掳人昨讯（节录）》，《新闻报》1923 年 5 月 28 日。

⑥ 《万国缔盟中国红十字会渠县分会请各军保护救护队通函》，《中国红十字会月刊》第 27 期（1924 年 1 月），第 33—36 页。

⑦ 《中华民国红十字会管理条例》，《中华医学杂志（上海）》1933 年第 19 卷第 3 期，第 491—492 页。

⑧ 《中国红十字会救护队服装定式》，《中国红十字会月刊》第 55 期（1940 年 1 月），第 145—146 页。

⑨ 李旭：《简述民国服制变革及对当代着装制度建立的影响》，《科学导报》2015 年第 3 期。

装免费供应[1]，救护总队各级工作人员每年可发棉大衣1件、制服2套、制帽1顶[2]，夏装有黄卡其布制服、蓝卡其布制服，还有罗斯福制服。这些服装都有特制的红十字扣子，再加一顶船形帽子，特色鲜明，“穿戴着它颇有精神，人们对之十分羡慕，也给大家带来欣慰”[3]。

红十字会对职员的制服穿戴及订制也多有讲究，而抗战时期的要求尤为具体。例如，自1935年11月服装定式后，总、分会各职员在戴帽方面，帽袖金线以职位不同而有区别，“总会正副会长均阔线三道，理监事均二阔一狭，队长副队长均一阔一狭，其余各员均一阔。分会正副会长均用线一阔一狭，理监事均用线二狭，队长副队长均用线一阔，其余各员均用线一狭。以上阔线宽度一公分，狭线五公厘”[4]；医防服务队“各级人员在工作时间，须着规定制服、佩带证章，公余外出须整肃仪容，勿涉非行”[5]。1943年3月，《中华民国红十字会总会制服处理规则》经会长核定施行[6]。红十字会总会每年向各级工作人员分发棉大衣1件、制服2套、制帽1顶，救护总队部所属由贵阳制发，其他分驻各地的所属各单位制服统一由总会缝制就绪，分运转发。在衣服尺寸上，在渝、在筑的工作人员制服尺度由就近工匠度量裁制，其他分驻各地的人员则在总会先期印发的尺寸表上自行填明尺寸，再行报告总会，由总会凭表缝制。所发制服式样、件数有统一规定，不得擅自改制或增减，不准单独请领布料缝制，变卖制服者以盗卖公物论处。制服因天灾人祸、人力不能抵抗因素而损毁后，应申述原因，连同证件报请核明补发；因不小心而遗失，则不予补发，但经呈准照缴工料费者仍可补发。制服发放须收取一定制服费。据统计，救护总队工作人员1938年每人制服费为夏季制服9.85元，冬季制服23.15元，总计33元；1939年每人制服费为夏季

---

① 沈新路：《回忆抗日战争时期的救护队总部》，参见贵阳市政协文史资料研究委员会编：《贵阳文史资料选辑》第22辑，遵义市人民印刷厂1987年印行，第61页。

② 《中国红十字会总会制服处理规则》，《中国红十字会会务通讯》第17期（1943年6月），第40—41页。

③ 沈新路：《回忆抗日战争时期的救护队总部》，参见贵阳市政协文史资料研究委员会编：《贵阳文史资料选辑》第22辑，遵义市人民印刷厂1987年印行，第61页。

④ 《中国红十字会救护队服装定式》，《中国红十字会月刊》第55期（1940年1月），第145—146页。

⑤ 《中华民国红十字会总会医防服务队服务人员服务通则》，《中国红十字会会务通讯》第10期（1942年9月），第97—98页。

⑥ 《中华民国红十字会总会制服处理规则》，《中国红十字会会务通讯》第17期（1943年6月），第40—41页。

制服17.91元，冬季制服29.96元，总计47.87元[①]。工作人员呈准辞职或因故退职时，应将所领制服全部缴还，服务满一年以上则予免缴；服务不满一年而无法缴还者，应赔偿现金，并按照市价折算后从薪给内扣除或向保证人追缴。

对于各附属机构人员，红十字会对其着装要求则另有规定且多自备。上海中国红十字会总医院护士学校专收女看护，由学校提供校服，要求学生入学自带衬衫裤六副，袜六双，黑软底鞋子四双[②]。中国红十字会第一医院护士女校要求实习生“上班时衣履整洁朴实为主，须穿制服并遵守护士会所规定，勿着高跟鞋，冬季黑鞋黑袜，夏季白鞋白袜”[③]。中国红十字会第一医院附设高级护士职业学校学生的校服与制服式样均由学校自定。校服方面，外出时所穿之校服分为两种：春秋冬季为蓝色大象布，夏季校服须一律白色。而在校上课及实习时所穿的制服也分两种情况：“（甲）试读生制服自备，其式样及质料由本校规定；（乙）正式生制服由学校供给一次，此后如有破坏，须另行添制时，皆由学生自理。”[④]

统一服制，一方面，是中国红十字会规范管理的一大进步；但另一方面，中国红十字会制帽按级别佩戴，也透露出了中国红十字运动中的官阶和等级意识。

二、徽章旗帜等标志

作为一个社会团体，红十字会有自己的旗帜、徽章、臂章、凭证，配以特有的标志。凡此种种，和红十字会员着装一样，均是红十字会的身份象征。例如中国红十字运动中，会员须佩戴徽章，但不同等级会员的徽章亦有所区别（见图3-6）。

国际红十字运动中，规范红十字标志是红十字大会重要议题。如1863年10月26日，万国红十字联合会如期召开，要求“义勇、救护人

① 《总会救护总队部第四次报告》，《救护总队档案》，档号M116-15。

② 《上海中国红十字会总医院护士学校章程》，《中国红十字会月刊》第12期（1922年10月），第25—28页。

③ 《中国红十字会第一医院护士女学校章程》，《中国红十字会月刊》第6期（1935年12月），第25—37页。

④ 《中国红十字会第一医院附设高级护士职业学校章程》，《中国红十字会月刊》第55期（1940年1月），第121—124页。

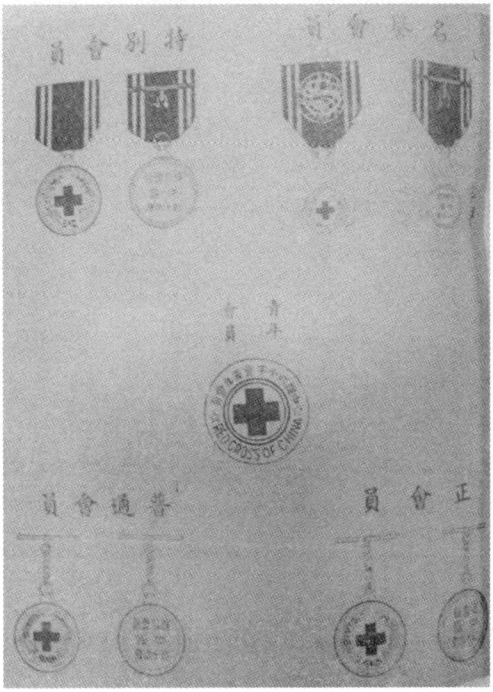

图 3-6　中国红十字会五级会员徽章图式

资料来源：中国红十字会总会编：《中国红十字会历史资料选编，1904—1949》，南京大学出版社 1993 年版，第 222 页。

无论系属何国，均用同一徽标，白色袖巾之上钉红十字为记”①。作为国际红十字运动的一员，参照国际红十字条约，清末由沈敦和等人酌拟之《中国红十字会试办章程》即提及中国红十字会使用白底红十字旗，“在会人员衣袖各缀白地红十字以为标识”（见图 3-7）；又“参酌日本等国会章，制备双龙嵌十字勋章，第一等金质，第二等银质，第三等铜质，均配用相称色带，拟定字样，并给发勋章凭照章程，呈请会长核明，请旨敕部核定，饬会制备通行”②。

至民国时期，中国红十字会徽章、旗帜、图记、执照等标志的使用进一步规范。

---

① 《万国红十字联合会规约》（译文），《中国红十字会二十周年纪念刊·条约》1924 年印行，不著页码。

② 《本会开创时之奏折（二）》，参见池子华、崔龙健主编：《中国红十字运动史料选编（第一辑）》，合肥工业大学出版社 2014 年版，第 88 页。

图 3－7　中国红十字会标志

资料来源：中国红十字会总会编：《中国红十字会历史资料选编，1904—1949》，南京大学出版社 1993 年版，第 221 页。

其一，佩戴袖章、领章或臂章等。1912 年《中国红十字会章程》和《中国红十字会分会章程》分别规定，“名誉会员、特别会员、正会员均得本会会员佩章，各称其位”，分会“所用旗帜、袖章均由中国红十字会总会给发本分会，须尽力禁阻滥用”。1920 年《中国红十字会条例施行细则》修正后，申明会员均得佩戴本会徽章，但不得以会员名义在外招摇。1922 年红会章程修正后，亦规定“本会旗帜、袖章及各种标记得用白地红十字”，会员得佩戴红十字会徽章，且会员徽章及凭照均由上海总办事处发给[①]；“分会应用图记、印旗、免费电报、执照及救护时需要各物品，均由本会总办事处发给”[②]。

随着政府监管的加强，1935 年救护队服装样式确定后，要求“左上膊缠佩白地红十字臂章，按照《日来弗公约》，应呈由高级军事长官盖印”；“帽用空军式帽章，用青天白日之国徽，直径三公分五”；领章用

① 《中国红十字会修正章程》，《中国红十字会二十周年纪念刊 · 章程》1924 年印行，不著页码。

② 《中国红十字会分会通则》，《中国红十字会二十周年纪念刊 · 分会》1924 年印行，不著页码。

"白地红十字圆形章，直径二公分五"；符号则用长五公分、宽九公分的白色绸布，中央盖会长小章，缝于左上方衣袋之直上，边缘队员绸布用绿色，差役不着色[①]。红会人员出发战地，均须佩戴此项臂章。若发现无军政部盖印，将予以严格取缔。1937 年，为防止战乱时期奸人冒用证章妨碍军务、防止破坏红十字会信誉以及规范对救护人员的管理，中国红十字会特重订救护证章条例，对职员使用证章的要求更为具体、严格。该条例要求救护人员一律填具志愿书且声明不参与本会宗旨以外的一切工作，经红会派定职务后发给臂章及职员证书，内贴本人照片，注明个人职务。在臂章及证书的使用上，租界以内的救护人员无须佩戴臂章，职员证书上加盖英法工部局印章，遇盘诘时可交验以证明其身份；租界以外的工作人员均须佩戴军政部盖印的臂章，并交验职员证书，"无职员证书或该证书已失效时，仅用臂章者不生效力"；"服务人员如无外勤时，应将所领臂章及证书交会保管，俟因公外出时再行领用，其他重大任务当另行填给护照"。对于总会职员，1943 年 3 月总会订定证章规则，经会长核准施行。"职员办理报到手续后，得领用本会职员证章"，"职员离职时，应将证章缴还。否则停发最后一个月之薪给"[②]。证章不得借予他人佩戴，若因转借证章而发生事端，概由转借人负责。证章遗失时，须登报声明作废，并扣罚半月的薪金才能呈请补发。证章保管不妥将受一定的惩罚，对职员而言是一种督促方式，提醒其保管好个人证章。

其二，使用图记、凭照或证书。按照国际红十字条约的规定，红十字记章"应依该管陆军官长之允许，用在关系卫生勤务之旗帜及执事人等臂章并一切材料之上"，而且"凡属白地红十字记章及红十字并日来弗十字称号，不问平时、战时，非本条约所书明享有保护利益之移动及固定卫生机关及其人员、材料，则不得滥用"[③]。红十字会记章、袖章须与图章配合使用，凡用红十字记章、袖章，"非有本会图章者，一律作为无效"[④]。1920 年，陆、海军等部共同修改条例，"总会自制图记由会

① 《中国红十字会救护队服装定式》，《中国红十字会月刊》第 55 期（1940 年 1 月），第 145—146 页。

② 《中华民国红十字会总会职员领用证章规则》，《中国红十字会会务通讯》第 17 期（1943 年 6 月），第 44 页。

③ 《红十字条约解释》，《中国红十字会二十周年纪念刊·条约》1924 年印行，不著页码。

④ 《中国红十字会临时通告三》，《申报》1913 年 7 月 25 日。

长陈请内务、陆军、海军三部备案后启用之，分会执照及图记由总会颁发”①。分会成立及出发救护队，均须盖印总会颁发之图记。而依照1922年11月红十字会发布的一则通告，杨晟副会长驻上海总办事处执行会务，自应刊刻关防，以示郑重而昭信守，于该年9月1日启用。这些条令为红十字会关防图记的合法使用提供了依据。1924年，渠县分会赴战地救护，携带红十字会救护、掩埋各帜及各职员所佩红十字袖章，俱盖有总会颁发图记，文曰“中国红十字会渠县分会图记”②。1937年1月，总会呈文卫生署提出“本会、分会图记应否由会另行刊发”的问题，卫生署继而制定《中华民国红十字会总会及各地分会关防图记刊发办法》，规定中华民国红十字会总会关防由卫生署刊发，各地分会发木质图记由总会刊发之并拓具印模编号呈报卫生署备案，要求该办法施行后各地分会图记限六个月内一律换发完竣。按照卫生署所制印模，总会关防木质，文曰“中华民国红十字会总会关防”，分会图记文刻“中国红十字会某某县（市）分会”字样，总会关防呈送卫生署销毁，分会图记呈送总会销毁③。总会所发臂章由总会加盖关防，分会所发臂章由分会加盖图记，救护委员会臂章要加盖救护委员会印章，“以资区别而重责任”④。

其三，悬挂红十字旗帜。“红十字旗为特别之标识，如随便用之，法律、道德两所不许。”⑤ 国际红十字条约规定，“为敬志拯救伤病之善举发起于瑞士国，故其以瑞士国旗易白地以红十字为军队卫生勤务之特别记章”，“所应尊重之移动及固定之卫生机关非经陆军官长允准者，不得升挂本条约所定之记章旗，记章旗应与各该机关所属交战国之国旗同时升挂。但陷在敌权内之移动卫生机关，于其所处地位，除红十字旗外，不得升挂其他国旗”⑥。在国际海战中，无论是交战国军用病院船、个人或公团置备病院船，还是中立国个人或公认善会所置病院船，“均

① 《呈：内务总长田文烈、陆军总长靳云鹏、海军总长萨镇冰呈大总统为修改〈中国红十字会条例〉暨〈施行规［细］则〉呈请鉴核文（附条例规则）》，《政府公报》1920年第1546期，第12—21页。

② 《万国缔盟中国红十字会渠县分会请各军保护救护队通函》，《中国红十字会月刊》第27期（1924年1月），第33—36页。

③ 《卫生署批　总字第一八五八号》，《中国红十字会月刊》第24期（1937年6月），第56页。

④ 《中国红十字会救护证章暂行条例》，《中国红十字会月刊》第28期（1937年10月），第53—54页。

⑤ 《社务旬报：杭州各病院多挂红十字旗》，《三三医报》1924年第2卷第9期，第2页。

⑥ 《红十字条约解释》，《中国红十字会二十周年纪念刊·条约》1924年印行，不著页码。

图 3 - 8　红十字会队员及其旗帜

资料来源：《第三巡回救护队之工作忙》，《古北口回忆》1933 年 11 月，第 43 页。

揭其本国国旗及日来弗约中所定之白底红十字旗”①。循照国际惯例，中国红十字会使用白底红十字旗，分会旗帜由总会发给。1922 年会员大会通过的各项章程即规定“本会旗帜、袖章及各种标记，得用白地红十字”，“分会应用图记、印旗、免费电报、执照及救护时需要各物品，均由本会总办事处发给”。此外，旗帜有大小之分。1924 年，天津分会出发战地，所携旗帜中，制备大二十面、中五十面、小二百面，送请陆军部盖印②。除了总、分会，红十字会医院、救护队驻地均须悬挂红十字旗，红十字旗在战地、灾区随风飘扬。诚如时人所编红十字旗歌：“一滴一滴灾民血，鲜红十字浑无别。红旗之下诉灾魂，何堪庆此双十节。大风狂暴水波扬，山洪海浪来汤汤。飓风到处成灾害，十字旗开救护忙。潮汕飓风浙温水，红旗救护遥飞至。”③ 红十字旗帜是红十字会的象征，红十字机构所在、人员所至之处，便有红十字旗飘扬。如 1934 年

① 《日来弗红十字约推行于海战条约》，《中国红十字会二十周年纪念刊·条约》1924 年印行，不著页码。

② 《红会筹备后方医院忙》，《大公报》1924 年 9 月 28 日。

③ 《中国红十字旗歌》，《中国红十字会二十周年纪念刊·文苑》1924 年印行，不著页码。

在全国会员大会的会场，“大门悬有党国旗及‘中国红十字会第一次全国会员代表大会’白布横幅，会场内台中悬有总理遗像，党国旗交叉两旁”，会场“正中悬万国旗成十字形，会场四周遍悬红十字白布旗”[①]。全面抗战爆发后，红十字会救护队对旗帜的使用规范更加细化。红十字会卡车、坐车在租界以内行驶时须在车前粘贴车证[②]，一律不再使用旗帜，但在战区行驶时得酌量使用小旗。大旗只可用于内地办公处所或医院、收容所等。

通常而言，为便于在战地救护过程中红十字会与其他团体及其成员进行区分，红十字会救护队会在驻地悬挂红旗，其成员会佩戴袖章，一应准备齐全。佩戴各种标志是红十字会人员保障自身安全的方式之一。20世纪20年代，因地方战事频发，红十字会申请军队保护的函电不断出现，函电中明确指出红十字会人员所佩戴的标志。如1922年5月，赣州分会在恳请地方军队保护时，即称“分会病院、救济会驻在地皆悬红十字旗，医员、办事员左腕系红十字袖章，均盖有分会图记。恳请转电双方，通饬前方各军队知照保护，以免混淆，是所切祷”[③]。民国时期，中国红十字会参照国际红十字条约，沿用白底红十字标志，对记章、图记、旗帜等物件样式、使用权限进行区别，是红十字会管理正规化、具体化的表现，可对会员安全及其人道活动的开展起保护作用。但我们也看到，虽然相关法令提出禁止滥用标志，但仍有不良分子冒用之事屡禁不止，对冒用、滥用标志行为的惩戒方法则鲜有具体说明，可见制度的约束力略显薄弱。

综上所述，民国时期的中国红十字会在遵循国家根本大法的基础上，制定本会章程，并在实践中不断完善，基本构建起了红十字事业发展的法制框架；其制度建设虽有不足，却是中国红十字会推进制度化管理的时代缩影。

① 《中国红十字会全国代表会昨开幕》，《申报》1934年9月25日。

② 车证按序编号，由各救护机关负责人填签登记单，再向总会领用。

③ 《赣州分会来电》，参见池子华、崔龙健主编：《中国红十字运动史料选编（第一辑）》，合肥工业大学出版社2014年版，第193页。

第四章　红十字会制度执行

——中国红十字会难民救济工作制度化的尝试

制度执行，即是将制度内容付诸实践或按照制度开展工作的过程。难民救济工作是中国红十字会在民国时期的重要人道活动，也是制度执行的重要领域，是检验中国红十字会制度设计可行与否的重要依据。总体来看，民国时期的中国红十字会虽未建立起一套系统、完善、相对稳定的救济制度，但不可否认，“制度化”“规范化”已渗入红十字会人的应灾救难活动中。难民可谓其制度化过程中最普遍、最直接的体验者。难民，即为避难而求生者，指因自然灾害、社会厄难及其他种种社会个体无法抗拒的因素而被迫背井离乡、求得生存的人①。晚清以来，中国社会的转型、农业生产条件的破坏与农民离村、土匪、军队、宗族分裂、文化学因素等导致了中国近代流民群体的逐渐壮大，社会贫困人口急剧膨胀，原有的救济措施已经不能满足时代的需求。至民国时期，情况更甚，兵燹迭起，灾荒相继，人民流离失所。难民问题成为困扰社会稳定发展的一大问题，难民救济工作亦成为政府及社会慈善团体救济事业的重要内容。中国红十字会根据实际情况订立救济章程，设立救济机构，办理难民医疗卫生、教育就业等事务，为民国的难民救济工作做出了重要贡献。

第一节　难民救济规章的颁布

20世纪上半叶的世界各国，水、火、饥馑、地震、大疫等灾情时有发生，当时的中国正处于民国时期，更是灾害频繁，百姓生活于水深火

① 难民，与“流民”概念相似，狭义指年饥或避兵或离乡外出之人，广义指他徙之饥民。参见陆德阳：《流民史》，上海文艺出版社1997年版，第2—3页。

热中。美国总统威尔逊曾说："初红十字会本为战时而设，然红十字之事业，既以救灾、恤难为宗旨，战争以外，岂即无该会活动之余地乎。"由此可知，红十字运动不仅存在于战地，还应活跃于各种灾害救护事业中。在中国，红十字会救助事业可分为战争救护、时疫救治与自然灾荒（包括风灾、水灾、旱灾、火灾等）救助。按照灾害类型的不同，不妨将红十字会救济难民的章程分为三类：战事救护章程、疫病救治章程及自然灾荒救济章程。

一、战事救护章程

自民国肇始，战争成为时代的"主旋律"，贯穿了整个民国的历史，枪林弹雨伤及无辜者不在少数。战场上，对伤亡病殁的处理是近代战争中不容忽视的问题。但民国以降，历届政府忙于权力争夺，受制于政治、经济等各种主客观因素，对战争中伤亡人员的救护往往力不从心，不得不依赖于社会团体。其间，中国红十字会本着博爱、恤兵的人道宗旨，拟定救护规章，井然有序地开展诸项救护活动。

1913 年，为救助沪地难民，中国红十字会临时设立妇孺收容所，并颁布《中国红十字会临时妇孺留养院简章》，对该院留养妇孺的条件、经费来源、人事安排、日常管理等予以说明[①]；为救助南京难民，总办事处向社会公布《中国红十字会救护医船大通草章》，声明救护医船"专救受难人民或受伤士兵，不载非受难或军界中人"[②] 的救护准则，并对开船时间与地点、载运范围与航线、难民伤兵上船后的管理等进行逐条说明。这些章程的公布是民国时期红十字会规范内部救护活动的最初实践，为之后各地的战地救护工作提供了制度基础，各地救灾规则在此基础上得以确立。如江浙战争期间，"溃兵到境扰乱，江南小镇被毁"[③]，"被灾难民无计数，少吃无穿真难过"[④]，"昆、太、宜、湖等处居民来苏避难者颇众"[⑤]。苏州山塘一带居民组织妇孺收容所，在参考其他收容所章程的基础上，遵照《中国红十字会收容通则》办理收容工作。从该

① 《中国红十字会临时妇孺留养院简章》，《申报》1913 年 8 月 10 日。

② 《中国红十字会救护医船大通草章》，《中国红十字会杂志·记事》第 2 号（1914 年 6 月），第 17—18 页。

③ 徐刚毅主编：《江浙战争爆发》，载《老苏州百年历程（上卷）》，江苏古籍出版社 2001 年版，第 67—68 页。

④ 《时事新苏滩》，《吴语》1924 年 11 月 10 日。

⑤ 《难民题留之两首诗》，《吴语》1924 年 10 月 30 日。

所简章来看，内容涉及救护任务、职员配置、难民日常饮食就医等问题，是该收容机构运行制度化的重要依据，如："本所在战祸紧急时，收容无所逃避之妇孺"；"本所设主任一人，干事、仆役若干人：甲、主任管理本所一切事宜；乙、干事分任会计、文牍、书记、庶务、纠察事宜"；"本所职员以及仆役，一律给以红会印证"；"收容之妇孺，每日给以相当饮食，内中如有疾病之人，即移送就近医院"①。

当然，在抗战前的中国，区域性的战争和局部性的天灾所造成的难民数量尚属有限，中国红十字会联合地方力量尚可应对，而1937年日本全面侵华战争导致了空前规模的全国性难民潮，造成千百万民众辗转流离、四处逃亡，难民问题遂引发社会各界的极大关注——"政府和热心人士在计划，在进行，在奔走，在呼吁"②。新闻出版界印发关于难民问题的图书、杂志，相关报纸上出现诸多有关难民的新闻，为救济难民工作营造了有利的舆论环境。在此背景下，社会各界为救济难民群体奔走呼号③。仅就抗战初期的上海而言，上海国际救济会设有收容所6处，留养难民2.3万人；慈联会难民救济会有收容所35处，难民4万余人；其分会则有收容所95处，难民5万余人④。

面对蜂拥而至的难民，红十字会作为民国社会一个较为活跃的救助团体，对难民的收容工作不仅在于提供食宿，还注重其医疗卫生与教育工作等。专事收容上海地区难民的中国红十字会第一难民医院为便于管理起见，先后公布了该院的暂行规则、探病规则、办事细则、病人住院规则，对该医院的组织结构、日常办公、病人管理等进行规范和约束。中国红十字会上海国际委员会则充分开展难民的膳宿、教育、医疗卫生等工作，颁布了一系列章程。如1938年，为考核各收容所办理的儿童班的教育成绩，特制订《难童考试办法》。该《办法》明确指出，"各收容所儿童班之考试，由本会主持，并派本会各组干事及视察员负责主持各所考试及协同评阅试卷事宜，并调派各所教师担任阅卷员，阅卷方法采取集中方式"；"各所全体受教儿童均须参加考试，并由各指导员先行造送学籍表，以资根据；凡学籍表无姓名之学生，临时一律不得参加

① 《山塘亦设立妇孺收容所》，《吴语》1924年9月8日。

② 《新华日报》1942年1月25日。

③ 参见王春英：《中国抗战时期难民问题研究》，《西华大学学报》（哲学社会科学版）2015年第2期。

④ 《沪市收容所难民现有十二万人》，《中国红十字会月刊》第34期（1938年4月），第26—27页。

考试，即或自行舆试，成绩亦不核计”；“考试方法采用测验法，内容包括国语、常识及算术三种，试题由本会编就，各年级混合拟订，详阅时各级有及格标准”；“考试场所在各收容所原教室或借用寝室”；“考试日期定六月六日至十日，各级轮流举行，时间另行编订程序表，印发各所遵照”；“成绩及格之儿童均由本会印发修业证明书，成绩优良之各收容所各年级前五名儿童均由本会颁发奖状或奖品，以资鼓励”；“考试时因病缺席，一律不准补考”。中国红十字会上海国际委员会安排专门人员负责考试事宜，确定统一时间进行公平考核。其考试内容对难童教育有指导作用，而其对优良者予以奖励的举措则可对难童的学习起到激励作用。此后，上海国际委员会为谋求改进难民生活，还订定《中国红十字会上海国际委员会难民收容所最低设备标准》，涉及收容所房屋与设备、粮食、衣服、健康、清洁卫生、组织法与登记法及训练等内容。不仅如此，“为救济各所中学程度失学难胞教育起见，特向各公私立中学等学校商请设立免费学额”，上海国际委员会又公布了《上海中国红十字会国际教育委员会拟定难民免费学额简则》，对难民免费学额的范围、条件等做出限制①。

针对难民的战地救护章程的内容从最初的收容，发展到抗战时期的教育、卫生等服务，体现了中国红十字会难民救护工作渐趋全面的特征，而与此相应的战地难民救护规章的颁布则使救护工作愈加规范和系统。

二、疫病救治章程

民国社会疫疠多发，加以人员流动的频繁，使疫情具有了广泛性、突发性、蔓延性特征。据统计，民国年间因疾病传染致死者每年达600余万②。对于感染疫病而未身亡的灾地难民，红十字会多措并举进行诊治，对救治机关及救治活动的管理日趋严格。

一方面，对于接收难民的防疫治疗机构，红十字会对其运行予以制度化管理。众所周知，时疫医院、防疫机关、救疫事务所是红十字会开展难民卫生防疫工作的重要机构。仅从时疫医院的设立看，民国时的中国红十字会所办时疫医院沿袭了清末沈敦和所定的夏秋开诊的原则，并且出台了《中国红十字会时疫医院简章》，对时疫医院的宗旨、职责、

① 《国际红会救济中学程度失学难民》，《新闻报》1938年9月6日。
② 黄雯：《夏季流行病及其防御方法》，《新生路月刊》1937年第1期，第33页。

图 4-1　中国红十字会时疫医院正门

资料来源：《中国红十字会月刊》第 7 期（1922 年 4 月），第 1 页。

医病规则、经费开支、收费标准等做了详细规定：

总则——（甲）时疫医院系临时筹办，归红十字会管理，定名曰“中国红十字会时疫医院”。（乙）时疫医院赁屋公共租界天津路三百十六号。（丙）医院设头二等男、女、仕、商养病室，三等男女病房并男女候诊室，男女诊病室，男女异处。（丁）由红十字会募捐筹办，由总办事处节制之。（戊）医院中举医务主任及理事分任医务及院务。

宗旨——（甲）照《中国红十字会章程》第二章乙条“在平时应筹募款项，设立医院，造就医学人才，置办医务材料，振济水旱偏灾、防护疫疠及他项危害”，时疫为夏令最危险之症，传染最速，募款筹办，自夏令开院，至秋冬时疫肃清闭幕。（乙）时疫医院专治急痧、吐泻之症，无论如何危险，随到随治，由医院主任责任之，不涉别项症候。（丙）医院就医者不论中外，不拘贫富，不论本埠外埠，男女老幼随时施治，病人入院后除头二等酌收病费外，三等一律免费并无号金等各项名目。（丁）病人医愈后如自愿出资酬谢，悉充医院捐款，不得私相授受，又并无别项需索，设施治无效身故，立即迁入殡殓所，报知家属，听其自由入殓（欲抬回家中者听），如实系贫苦者，由医院施送普通棺木，抬送保安堂义冢暂厝。（戊）贫病治愈后，如实在无力还乡，由医院理事查明实在，报告本会酌送船票。（己）时疫医院纯乎慈善事业，劝募绅商捐款开办，不涉他事。（庚）救护汽车、橡皮病车专为救护病人、抬运病人而设，不论远近概不取资，该车等不得指作别用。

职务——（甲）医务主任管理医药事宜，医生、看护人等由主任督责之，不分昼夜轮流值班，如有延误，主任担其责任。（乙）凡遇急痧及危险不治之症，果病极危险，气尚未绝者，一经入院随到随治，设病人无多，时疫未盛，医生他出，一经接到电话应即赶到施治。（丙）病房、候诊室、诊病室等虽分头二三等及男女病室，应一律平等诊治。（丁）医院理事督率司事、看护、仆役、车夫不分昼夜，轮流值宿，如有延误，理事担其责任。（戊）本埠病人不论远近，一经病人家属报告，立遣病车，由家属伴送来院。（己）病人一经入院，不论重轻，不得提前拔号，除头二等病人逐日收费外，并无酬劳及额外开支名目，如有私相授受，当以违背章程论罚。（庚）如病家邀请医士出外赴诊，所需诊费由病家直接与医生自由论价，与医院无涉。（辛）医院自医务主任以下，或送薪水，或赠津贴，如有托故不到、办事因循者，当以违背章程论罚。（壬）医务主任与院务主任各分责任，另由医务主任等妥订《医药规则》《病人规则》《办事人应守规则》，通知本会择要宣布。（癸）病人施救无效，富者任其自由殡殓，贫者由本会给以相当之棺木代为殡殓掩埋，一切不取价值，应由理事会同家属妥为办理。

报告——（甲）每日将号簿、日记、收支大略、医愈姓氏逐日开单报告，由本会汇报。常议会闭幕后，当刊印征信录、成绩表，分送捐户、病家。（乙）将夏令卫生大意演成白话文，布告本、外埠人事前留意，并劝告抱病人勿事挑痧及乱投医药等事。

捐款优待券——（甲）不拘中外，绅商各界巨细捐款悉用红十字会正式收条，加盖“指捐时疫医院”字样为据，病人治愈后如自愿捐助，亦以本会正式收条为凭，一面登报征信。（乙）凡捐时疫医院捐款逾五十元以上，预送头等优待券一纸，许由捐款人介绍亲族朋友上等人病者一位，凭券入头等室，免收病费；捐廿五元以上者，预送二等优待券一纸，准入二等病室，免收病费。惟非上等人（如仆役、车夫之类）虽有优待券，只能入三等病房，以符医院定章。（丙）头等仕商养疴室每日收回医药费三元，二等每日收回医药费一元，给以收条并入捐款项下作正开支。

附则——（甲）此项简章经常议会通过后施行。（乙）此项简章经常议会三分之一之请求即可改修。(丙)《医务规则》《院务规则》《病房规则》《看护司事应守章程》《茶房侍役告诫规条》由管理医院院务者订正，交本会宣布。(丁)此项简章于常议会通过后，交医务主任照章执行①。

图4-2 时疫医院癸亥(1923年)开幕

资料来源:《中国红十字会月刊》第22期(1923年8月)，第1页。

该简章介绍了中国红十字会时疫医院的服务宗旨、职员组成、工作汇报、捐款及优待策略，反映了时疫医院平等无私的博爱精神、规范透明的工作程序、灵活公开的募捐策略，亦说明其规章的出台严格遵循红会相关章程的订立、修正程序。之后在《中国红十字会章程》《中国红十字会时疫医院章程》基础上，《中国红十字会时疫医院规则》《上海吴淞两口防护染疫章程》等章程相继出台，针对医务、院务等工作内容及病人、看护等工作对象的条令、规定不断增多，显示出红十字会对疫病防治机构制度建设的重视。

另一方面，对施医给药、接种牛痘等具体活动，红十字会制定了救护规则，使其有章可循。民国时期，瘟疫、赤痢、疟疾、鼠疫、急痧等流行，红十字会除开办医院接诊受难百姓外，还主动开展制药、售药或免费施药活动。1913年，红十字会“特向泰西装运辟瘟药水，专攻灭杀

① 《中国红十字会时疫医院章程》,《人道指南》1913年第2号。

微生虫并解除秽气”，出售该药水“只收成本，每大听洋一元，中听洋五角，小听洋三角”[1]。1926 年夏季，吴江红十字分会为处理卫生事宜，决议：开备施医药局，聘请本城中西医士担任诊务；清洁街道，添雇清道夫洗扫城厢街道；施送痧药，购备十滴药水、痧药、避瘟丹等施送[2]。这些医疗活动，是红十字会防治时疫的有效手段。

为保障施药、售药工作的有序进行，红十字会拟订条令，按律执行。例如 1915 年红十字会设驻淮施药处应付时疫，特制定 8 条规则：

第一条，本处系红十字会会员捐资创办，专为救济贫病而设，纯乎慈善性质，得总会之允许，定名为中国红十字会驻淮施药处。

第二条，本处应夏季需要，所施皆时症要药，其他无关紧要或必须诊断而复可服之药，概不具备。

第三条，本处所施诸药经红会监制者居其大半，即另购药品亦必经其遴选，故取材精严，收效甚易。

第四条，凡来本处索药者，无论何人，不取分文，惟须服从规则，声明所索何药，由办事人次第授予，勿得越次争吵，任意滥索。

第五条，凡施诸药，悉由病家指名索取，自愿服食，□使一剂霍然，顿庆复生，本处固不欲贪天之功，纵或病入膏肓，药物无灵，本处亦不任无妄之咎。

第六条，本处经费皆由创办人自行捐助，并不向人募化，在事诸人亦系义务从公，概不支薪。

第七条，本处以本年阴历五月初二日开幕，七月十五日截止。

第八条，本章程有未尽事宜，经总会承认得随时修正之[3]。

由上述可知，红十字会的施医给药活动不仅设立专门机构，而且还对施药经费、开诊时间、授予规则进行说明，从而对会员施药、病家索药进行管理，体现了红十字会救治活动的规范性，对于避免施药局面混乱有积极作用。

三、自然灾荒救济章程

民国以来，天灾流行，“水旱迭见……无岁或免者”。1925 年，何西亚曾说，“民二民三赣皖湘闽两粤之大水，民九北五省之大旱及去今

① 《中国红十字会辟瘟药水照本出售》，《申报》1913 年 6 月 15 日。
② 《吴江红分会之近事》，《吴语》1926 年 7 月 17 日。
③ 《中国红十字会驻淮施药处简章》，《申报》1915 年 8 月 14 日。

两年各省之水灾、旱魃、地震等等，灾情之大，或蔓延数省，或赤地千里，哀鸿遍野，饿殍载道，赈饥之粟，杯水车薪，自难周施”[①]。每遇灾荒，正如沈敦和在《〈人道指南〉发刊词》中所说：红十字会“平时济荒振饥，亦其当尽之义务”[②]。

对水旱灾荒的救助，红十字会结合当地灾情，确定具体的赈灾办法。如1917年京直水灾，红十字会制定散放急赈办法：（一）调查灾民以冲塌房屋为标准；（二）现在聚积之灾民为数尚多，无衣无食，待赈孔殷，先以工代赈，修理堤坝道路等处；（三）灾民无地栖身，除次贫户尚可支搭席篷外，其极贫之户多宿在两站两旁以及铁路桥下。迩来天气已寒，势必酿成疫症，□决议盖造茅屋二十余间以为灾民栖息之所；（四）石庄内有义冢，两地经此次大水冲刷，尸棺大半损露，白骨累累，无人收葬；又淹毙之人亦多未葬，拟购地代为掩埋；（五）决议由正太车到寿阳、榆次等地购买小米三百石（约沪斛四百五六十石），已会同正绅赴晋；（六）石家庄灾民调查散放后，再行查散其余各村庄[③]。1929年，甘陕遭遇七年奇灾，中国红十字会在陕西执行四项救济措施：“（一）粥厂专为救济极贫。（二）平粜系为救济次贫，并□平市价。（三）工赈，于周急之中，仍寓建设之意。（四）放赈救济各县贫户，并俟将赈款赈粮陆续运回”[④]。确立勘灾标准、实行以工代赈、为灾民造居所、掩埋死尸及散放灾粮，均是切实的救灾举措。这些措施的公开，既是红会惯例，实际上也是红会进行统一管理的必要步骤，利于相关救灾举措的制度化。但从整个民国时期中国红十字运动的实践看，红十字会对于水、旱、风等灾害的救助相对较少甚至停滞，而是让位于更为紧迫的战地救护事业。池子华便曾指出：“1926—1927年遭受旱灾的省份有四川、甘肃、陕西、河南、山东、奉天、吉林、黑龙江、新疆、山西、直隶、安徽等省。由于战灾救济等方面原因，总会总办事处没有采取行之有效的措施予以救助。”[⑤] 全面抗战时期，红十字会更是鲜有救助日常灾荒的活动业绩。

---

① 何西亚：《中国盗匪问题之研究》，参见张研、孙燕京主编：《民国史料丛刊·社会·社会问题》第716辑，大象出版社2009年版，第13页。

② 沈敦和：《〈人道指南〉发刊词》，参见中国红十字会总会编：《中国红十字会历史资料选编，1904—1949》，南京大学出版社1993年版，第104页。

③ 《报告石家庄水灾详情》，《申报》1917年10月10日。

④ 《豫陕甘灾赈之状况》，《申报》1929年4月11日。

⑤ 池子华：《红十字与近代中国》，安徽人民出版社2004年版，第222页。

在参与自然灾害救助过程中，红十字会常以遣送医疗队或救护队的方式，与其他团体共同救灾。如1917年“北皖大水，漂没数十县，灾民荡析离居，栖风宿露，嗷嗷不可终日。乃与皖绅组织安徽义振会，举沈敦和、余寿平、李伯行为会长，竭力筹募款项，派员驰赴灾区调查实况，分别重轻散放急振”；1921年“凤台分会电告水灾”，“经本会登报劝募，一面汇去洋五百元，加入该县振务协会，又发空白章照二十份，由分会征收会费悉数截留先放极贫之户”①。在这些救灾活动中，红十字会作为救灾联合会的一员，通常遵循辛酉水灾救济会、安徽水灾急赈会、华洋义赈会等联合救助团体简章，而无独立章程。

当然，红十字会虽“以实地放赈委诸其他机关，如华洋义赈会（大规模者）或当地分会（小规模者）办理，但募集捐款，除与其他善团合办外，亦常自设筹赈会”②。也正因此，民国时期以中国红十字会名义发动的募捐活动为数不少，但其遵循的规章条令以红十字会总分会章程、管理条例为主，很少单独就募捐活动订立规则。今可知者，如1935年，《中国红十字会总会救济各省水灾募捐办法》经内政部批准颁布，规定红十字会“为救济各省水灾起见，特经理监事会第十二次联席会议决议组织募捐委员会，以正、副会长为正、副委员长，全体理监事为委员，统筹办理”，“一俟募有成数，即由本会组织放赈委员会决定各灾区赈款数额之支配”，募捐日期为9月1日至10月31日③。

总体而言，中国红十字会主要围绕战时难民工作订立规章，而以救治时疫、救济灾荒为对象的制度建设多有不足。抗战爆发后，与战争救护相关的规章条例相继出台不同，与时疫防治、自然灾荒相关的章程条例则较少见，这与民国时期中国红十字会救灾任务偏重战地救护的特征密切相关。而且，这些规章多为一地一灾而立，具有较强的针对性、临时性，缺乏通用性、长期性，虽可指导和规范红十字会救护活动，但无法形成相对稳定的中国红十字会难民救济制度。

---

① 《中国红十字会二十年大事纲目》，《中国红十字会二十周年纪念刊·纲目》1924年印行，不著页码。

② 胡兰生：《中华民国红十字会历史与工作概述》，《中国红十字会月刊》第18期（1947年6月），第3页。

③ 《大事年表（附录一）》，参见马强、池子华主编：《红十字在上海，1904—1949》，东方出版中心2014年版，第375页。

第二节 难民救济制度化的实践特征

民国时期，中国社会处于转型阶段，慈善事业亦经历着从传统到现代的转变。这一转变的突出表现在于：一是传统救济活动中一些行之有效的举措被纳入立法范畴；一是效仿国际救灾制度，利用法律手段构建起适合中国国情的新的救济制度。中国红十字会作为近代化的慈善组织，在难民救济的实践中加强职能分工，完善组织结构，拓宽救济范围，坚持“教养兼施”的近代救济理念，使其人道实践活动体现出组织性、综合性、近代性及社会性特征，为中国现代红十字会发展及慈善事业进步提供了可贵的经验。

一、救护队伍具有组织性

民国时期，灾害频发，战乱连年，致使生灵涂炭，民不聊生。无论是北京政府还是南京国民政府，虽设有专门的救灾指导机构，但多救济不力，大量救济工作主要靠民间慈善组织来承担。作为影响较大的民间慈善组织之一，中国红十字会结合灾情需要成立救灾指导机构，由不同部门人员合力救灾，增强了红十字会难民救助工作的组织性。

民国时期，在中国红十字运动的救灾实践中及时成立专职机构者不胜枚举。1924 年江浙军兴，江苏省省长韩国钧邀请南京各教会及青年会中西领袖磋商救济战地难民，“组成美国红十字会”；又鉴于“灾区广大，难民众多，遂扩展范围，联合苏常锡镇常熟江阴一带教会协力合作，更名为中国红十字会难民救济会”①。

1925 年，红十字会总办事处鉴于战场沿线“难民众多，虽有各分会就地救济，恐有不敷支配之处，故拟组织难民救济部，以辅助分会之不逮”，“由南京毕范宇主干此事，派定队员四十人前赴下关、扬州、涟水、淮泗、泰县、宝应、淮安、高邮、海赣、临淮、蚌埠、徐州、滁县、济南等处随时救护，到处急济”②。

1929 年，中国红十字会筹赈处以“陕甘豫绥各省区浩劫频乘，壮丁流徙，饿殍载道”，特在上海组设灾童留养院，由筹赈处委员会公举名

① 《中国红十字会难民救济会（原名美国红十字会）启事》，《申报》1924 年 12 月 12 日。

② 《红会组织难民救济部》，《申报》1925 年 11 月 14。

誉院长1人，院董21人；由院董公推副院长1人、常务董事若干人；聘任总干事1人，总理院务；另外，依事务繁简设干事若干，“承院长之命，总干事之指挥，分别管理训练留养灾童及办理内外一切事宜”①，“另举本、外埠公正闻人、宅心慈善之士，组织筹赈委员会，为该处立法监督机关”②。

1931年，特别会员王赈川分析国内灾情，略谓“我国年来迭遭天灾人祸，灾区之广、灾患之深可谓极矣”，“目击心伤，欲哭无泪，爰本斯旨，参照总章，谨以设立救济部为建议”。中国红十字会“以该会员建议各节，极合时势之需要，应依据万国红会联盟会组织法及该会总章第四条之规定，筹备设立救济部，办理一切救护赈济事宜”③。

抗战爆发后，中国红十字会上海国际委员会成立之初即着手准备难民收容工作，下设难民救济委员会，分难民收容所管理组（视察组）、房舍组、衣服组、食粮管理组、运输组、收容所工作组、职业指导所，以期难民收容工作的标准化。

设立救灾部门，派遣专职人员负责管理和监督，各部门协调合作，妥洽安排各项事务，是中国红十字会难民救济工作得以开展的基本前提。因为救灾专职机构的成立，不仅保障各项救济工作的有序进行，而且在救灾过程中增强了成员的团队意识，对提升成员合作能力、提高红十字会救护效率均有积极意义。

二、救济活动具有多样性

民国肇建后，虽继续参与重大兵灾的救护活动，但“近年以来，宗旨日见扩充，即如水旱灾患、时疫流行亦当设法拯救。是故红会不惟于战争时有应尽之义务，平时亦有应救之灾患”④，即中国红十字会的救济内容顺时而变。在此过程中，人道需求的不同推动着红十字会难民救济工作内容更趋广泛、全面。

很多传统慈善机构的救济内容相对狭窄，例如六疾馆主要职能为养赡贫病者，惠民药局主要从事医药救济，育黎堂由最初的“济贫”发展至后来的“济老”，功能均较单一。作为诞生于上海的近代慈善组织，

① 《红会待遇灾童概况》，《申报》1929年11月18日。

② 《红会筹赈委员会集会记》，《申报》1929年6月17日。

③ 《红十字会组织救济部》，《申报》1931年1月18日。

④ 参见周秋光、曾桂林：《中国近代慈善事业的内容和特征探析》，《湖南师范大学社会科学学报》2007年第6期。

中国红十字会深受西方文化的熏陶，而上海当地发达的近代慈善医疗事业、国内外大量的医学人才的出现对于红十字会从事难民医疗卫生工作有着重要影响。1923 年初，有人曾说，“自甲辰迄壬戌十九年来，天灾人患，无岁不有，上海总办事处亦无役不从，而组织于上海本埠者则有五医院，曰徐家汇总医院、曰北市医院、曰南市医院、曰天津路时疫医院、曰吴淞防疫医院”，“又新组织上海马路救护伤人之医队，时时奔赴，全活良多”①。不言而喻，上海在民国时期的红十字会医疗事业中扮演着重要角色。除了医疗卫生，在这一天时、地利与人和的环境中，上海地区红十字事业在传承传统慈善事业基础上，表现出救济活动的多样性。例如，抗战期间，中国红十字会上海国际委员会制定给养、收容设备标准，如要求收容所必须令难民种痘，所内应具沐浴室及洗衣处之设备，应具备急救药品及经训练之人员，有产妇者须将产妇送至医院。另外，“每五十人须有粪桶一个”，“每日须将粪桶清除二次”，“厨房须与厕所远隔”，“铺盖须每星期晒日光一次”，“门窗墙壁须保守清洁”，“鞋上之污泥须于房外刷清”等②。

当然，其他地区救济活动也是多措并举，具有鲜明的多样性。如 1929 年陕甘灾荒救济过程中，甘肃省的办赈方法就其实现者举之，约分六项：“（一）施粥。省城设粥厂四处，共容饥民四万余人，各县亦有办者。（二）平粜。省城设局五处，兰州市政处设四局，省城丰黎社仓设一局，每日买面人数约三万余人；省外平凉、天水、凉州各县亦均办理。（三）散款。中央及各方捐款多数分散各县，按照灾情，分别轻重散放，最重者或三万、二万，次重者或二万、一万，再次者一万或数千。陆续新收之款，酌量分配。（四）由灾情较道［轻］，粮价较低区域，各西宁宁夏中卫各处购买杂粮，发给灾重地方，或作民食，或充种籽之用。（五）散衣。匪灾较重区域，人民不但无食，且亦无衣，故去冬冻死者不计其数。由临时红十字会筹赈会及各慈善团体捐发寒衣数万套，如临夏、临洮、红水、洮沙、宁定各县，均曾散放者。（六）散药。灾区疫疠流行，死亡甚多。去岁由临时红十字会筹赈会散发避瘟、治喉、治痢药品，现赈务会因饥民太多，又议发避瘟丹，并买牛痘苗，为

① 《中国红十字会之新年希望》，《中国红十字会二十周年纪念刊·纪事》1924 年印行，不著页码。

② 《国际红会规定难民给养及收容设备标准》，参见马强、池子华主编：《红十字在上海资料长编，1904—1949》中卷，东方出版中心 2015 年版，第 232 页。

灾民种痘。”[①] 从其措施来看，一方面，施衣给药、设粥厂等本就为中国传统慈善救济事业的重要活动，体现出中国红十字会对传统慈善救济活动的传承；另一方面，红十字会将保障民众温饱与提供医疗卫生服务并举，是对传统救济事业的发展和创新。

显而易见，民国时期的中国红十字会不单单从事战地救护，而且承担平时的救荒之责，其活动内容日渐宽泛：一面为难民提供物资，保障温饱；一面注意难民医疗卫生与防治事业，为民国时期公共卫生改善、民众身体素质提高做出了重要贡献。

三、救助理念具有近代性

在难民的管理与救助工作中，要彻底解决其生存能力问题，就必须“使其习得技艺，掌握生存立命的本领”[②]。但是，“中国传统意义上的慈善与救济内容仅限于育婴、恤嫠、养老、施棺、舍药”[③]，侧重于“养”。至晚清及民国，这种只事“收养”的慈善理念逐渐被人诟病，称其“养而不教而无异制造莠民”，“惟多失慈善本意”[④]。救济事业的真正意义不仅在于救难民于水火，更在于通过教育文化和技能培训使其能独立谋生。

天灾人祸致使难民人数增加，民国时期的难民教育与难民就业等由此得以推进。所谓难民教育，就性质论，“一方面可说是特殊的教育，因为平时没有这类的教育的，但另一方面却也就是普通教育，因为不过继续供给受教育的机会罢了”[⑤]。出于这样的认识，中国红十字会及其人员积极投入难民教育与就业工作中。如八一三事变后，红十字会会员、上海市国医徐伟“鉴于本市难民日益增加，坐食消耗实为目前最大之隐忧”，便联合海上各名流组织难民习艺所，“利用年青力强、具有生产技能之难民，作种种日用之手工品”[⑥]，包括制鞋、制帽、小件木工、成衣、编结、绒绳、竹工、洋铁器皿、理发、制匣等。

中国红十字会上海国际委员会不仅担任各收容所给养工作，且重视

① 《豫陕甘灾赈之状况》，《申报》1929 年 4 月 11 日。

② 参见周娟：《魏源慈善思想的历史考察》，《吉首大学学报》（社会科学版）2016 年第 1 期。

③ 任云兰：《传教士与中国救济理念的近代化》，《理论与现代化》，2007 年第 2 期。

④ 高劳：《慈善事业》，《东方杂志》1915 年第 10 期，第 12 页。

⑤ 陈鹤琴：《一年来的上海难民教育》，《中国红十字会月刊》第 42 期（1938 年 12 月），第 9 页。

⑥ 《市联救济会等策划难民生产工作》，《申报》1937 年 12 月 13 日。

难民的教育问题，开设儿童教育、成人教育及职业教育，由国际教育委员会专事“统一难民教育行政，并且视导各所教育工作”[①]。儿童教育“不分男女，凡儿童自六足岁起，至十六足岁，除少数因病免学、缓学外，一律强迫授课”；成人“自十七岁起至四十岁止，努力劝导入学”；职业教育则分职业训练、生产教育两种，为难民从事生产服务教授职业技能，提供职业训练。在拟定收容所标准的过程中，委员会亦提出收容所每星期“须有一次教育、演讲、游戏及宗教之秩序”，“须有一次火警之训练”；学龄儿童至少须有四分之三上课，且“所有学生须给以书籍文具”；对于成人，则须组织特别班[②]。据统计，上海难民最多时约有14.97万人，有32948名学龄儿童，其中受教育成人有22787人，难童有27948人，受识字教育的成人有4552人[③]。除了推进教育活动，为帮助难民恢复生产生活，1938年6月初，委员会成立职业介绍所，帮助有技能的难民“尽可能臻于自立之境”。为此，委员会在难民中做工艺调查，制作难民职业表。至11月，有1000余人被推荐至上海各工厂、商铺等地服务，且成绩“均尚优良”。委员会还协助其他部门筹设了“国际第六收容所之裁缝工场、康悌收容所之草织工场及国际第二收容所之水［木］制玩具工厂”；主办了“文监师路之实验工场（内分草织、刺绣、花边、缝工等部）及梵王渡圣约翰大学内之难民工场（其工作为绣花手套等）”，并“资助女青年会工场经费一千元”，“协助黄万字会圣母院路收容所、救济分会、第四十五收容所举办生产工作”[④]，为难民实现独立谋生创造条件。

作为近代中国慈善事业的重要内容，慈善教育改变了旧式善堂、善会重养轻教的情况。与传统慈善理念相比，“教养兼施”的慈善理念符合时代趋势和近代的“世界公理”[⑤]。在这一救济理念指导下，民国时期的中国红十字会组织技能培训、开展教育活动并以规章形式固定下来，使难民救济工作有了较大发展。

---

① 陈鹤琴：《一年来的上海难民教育》，《中国红十字会月刊》第42期（1938年12月），第9页。

② 《国际红会规定难民给养及收容设备标准》，参见马强、池子华主编：《红十字在上海资料长编，1904—1949》中卷，东方出版中心2015年版，第232页。

③ 陈鹤琴：《一年来的上海难民教育》，《中国红十字会月刊》第42期（1938年12月），第9页。

④ 《中国红十字会国际委员会一年来工作概况》，《中国红十字会月刊》第41期（1938年11月），第56—62页。

⑤ 《皇朝续文献通考》卷八十三“国用考二十一·赈恤·恤茕独”按语。

四、救援团队具有社会性

民国时期存在各种各样的慈善组织，如中华慈善总会、华北赈灾协会、华洋义赈会等，各组织之间已有了责任划分：有的专职于募捐，有的专职于实施救助，有的负责协调各组织间工作。总体而言，它们都是在政府的监管下遵循联合救济章程，从事赈济活动。在此背景下，中国红十字会的救济活动除了依靠自身高效的救护能力外，也离不开与各团体的合作，从而使其救济活动具有社会性。

在实践中，救护团体通常制定统一的规范，以供遵循。如 1917 年，京直水灾破坏严重，熊秉三约集天津水灾义赈会、天津警察厅、顺直助赈局、北京警察厅、中国红十字会、美国红十字会、青年会各代表等救助水灾各慈善团体、各机关开会讨论合力救灾办法，最终决议成立京畿水灾赈济联合会并讨论章程之起草事宜①。又如 1924 年，常熟县知事因东南战事结束后“战地附近，田庐为墟，于流离颠沛之余赤手回里，转瞬严冬，风栖露宿，其惨状恐犹未已”，便邀集当地红十字分会及各收容所主任，讨论成立义赈会，拟定简章四条，规定“本会专以赈济战地灾民为宗旨”，“由县公署发起，联合各慈善机关组织之，定名常熟义赈会”②。这些章程由红十字会与其他社会团体共同拟定，既体现了红十字会人的意旨，也具有广泛的适用性。应当说，红十字会救济制度中部分条款的确立可谓各团体相互磨合的成果。

抗战爆发后，《非常时期救济难民办法大纲》《上海市救济委员会简章》《上海市救济委员会办事细则》《非常时期难民救济委员会上海市分会章程》等为上海地区的难民救济工作提供了法规依据。救济委员会“由上海市社会局，同上海戒严司令部、京沪沪杭甬两路局、上海航政局暨附属有关各局，并联合上海市地方协会、上海市商会、上海慈善团体联合救灾会、中国红十字会、世界红卍字会、上海华洋义赈会、中国华洋义赈会救灾总会、中华公教进行会、上海基督教青年会、本市医药团体、旅沪各同乡团体等，共同组织之”③，设总务组、财务组、收容组、营救组、给养组、遣送组、训导组、卫生组、纠察组、外事组、掩埋组，各组之下分别设立应有职掌之各股，办理与难民相关的“难民之

① 《天津水灾筹赈之进行》，《申报》1917 年 10 月 21 日。

② 《组织义赈会纪》，《新闻报》1924 年 11 月 7 日。

③ 《附录》，参见张研、孙燕京主编：《民国史料丛刊·社会·社会救济》第 731 辑，大象出版社 2009 年版，第 159—171 页。

营救及收容”“难民各项给养之支配与供给”“遣送难民之人数统计”“难民之一切卫生设施”“难民之一切教育设施”“难民之安全保卫及收容所之维持秩序”“难民之死亡掩埋”等救济事宜。中国红十字会从衣食供给、医疗卫生、教育培训、安全保卫到资遣掩埋，形成了一个相对全面的救济体系；而其通过联合政府部门、宗教界、医药界等中外力量共同完成救灾任务，是国际红十字运动在中国的实践，扩大了中国难民救济工作的社会基础，而同乡会、地方协会等团体的加入，在民族矛盾激烈的抗战期间，对增强民族凝聚力亦大有裨益。

中国红十字会作为近代慈善组织，注重发挥社会力量进行合力救济，在继承扶弱济贫、赈灾救荒等传统慈善事业基础上设立专门机构，在保障难民温饱的基础上开办难民教育、医疗卫生等事业，救济内容更趋宽泛；而将文化知识的传播与职业技能的培养结合，在实践中与其他团体配合完成救济工作，对推进中国近代慈善事业的进步有重要影响。

第三节　北京政府时期难民救济制度化的尝试

难民是一个复杂的群体，无分男女老少，包括鳏、寡、孤、独、病、残、贫等各类。难民的存在是社会动荡的产物，也是社会动荡的隐患。为此，难民救济强调时效性，要及时采取稳妥的措施，以防社会矛盾的激化。难民问题贯穿民国始终，当前学界对该问题的研究主要集中于抗战时期，且多以政府的救济政策和活动为考察对象，而对北京政府时期社会团体的难民救济活动涉及寥寥。为此，本节仅以北京政府时期为例，探讨中国红十字会在难民救济实践中所形成的一套涵盖机构与人员设置、难民收容与资遣、经费筹措与管理及教育就业的制度。

一、机构设置与人员安排

难民属于弱势群体，是历届政府及社会团体不可忽视的救助对象。北京政府时期，国内局势动荡，罹灾者无数。成立救护队、设立医疗服务机构乃至组建提供食宿的留养院、施粥厂等，是中国红十字会在救护活动中设置的主要救护机构。这些机构或为长期设立，或为临时设立，均在总会及地方分会指导下，联合社会各界力量，共同开展各种救济难民的活动。

图 4－3　红十字会之战士遗孤育养院

资料来源：《英语周刊》1918 年第 131 期，封面。

在难民救济工作中，颁布章程或确立规则以资运行，是红十字会救护机构的显著特征。1913 年，作为二次革命的交战区，沪南开战时，红十字会怜悯妇孺惨状，担忧“将来恐有鬻妇卖孩之事”，故亟开董事会，组织红十字妇孺留养所并编辑《兵事惨状录》，每星期一册[①]。其中，留养院按照《中国红十字会临时妇孺留养院简章》，公举院长 2 人，总理事、副理事各 1 人，稽查员 2 人及男女干事若干，由院长以下督率之[②]。每所收容妇孺以 200 人为度，如可增添，随时由院长及发起人议决。据统计，癸丑之役中红十字会设立留养院三处，收容上海、南京及周边流落而至之灾民约 3300 人，派大船运送难民出险约 5000 余人[③]。1920 年，中国红十字会组织直皖战事的救护，北京女界红十字会参加这次救护并设立救济会、收容所等，制定《妇孺救济会简章》及《收容所规则》《救护队简章》[④]，以资遵循。“为救护难民起见”，女界红十字会还“特在天津特别区暂借大营门中学校，设立妇孺救济分所，以便救护沿京奉一带难民”[⑤]。作为附设机关，中国女十字会天津妇孺救济会设立总务、

---

① 《红十字会之报告》，《新闻报》1913 年 7 月 30 日。

② 《中国红十字会临时妇孺留养院简章》，《申报》1913 年 8 月 10 日。

③ 参见周秋光：《红十字会在中国（1904—1927）》，人民出版社 2008 年版，第 225 页。

④ 《北京红十字会附设妇孺救济会简章》，《顺天时报》1920 年 7 月 21 日；又《女红十字会妇孺救济会纪事》，《顺天时报》1920 年 7 月 22 日。

⑤ 《女界红分会函请备案》，《大公报》1920 年 7 月 27 日。

会计、庶务、医药、救护、文牍、调查、交际八部，由女十字会职员与各团体代表共同担任职务，编制救护队负责救济被难无依之妇孺、医治受伤之妇孺及兵民以及掩埋尸骸；设立收容所收容“被难之妇孺无所归者”①。1924 年 9 月 3 日，第一次江浙战争爆发。中国红十字会颁布《中国红十字会救济妇孺收容所简章》，重申“中国红十字会不论总会、分会，为地方发生战事及灾害时救济妇孺，得设立收容所”，“如遇需要多数时，得以第一、二、三、四所分别之”，每所以 50 人为度，设所长、医生、女监察各 1 人，女看护 2 人，夫役无定额。设立于救护队后方的收容所在战线接近时，“得与救护队随时迁退，以避危害”②。参照这一简章，江浙战争期间，红十字会设立了多处妇孺救助机构，如在江湾地区，因“连日浏河前线战事非常剧烈，附近乡民逃难至江湾者颇众”，红十字会总事务所特在江湾妇孺救济会留养院设立妇孺收容所，并在游民工厂内设立贫民收容所，以资救济③；在苏州，吴县分会“在草桥省立第二中学设临时妇孺收容所，专门收容城区的妇女儿童”④，并派第二救护队长金志仁、诸辛生“由嘉定、安亭、方泰等处救护难民妇孺七十二口，内（有）大人约四十余口，童孩十余口，尚在襁褓之婴孩约七八口。以民船两艘装运，仍由前次借到之日商戴生昌小轮拖带抵苏”⑤。在无锡，先“议决于三师、乙实、县女师三校设立妇孺安置所三处”，“三师可收容妇孺二百人，乙实可收容一百五十人，县女师可收容一百人”⑥；后又于“竞志女学设立第四救济妇孺安置所、县一高小设立第五妇孺安置所、县二高小设立第六妇孺安置所”⑦；再者，为谋遍及，商定“市立女子职业学校为第七妇孺安置所，市立第一初级小学为第九安置所”⑧；“第十妇孺安置所于东河头巷陈氏小学校，所长为陈湛如君，可收容一百五十人”⑨。各安置所遵照统一的规则办理，“所内责任由所长负责，非作战区域，至本县边境，并不经本会办事处承认不得开所”，

---

① 《中国女十字会分会附设天津妇孺救济会组织简章》，《大公报》1920 年 7 月 21 日。

② 《中国红十字会救济妇孺收容所简章》，《申报》1924 年 9 月 4 日。

③ 《红会分设难民收容所》，《申报》1924 年 9 月 10 日。

④ 虞立安：《民国时期的苏州红十字会》，参见池子华、郝如一主编：《〈红十字运动研究〉2007 年卷》，安徽人民出版社 2007 年版，第 251—253 页。

⑤ 《红会又有难民救护来苏》，《吴语》1924 年 10 月 9 日。

⑥ 《红十字会进行消息》，《锡报》1924 年 8 月 30 日。

⑦ 《红十字会锡分会消息汇志》，《锡报》1924 年 8 月 31 日。

⑧ 《红十字会锡分会消息汇志（二）》，《锡报》1924 年 9 月 1 日。

⑨ 《红十字会消息汇志（三）》，《锡报》1924 年 9 月 3 日。

而且“所内设置由所长相度办理，开所时，由本会办事处预请临时军事长官分拨卫兵保护”①。又，无锡红十字分会办事处“因各救济战地妇孺留养所所有难民人多口杂，急须有管理之人，以资指挥”，特聘请“范慕亚女士担任交际路孙应高君留养难民处女监察员，程华贞女士担任酒仙殿孙鹤卿君留养难民处女监察员”②。

红十字会作为近代战争的产物，在传入中国的过程中，其现代化的管理制度也随之传入。中国红十字会重视难民群体，成立救援队，设立收容所，制定章程，确立规则，配备专业的医护、财务、文职人员，进行职务分工。各地方分会也是按照总会章程贯彻执行。上述这些不仅反映了红十字会救护活动专业化的趋向，也体现了规章制度对中国红十字运动中的人道救护活动具有纲领性的指导意义。

二、难民收容与资遣善后

在难民救护活动中，红十字会一面构建自身的专业救护团队，一面提高对难民的管理和约束。

图4－4　避战难民寄居成都红十字会内

资料来源：《英语周刊》1917年第115期，第317页。

民国初期，随着战事的发生，战地难民日渐增多。在收留难民工作

①《红十字会锡分会消息汇志（二）》，《锡报》1924年9月1日。

②《本邑红会丛闻（三）》，《新无锡》1924年9月24日

中，考虑到经费拮据、防止假冒受领物资等因素，红十字会不是逢人必收，而是有一定的条件予以节制，并立下规矩，以示统一管理。民初中国红十字会临时妇孺留养院成立后，该院“专收贫苦无依之避难妇孺”，对以下四类群体概不收留：“甲、虽系贫苦，并非被难者；乙、有别项隐情者；丙、有毒疾或残废者；丁、小孩年十二岁以上，身长逾四英尺半者。”[①] 妇孺入院时，先由审查员问明年岁、籍贯，妇女有无丈夫、翁姑、儿女，小孩有无父母，详载审簿，编列号数，再交女干事收养。由此，留养院对收容的难民有初步的了解，以便管理。同样，红十字会赴宁救护医船“专救受难人民或受伤兵民，不载非受难人或军界中人”，“船上自船主及本会救护员，无论何人不得自由行动，须听王队长主裁；难民伤兵上船后，一切招待分派事宜归总干事员邓笠航君专办”，“难民已满即开，沿途幸勿耽误，亦勿代人传递信息、载运物件商货”，“救护轮船上除本会穿制服之救护员外，凡职员之亲戚朋友恕不搭载”[②]。1917年的水灾急赈，红十字会明确提出对于各灾户应否发给赈票当有一定之标准，其将应得赈之灾民分为三项：（一）房屋冲塌者，（二）溺毙人口者，（三）田亩冲积砂石不能耕种，以及极贫、疾病、老弱孤寡者；不能得赈之灾民分三项：（一）房屋未经冲毁，稍有损失者，（二）房屋虽被冲毁而素有积蓄者，（三）房屋稍毁而有田可耕，秋收有望者[③]。1918年，岳阳办理施米厂，“专振岳阳城乡老弱妇孺及鳏寡孤独无力生活者，经调查确实，注册发给号牌，准其到厂领米”，“领米人如系残废或妇孺不能亲自来厂，应准讬人持牌代领，代领人如有短少乾没等弊，查出送县严惩”[④]。1920年，中国女十字会分会天津妇孺救济会设立检查所，“到会之妇孺须先向检查所报告名数及所带物件以便登记号簿，庶免纷乱而备检查”[⑤]，会内所设调查部则派定调查员分赴各处调查一切[⑥]。1924年，《中国红十字会救济妇孺收容所简章》进一步指出，妇孺中“除伤者、病者随时分别轻、重送疗养院医治外”，“其并无伤病救济出险者，则由所收容之”。所内妇孺受收容所保护，并归所长管理。家属来信领归时，“须有三人以上之保结，并由地方保正盖戳证明，方许出

① 《中国红十字会临时妇孺留养院简章》，《申报》1913年8月10日。
② 《中国红十字会救护医船草章》，《大同报》1913年第19卷第30期。
③ 《红十字会消息》，《中华新报》1917年9月19日。
④ 《岳阳施米厂章》，《新闻报》1918年12月20日。
⑤ 《中国女十字会分会附设天津妇孺救济会组织简章》，《大公报》1920年7月21日。
⑥ 《红十字会函件》，《大公报》1920年7月23日。

所，以免蒙混”。而对于往来探视者，无锡分会以妇孺安置所“连日往看人士络绎不绝”，除规定入所慰问时间从上午九时至下午六时，还特地规定领券兼劝募办法：“凡各界人士必欲至各处所慰问者，除红十字会佩有袖章各职员外，均须领有慰问券方可入内慰问。券由办事处编号盖章发行，凡经捐小洋两角，即赠慰问券一纸。此项捐款全数收作红十字会经费，与担任留养经费诸君无关”①。这些章程条例的出台是红十字会对难民工作进行规范管理的保障，对难民日常活动也有一定管制作用，避免胡作非为现象出现。

但是，难民的收容多属临时性质，红十字会救难民于天灾人祸，待局势稍缓，还需做好资遣工作。1913 年，因“战务剧烈，难民纷至上海，遍地饥寒，欲归不得，流为匪类盗贼者，殊于沪地治安大有关系”，红十字会沈仲礼、江趋丹等人为资遣沪地溃勇败兵难民，重修《资遣难民章程》，规定对避难来沪的贫苦无力归家者，经红十字会询明居音、居址、年岁、籍贯，即行发给火车票或轮船票，俾回原籍；为防止顶替，给票时须于回籍人士手腕上加盖紫色本会印记及所至地点之印。此外，统一资遣时间为“沪宁火车准星期一、四搭车”，“轮船每星期定星期三、星期日两次”；资遣范围为“火车自上海起至南京止”，“轮船由上海至汉口”，“非沪宁火车及长江轮船所至之处概不资遣”②。1924 年 10 月，无锡分会以战事已停，会务行将结束，“拟先取消各妇孺安置所，并请将原备留养妇孺之费用捐交本会作为遣送灾民回籍之需”，遂致函各所所长，请其“将前领各物收齐送还，以便核销。至贵所原备留养妇孺三日费用，并祈一并捐交本会，以备遣送灾民回籍之需”③。随后，红十字会与遣送灾民协会成员携带现款亲往太仓分会凭证发放，规定“大口每名发给银洋三元，小口一元”④，由各分会遣送难民回里，以免锡太中途遗失，或有意外情事。简言之，对资遣难民活动的规范化管理，既利于缓和因难民群集而对当地治安造成的紧张局势，在物资匮乏的当时，也利于减轻由红十字会难民工作带来的人力、物力方面的压力。据统计，面对“衣食旅费典质具穷”的沪地难民，至 1913 年 12 月底，红十字会资遣难民、伤兵、溃勇、散兵共计 10401 人⑤。

① 《红会消息汇志》，《锡报》1924 年 9 月 21 日。
② 《红会资遣难民之善政》，《新闻报》1913 年 12 月 8 日。
③ 《红十字分会消息》，《无锡新报》1924 年 10 月 18 日。
④ 《遣送灾民之第一声》，《新无锡》1924 年 10 月 24 日。
⑤ 《中国红十字会集资遣难民》，《新闻报》1913 年 12 月 29 日。

对到会妇孺进行资格限定并对其进行审查，既便于红十字会了解难民基本情况，也避免了不良分子扰乱工作，抑或挑起事端。而对难民的资遣进行妥善安排，确定时间、舟车，则利于缓解地方矛盾，维护社会稳定。

三、物资筹措与日常管理

北京政府时期，包括资金和物品在内的物资筹措工作是红十字会开展难民救济活动的前提。经费多少，是红十字会能否对难民施以食宿、医疗等服务的关键因素。1926 年年底，松江分会在救助战地伤兵难民的活动中，便曾因经费无着而军政长官又未补助，不得不缓办临时医院。

对于各难民救助机构或组织而言，其经费有政府补助，也有自筹所得。如 1923 年成立的中国红十字会皖北联合会常年经费便由各分会筹募之，“倘遇地方发生战事及水、火、淹、旱、兵劫、匪掠、疫疠、饥荒、奇灾等情临时急需，则可陈请该县公署及各公团商拨地方公款费用”①。但总体看，在物资匮乏的北京政府时期，红十字会救护机构物资多为自筹，即向社会募捐是其获取物资的主要来源。而且，各救护机构对物资的监管加强，出纳程序愈加严格。1913 年，临时妇孺收容所成立后，“经费由红十字会暨豆米业及各界热心善士募捐集合，其款项出入由总办事处常议会稽核之”，“所收捐款均有中国红十字会临时妇孺留养院收据为凭，翌日即登报征信，他日另刊征信录分送”。1923 年，西安分会所办妇婴收养院为期 3 个月，其间妇婴“平均每人以十元计算，照定额共需四千元，暂由会中垫出若干，余由全体会员分任募集”②。这些规则的拟定为红十字会的募捐活动提供了可靠的制度保障，在此指导下，红十字会积极组织募捐活动，如 1913 年镇江红十字会难民留养所“难民达三四万人，急需面粉、食物”，为此，红十字会特向各面粉厂劝募③。1926 年 12 月，松江分会拟设收容所一处，悉依该简章办理，“经费由各收容所发起人担任，一经本会审查认可，编定次序，旗帜、符号、袖章概由本会刊发”，并指出筹备过程中应“由会先购食米燃料，推蔡仲瑜、张省三采办”④，而对于房屋、船只等运输工具，则会采用租

---

① 《中国红十字会皖北联合救护之救济妇孺会通则》，《中国红十字会月刊》1923 年第 23 期。

② 《中国红十字会西安分会妇婴收养院办法》，《中国红十字会月刊》第 17 期（1923 年 3 月），第 11—12 页。

③ 《红十字会纪事》，《新闻报》1913 年 8 月 17 日。

④ 《（松江）红会职员会议记》，《申报》1926 年 12 月 28 日。

借的方式。1913年，红十字会受广仁堂善会捐助，以此经费租借救护船，“伙食、赈粮、医药种种费用，悉由本各善士捐款项下开支”[①]；1924年《中国红十字会救济妇孺收容所简章》规定“所需用房屋，应由地方士绅辅助租借之”。该简章的颁布，为地方收容所的筹设提供了指导。在救护过程中，以难民数量众多，收容所不敷供应，红十字会常借地方学校、工厂等临时改为收容所。如该年9月，“浏河前线战事非常剧烈，附近乡民逃难至江湾者颇众”，红十字会总事务所“特在江湾妇孺救济会留养院设立妇孺收容所，并在游民工厂内设立贫民收容所，以资救济”[②]。

对于留宿收容所的难民，红十字会实行有序的制度化管理。如在日常饮食方面，1913年于上海所设的临时妇孺留养院实行“每日给以三餐，概不取资”[③]，“逢阴（历）初二、初八、十六、二十四酌加荤菜”[④]的救济原则；救护船搭载难民时，“难民上船后立刻开饭，每日三餐、伙食茶水、小轮驳船种种费用悉由本会核给”[⑤]；江浙战争期间修正的妇孺收容所简章规定，“伙食由所设备，其粮食柴火另由输送队输送”，妇孺起居饮食一律遵守所定时间。在医疗卫生方面，临时留养院规定“妇孺入院后，先令盥漱沐浴，毕，给以公用之衣服，限期更换，以重卫生”。入院后若有患病者，“由女干事查明实在，即请医生诊治。重病送红十字会医院或时疫医院，轻病迁入本院病房，以免传染”，“入院后如有病故者，立时迁入太平间，即予棺殓并拍照后寄存善堂殡舍，待家属认领”[⑥]。这些章程为地方红会救助实践的施行奠定了制度基础。

1918年冬，岳阳施米厂施米两月，“每名每日发秕八合，五日到厂一领，计阴十一月二十日、二十五日、十二月十五日、二十日、二十五日、三十日，来年正月五日、十日、十五日均牌发米料，从上午八时起下午三时止”，各灾民“不得聚众喧哗，任意要求”[⑦]。1921年，由皖、豫、苏、浙、直、鲁、湘、黔、鄂、秦、陇、蜀共同组织十二省救灾联合会，红十字会作为筹赈总机关，“联合中外人士募集巨款，分拨各省救灾会，实行放振”，其募集捐款“皆委托京外各银行经收，拨款时亦

---

① 《中国红十字会救护医船草章》，《大同报》1913年第19卷第30期。

② 《红会分设难民收容所》，《申报》1924年9月10日。

③ 《中国红十字会临时妇孺留养院简章》，《申报》1913年8月10日。

④ 《中国红十字会临时妇孺留养院章程》，《中国红十字会杂志·纪事》第2号（1914年6月），第17页。

⑤ 《中国红十字会救护医船草章》，《大同报》1913年第19卷第30期。

⑥ 《中国红十字会临时妇孺留养院简章》，《申报》1913年8月10日。

⑦ 《岳阳施米厂章》，《新闻报》1918年12月20日。

知照各银行办理”[1]，其分拨之数由评议部视各区灾情之轻重后开会合议决定。专办救济妇孺事宜的皖北联合救济妇孺会“平常费用开支应归各县红十字分会协酌办理，仍由该县红十字分会按年列入会务表册，报告总会一次”，“其筹得经费应由皖北联合救护医队总理，划一酌拨济用”[2]。应该说，对物资的统一筹措，不仅体现了红十字会救济工作的严密周到，而且也在一定程度上反映了难民救济工作的社会性，社会各界人士借助红十字会这一平台为社会救济事业出谋划策。

由社会团体办理是民国时期中国慈善事业的主要形式。通过募集、租赁等方式，红十字会为难民提供了膳宿之所、医疗之处。而在难民救济过程中施行严格的管理，为中国红十字会推进物资筹措方面的相关制度建设提供了诸多典型案例，对于促进中国慈善事业的规范化有重要作用。

四、开展教育与职业指导

伴随着近代以来西学东渐浪潮的兴起，教养结合的慈善机构在传统中国社会日渐增多。“具有近代色彩的慈善理念的酝酿萌生和公益性质的慈善事业的初步扩展”[3]，其表现之一即为教养兼济且更重视“教”，清末民初出现的“贫民习艺所”“苦工院”“贫民工厂”等均是这一思想对慈善实践活动的影射，成为中国慈善救济事业近代化的重要标志。北京政府时期，军阀混战，面对荒野千里、饿殍载道的现状，中国红十字会无论总会、分会，在为难民提供衣食、住宿、医疗服务的同时，也关注难民的再教育、再生产，使其具备独立自主的生存能力。

1913 年，因沪埠“炮声震天，流弹横飞，玉石无分”，“南市城内、四乡各处居民扶老携幼，纷纷出走，避险者凡十数万”，中国红十字会体恤遭难妇孺困苦，“拟假新舞台开红十字会妇孺寄宿所，每日教以浅近工艺，并略识字母”[4]。随后颁布的红十字会临时留养院简章即要求若干女干事“教妇孺以浅近字义及寻常手工，每日以二、三小时为教课时间”[5]。1924 年，吴县地区受江浙战争影响，时人便呼吁“那些本来创办的收容所，大家收些难民去教养教养”[6]。由此可见，“教”与“养”

① 《辛酉被灾各省救济联合会简章》，《中国红十字会月刊》（1921 年 11 月），第 25 页。

② 《中国红十字会皖北联合救护之救济妇孺会通则》，《中国红十字会月刊》第 23 期（1923 年 9 月），第 34 页。

③ 周秋光、曾桂林：《中国慈善简史》，人民出版社 2006 年版，第 240 页。

④ 《兹将仁丹一万包捐输红十字会以慰问避险诸君》，《申报》1913 年 8 月 6 日。

⑤ 《中国红十字会临时妇孺留养院简章》，《申报》1913 年 8 月 10 日。

⑥ 《救济难民》，《吴语》1924 年 10 月 12 日。

结合，已为时人办理难民收容工作之共识。

众所周知，民国时期的教育有普通的小学、中学、高等教育，也有专门的职业教育。中国红十字会开展难民教育，更侧重于专门的职业教育，部分地区红十字分会在收容难民时设有系统的课程，以期培养难民技艺。西安红十字分会妇婴收养院对在院女子的教育便是一例。1923年，《中国红十字会西安分会妇婴收养院办法》规定："所收妇婴能作工者，可假本会女子职业学校纺车、织机等械，另筹资本，使其作工"，"工作之外，每日教授识字、演讲、常识各一点钟，由职员或其他热心慈善家担任"。遵循"施行常识教育，俾能助贫人生活为主"的教授总旨，该院女生须学习修身、国语、识字、心算、家事、公民常识六项，又因为"贫民迫于生活不能继续求学以完成长期教育"，故因地制宜，合理安排教育时间，其具体学习时间见表4－1。

表4－1　西安红十字分会女婴收养院女生每日授课表

	月曜	火曜	水曜	木曜	金曜	土曜	日曜
午后四钟至五钟	识字	心算	识字	心算	识字	心算	识字
五至六	家事 常识	修身	家事 常识	修身	家事 常识	修身	常识 常识
六至七	国语	国语	国语	国语	国语	国语	国语

资料来源：《中国红十字会西安分会妇婴收养院办法》，《中国红十字会月刊》第17期（1923年3月），第11—12页。

科目不同，教授要旨亦各有侧重，教授方法也多有区别："修身"之学旨在"以孝敬、诚信、勤洁、礼让、知耻、守法十目，涵养其德行，教授方法以恳切之谈话训练之，并讲演故事，实习礼仪"；"国语"则专注于教授学生"认识注音字母并熟习其用法、书法，以养成发表语言之能力，教授方法注意发音并练习语言"；"识字"之要旨在于"能辨认简单浅近固定之文物并了解其意义"，其教授方法为"专采切于平民生活所必需之具体教材，如钱票、铜币、门牌、印花、邮票之类，使习其文字之读法、讲法并说明其用法，遇必要时并练习其写法"；"心算"主要是让学生"熟习日常简单之计算，增长生活之智能"，以直观的教授方法，"采用实物，练习十数至百数以内之数法，加减乘除之算法及各种度量衡之用法，遇适当时兼以注音字母教授简单账簿之记法算法"；而"家事""公民""常识"之类科目则希望女生"能略识治家之要务、国家与社会之情形、国民共有之责务、女子特有之责务"，教授方法与修身略同，贵在“激发独立之精神，引起互助之同情”[①]。这些课程的设置，打破了传统教育中“女子无才便是德”的封建观念，提升了女性在社会救济事业中的价值，是近代以来中国女性解放运动在红十字运动领域的反映。从其课程内容和教学方式来看，首先，采用常识教育而不是传统的四书五经、封建伦理道德教育，增加女生对日常知识的了解，体现了红十字会难民教育的变革性、时代性，突破了传统教育的桎梏；其次，注重教育内容与方法的平民化，培养女子日常的生活技能，以身边实物为教授器材，便于女生接受和掌握；最后，既有知识的授受，又有技能的训练，采用知行合一的教育方式，可帮助女生全面提升生活能力。不可否认，这一时期中国红十字会的难民教育与职业培训工作仍处于起步阶段，但也为以后尤其是南京国民政府时期中国红十字会难民教育的普及奠定了基础。

综上，北京政府时期的中国红十字会难民救济工作主要是地方分会因地施策，各有所别，针对本地及周边难民制定救济与管理条令，而且偏重于有节制的收容妇孺，存在一些局限。如无锡分会所设妇孺安置所有 10 个左右，安置之程度则以不露宿、不饥饿为限，入所者“以救济队符号为凭，非妇孺，虽持符号，所长有权拒绝”[②]。对此，当时人就曾指出：“红十字会已有安置所之设立，然每所有额定若干之章程。愚意以为临时如溢出定额，断不可格于定章，将人挥之门外，当一视同仁，概予收容，以房屋之大小，能容纳若干为度。盖同为妇孺，未便显分轩轾，令有向隅之憾。如以经费之绌，可供宿不供膳，所中另设食物贩卖部，平价贩卖粥饭面糕物，避难者当可以各自出资购食也。”[③] 这些思考，既反映了社会人士对红十字会难民救济规章的关注，也批评了红十字会在办理妇孺收容工作时出现的限定名额、经费不足等问题。

当然，局限在所难免。但从上述内容可见，北京政府时期中国红十字会对难民收容工作已有了基本的救济策略，包括专门的救济人员、有序的管理、以“教”代“养”等，是红十字会在传统慈善救助基础上的大胆突破，成效显著，在多地均有实践。例如，癸丑之役中，红十字会临时留养院办理不足两个月，收养妇孺便能“识字唱歌、浅近习艺”[④]。

① 《中国红十字会西安分会妇婴收养院办法》，《中国红十字会月刊》第 17 期（1923 年 3 月），第 11—12 页。

② 《红十字会锡分会消息汇志（二）》，《锡报》1924 年 9 月 1 日。

③ 《来件》，《锡报》1924 年 9 月 7 日。

④ 《红会留养院开幕记》，《新闻报》1913 年 8 月 28 日。

战事告终，第二、三留养院先后闭院，三处妇孺留养院共留养妇孺3300余人，耗资约4700元①。灵宝地区1921年“秋间粒米未收，物价腾涌，斗麦价六千有奇。灾民流离，均不聊生，往来会前号泣乞救者络绎不绝”，当地分会在社会绅商捐助下，1922年2月，“买得馍馍二百斤，散放城中贫民及县狱罪犯一百五十八人”，所剩钱款“就分会所三门外，尽行放给四方贫民四百九十九人”②。1923年2月，大昌分会亦以“上年入秋以来，亢旱为灾，田亩枯焦，上天之垂象异常，市面之恐慌特甚，啼饥号寒者较前尤多”，发放钱粮，“计发出大米一石三斗一升，折合京斗三石二斗七升半”，“又发出大钱二十九串八百文”，时人“各皆称颂红十字会万岁，欢呼而去”③。红十字会遵照相关章程予以救济，赢得难民的极大认可。而这些救济业绩的取得，也是对民国以来红十字会制度建设的实践和检验，进一步证明了其在收容难民方面制度设计的合理性、可能性，为南京国民政府时期的红十字会制度建设和救济活动的规范化提供了经验和指导。

① 《中国红十字会癸丑成绩撮要》，中国红十字会总会编：《中国红十字会历史资料选编，1904—1949》，南京大学出版社1993年版，第304页。

② 《灵宝分会施赈之报告》，参见池子华、崔龙健：《中国红十字运动史料选编（第一辑）》，合肥工业大学出版社2014年版，第224页。

③ 《大昌分会施放年米及钱串》，参见池子华、崔龙健：《中国红十字运动史料选编（第一辑）》，合肥工业大学出版社2014年版，第225页。

第五章　红十字会制度评析

在中国红十字运动的实践过程中，红十字会的制度体系日渐形成，并在其日常管理工作及人道救护活动中发挥了指导、激励、规范作用。纵观红十字会制度的形成过程及具体内容，不难发现，民国时期中国红十字会制度建设有自己的特征，对红十字事业乃至传统慈善事业的近代化转型均有推动性影响。但也不可否认，受民国政治、经济等因素影响，中国红十字会制度建设的局限性也很明显。

第一节　制度建设总体特征

中国红十字会肇始于20世纪初，民国是其制度建设的重要发展阶段。从其制度的确定过程看，中国红十字会制度的确立经历了反复修正的过程，日趋完善；从其制度的具体内容看，从基本章程的颁布到实践过程中各个具体规则的订立，整个过程形成了一个较为庞大的制度体系。而这一递进式的发展过程本身，亦可见其在立法程序、组织建设、人道救护等方面的总体特征。

一、立法过程曲折，章程迭经修正

所谓立法，即法律的制定，是由特定的主体按照一定的职权和程序并运用一定的立法技术来制定、认可及变动法律的活动，是用法律手段对权力、权利资源及其他社会利益进行分配和规范的活动。民国政府为规范社会救济行为，加强对社会慈善团体的监管，日益重视慈善立法工作。作为民国时期具有代表性的慈善团体，中国红十字会的规章屡经修订，多有波折，展现了红十字会与行政权力在制度层面的较量，主要体现在以下两个方面。

其一，红十字会希望在缓和与政府立法冲突的同时，保持自身的独立性。可以说，中国红十字会规章条令的确立过程，即为红十字会为坚持自身独立地位、维护民间性质而与政府的博弈过程。如 1914 年 9 月 24 日，袁世凯以大总统训令的形式颁布了《中国红十字会条例》，这是民国时期首部监督慈善组织的法律，也是民国时期中国第一部与红十字会相关的单行法。该条例中规定了中国红十字会的职责、职员任免与奖惩等，为红十字会的规范化发展提供了法律依据，也是我国慈善事业法制化的开端，为而后《中国红十字会法》的订立奠定了基础。1920 年，经陆军、内务、海军三部会同修正的《中国红十字会条例》，呈奉政府核准后公布施行。对于政府修订的法令，一方面，中国红十字会常议会认为“是则不成为法律，更绝无效力之可言”[①]，提出“此种不合法律手续之命令，并无服从之义务”[②]，“未经本议会常会通过，即不为本会同人所承认”[③] 等观点，主张修改会章；另一方面，在 1922 年修改会章过程中，又尽量缓和会员大会章程与政府条例间的冲突，表示“由常议会提出《中国红十字会章程修正案》，经列席全体会员讨论，逐条议决施行，核与奉颁条例及施行细则不无异同，实缘内审国情，外又鉴于国际交通之形势，意在辅助国家权力所不逮，而非故与政府相违异”[④]。从条例的出台到章程的修订，揭示了红十字会与政府间的矛盾与妥协。1930 年 9 月，中国红十字会修改章程委员会召开第四次会议。会上，叶植生建议将原有章程的“本会为法律上之社团法人”改为“国际上慈善法团”，强调自身的独立性，不应受政府干涉[⑤]，但收效甚微，政府的管控力度未减反增。1934 年 9 月，红十字会根据政府新颁管理条例修改总分会章程，以理监事会取代常议会，取消原设理事长。对此，部分会员以决议案形式提出法律修改意见书，希望维护红十字会独立地位，但终未实现。

其二，在各方维护法律位阶的基础上，部分法令条款的修改引发争议，最终出台者可谓集体讨论的结果。《红十字会章程》为其他具体细则的颁布奠定了基础，政府管理条例的出台亦是拟定相关条例施行细则

① 《中国红十字会全国大会纪》，《申报》1922 年 6 月 27 日。

② 《中国红十字会会员大会纪略》，参见中国红十字会总会编：《中国红十字会历史资料选编，1904—1949》，南京大学出版社 1993 年版，第 278 页。

③ 《红十字会今日开全国大会》，《申报》1922 年 6 月 25 日。

④ 《十一年六月会员大会纪事本末》，《中国红十字会二十周年纪念刊 · 纪事》1924 年印行，不著页码。

⑤ 《红会修改会章委员会第四次会议》，《申报》1930 年 9 月 3 日。

的前提，因而法律的制定存在“母与子”的关系。当相关条例的内容或确立过程相互背离时，不可避免地将引发立法争议。如1920年9月，中国红十字会开常议会，会上，因常议会议员人数问题而建议修改章程。对此，钱省之认为：“本会为法定机关，议案宜依法律，今常议会每不足法定人数，遽言修改会章，殊非容易。不如先就议员本身上着想，修订议员规则，再谋发展。”盛竹书谓：“会章系母，规则为子，今舍母而言子，未必有益。”[①] 二人争执之下，主席取折中办法，双管齐下。最终议决由金邦平、盛竹书、钱省之三人会同起草规则，再行推举数人研究会章。再如1933年，“国民政府以中国红十字会为万国同盟之慈善团体”[②]，由立法院制定管理条例并于12月6日公布，复令军政、内政、外交、海军诸部会同拟定施行细则，并于1934年6月3日，由行政院公布。1934年9月，内政部以《中华民国红十字会管理条例》第4条前半段规定“本会置理事监事各若干人，由全国会员大会就会员代表中选举之”，与其《施行细则》第24条、第26条各第二项所规定理事、监事“由全国会员代表大会就会员中选举之”内容不同，“对于理监事之当选资格，显已两歧，于适用上不无疑义”。从立法学上说，管理条例由立法院通过、政府颁布，属于上位法；施行细则由内政部拟定呈行政院公布，属于下位法。前者高于后者，两者发生分歧自应遵循前者。但内政部以“该会理事、监事职责繁重，人选一项，允宜广征通才，藉裨会务，似未便仅以会员代表为限而剥夺多数会员之被选举权，拟请将该条例酌加修改”。为此，内政部呈由行政院提交第177次会议决议通过，咨立法院审议修正。立法院提经第三届第67次会议议决，付诸法制委员会审查。法制委员会认为：“于该细则公布一年之后始提请审议修正，显然以命令变更法律。本案究应如何办理，应请大会公决。”立法院又“于第三届第71次会议提出详加讨论，佥以命令不得违反法律法规，制定标准法，订有明文。既准行政院咨称中华民国红十字会理事监事人选，允宜广征通才，姑将原条例酌予修改”。1934年12月23日，国民政府公布施行新修订的管理条例。由上述可见，一则条令、一部章程的出台，实际上是不同部门协商一致的结果。

红十字会各项规则的公布经历了一个从总统训令、未经国府认可即行公布到经过相关部门、全国会员大会公开讨论及审核修正的过程。从

① 《红十字会开常议会纪》，《申报》1920年8月29日。

② 《军政部发给红十字会车票》，《申报》1934年2月24日。

程序上说，遵循“命令不得违反法律”的原则，体现了规章建设的规范性。从本质上说，中国红十字会章程、条例的出台实际上也是红十字会与政府权力斗争的结果，虽然红十字会最终成为官办慈善机构，但仍在章程、条令的争议中展现了红会人在立法方面坚持自身独立地位的追求。

二、坚持以人为本，维护会员权利

红十字会制度建设的范围，既有关于红十字会组织结构、日常工作的调整完善，也有关乎人道救助活动的指导规范。而这一系列制度的确立，无论是内容还是过程，都强调红十字运动对生命、对人权的重视。

国际红十字运动发端于战争，贯彻人道主义精神，以扶伤救亡为己任。在战地从事人道救护时，要求“凡一交战国军队之伤者病者陷入他交战国之手时，除以前条予以救援外，应即视为俘虏，并即适用国际公法中关于战时俘虏之普通规定”，“每次战后占领战场者，应设法尊重伤者死者，并防止抢掠及虐待”①。中国的红十字运动起于日俄战争，自当遵循国际公约，以救人为本，拯救病伤。民初的九江红十字医院以“治疗军民、强健种族”为宗旨，在其章程中特设一案例——“设有甲乙两人斗殴，乙被甲殴伤身死或未死而甲实为凶手，甲亦受伤，自投医院求治，因而官差来院拘拿，但差人不得擅入搜索，须禀明监院暨理事，方可随将该凶手交差带去，或候伤痊再交该家族领去，临时再酌。”该案例言简意赅，却直截了当地说明了在人道与法制的抉择中，红十字医院果断选择以疗伤为先，真可谓“医者仁心”，以生命得以维系为首要职责。1922 年，上海车马伤人日见其多，红十字会为尊重人道起见，特组织救急队，以重生命②。又如上海北市医院于新闸路建筑医院一所，“空气新鲜，于病者之卫生布置得宜”，“沪地人民，无不称便”③。此类救民、便民之事不胜枚举，是中国红十字运动尊重生命的体现。而且，红十字会不仅要救护受难民众，还要在施救过程中注意救护队员的安全，保障其基本的生存条件，这也是中国红十字运动与国际红十字运动的共同要求。1864 年 8 月 22 日，瑞士联邦政府召开外交会议，通过了《日

① 《国际红十字会公约》，《中国红十字月刊》第 35、36 期（1948 年 12 月），第 17—22 页。

② 《上海车马伤人之救星》，参见池子华、崔龙健主编：《中国红十字运动史料选编（第一辑）》，合肥工业大学出版社 2014 年版，第 205 页。

③ 《中国红十字会新建筑市医院迁移开诊》，参见池子华、崔龙健主编：《中国红十字运动史料选编（第一辑）》，合肥工业大学出版社 2014 年版，第 211 页。

内瓦公约》，“公约上保证地方人民得有在战场上救护伤兵的权利和自由”，“又规定凡受公约保护的人员机构及装备等均须以白底红十字为特别标识，这种标识正和瑞士国旗红底白十字稍有区别，而仍代表其中立性”①。该公约既明确了红十字会的中立态度，又指明红十字会人员应受保护。在国际公约的指导下，中国红十字会亦将重视救护人员安全作为章程中的重要内容。如前所述，红十字会战时随军救护人员之待遇与军属同，救护队出发救护可函请军队予以保护。抗战时期，中国红十字会救护总队部运输股以“紧急时期移动时，以人员为先，器械次之，其他材料又次之”② 为办事细则之一。凡此种种，无不体现了中国红十字会管理的人性化和对个体生命的保护。

除了保护人员安全，红十字会亦注意倾听会员意见，酌情考虑，不断修订、完善制度，便于会员参加红十字会事业。例如1930年8月，红十字会“徇多数会员之要求”，召开临时大会，组织修改会章委员会，该委员会“以修改中国红十字会全部会章为宗旨”，“各委员纯属义务职，有修改中国红十字会章全部之权”。红会充分尊重委员提案权，规定：“会议时，对于某条某项有修改之必要，应由一人提出、二人副议，方可动议，经出席委员过半数之通过，得表决之”③。红十字会遵照会员意思召开临时大会，体现出红十字会对会员参与工作的重视。另外，在大会筹备过程中，红十字会人安排周详，布置妥当，以维护会员的参与权、发言权、表决权为要。例如，王培元以“召集临时大会限五星期，恐远道分会不及赴会”，建议改为六星期④。在修改会章过程中，对于原定“当选常议员须居住上海二年以上”，修改会章委员会主席闻兰亭提议改为“但当选后须常驻上海”⑤，后又经公议将条文予以扩充完善，“常议员当选人不以出席代表为限，凡为中华民国国民年满二十五岁、入会满二年以上之名誉会员、特别会员及正会员，均得被选为常议员。但被选后须常驻上海，俾免缺席”⑥。在修改《会议细则》时，董心琴起言，“凡讨论一议案一事件，须经全场轮流议毕，但不得重复申叙”；

① 《红十字社会事业的发轫》，《中国红十字月刊》第3/4期（1946年4月），第2—5页。

② 《中华民国红十字会总会救护委员会运输股办事细则》，《中国红十字会月刊》1940年第55期，第180—185页。

③ 《红会修改会章委员会第二次会议》，《申报》1930年8月25日。

④ 《红会修改会章委员会第四次会议》，《申报》1930年9月3日。

⑤ 《红会修改会章委员会第六次开会》，《申报》1930年9月11日。

⑥ 《红会修改会章委员会继续开会》，《申报》1930年9月15日。

吴甲三提议“会员有发言权、有提案权、有动议权、有表决权、有投票权；凡有提议案，应先提交筹备大会委员会”①。会章修改完毕，吴甲三提议“本会《章程》及《分会通则》虽由第三届大会通过，但未经二读及三读会通过，手续本未完备。本委员会由第三届临时会员大会推定十一人组织而成，负责修订所有各项章程，由本委员会三读通过后，即将此项草案印出，分寄全国各分会及各级会员，各抒意见”②。各章程经三读通过后，复请各委员详细披阅：“蒋达秋、吴甲三共同披阅《红十字会章程》，逐条校核，并无错误，复有各委员传观一遍，认为满意”，“徐熙春、李振邦共同披阅《分会通则》，复由杨克逐条核校，亦无错误，再由各委员传阅一遍，均认为合法”，“蒋达秋、叶植生共同披阅《选举法》，逐条查核，均无错误，复由各委员加以校勘，皆认为满意”，“蒋达秋、董心琴共同披阅《执行委员会细则》，详细校勘后并由各委员传观一遍，均认为合式［适］”③。该委员会将各章程条例逐条宣读讨论通过，字斟句酌，无不体现出对代表们提议的高度重视。这些议案的提出和完善过程，是红十字会人维护会员权利的真实写照。

三、审视国内形势，立足现实需求

制度的作用在于规范、约束、激励、指导，为人们的工作和活动提供可以遵循的依据。民国时期，社会动荡不安、自然灾害频发，导致民不聊生。对中国红十字会而言，制度的确立既是自身建设的要求，也是为了更好地服务于现实的人道需求。

一是针对特殊国情，颁布临时规章。与清末相比，民国时期的中国红十字会在人道救助、自身建设等方面均有较大进步，颁布的规章更是类别繁多，不仅有保障组织运行的基本章程、管理条例，而且有应对灾害尤其是战争灾祸的专门章程，从而侧面揭示了民国时期的时代需求。如抗战爆发后，因国防日紧，中国红十字会及时颁布《中华民国红十字会战时组织大纲草案》《中华民国红十字会总会暨所属各单位战时会计规程》《中华民国红十字会总会举办战时国际通讯简章》《中国红十字会在非常时期运输车辆搭客办法》等，对战时红十字会工作予以指导。抗战胜利后，为方便战后复员工作的展开，又拟定《复员期间中华民国红

① 《红会修改会章委员会继续会议》，《申报》1930年9月20日。

② 《红会修改会章委员会第六次开会》，《申报》1930年9月11日。

③ 《红会修改会章委员会继续开会》，《申报》1930年9月23日。

十字会总会组织规程》《复员期间中华民国红十字会分会组织规程》《复员期间中华民国红十字会总会调整及管理分会办法》等，且这些章程均注明“依照《复员期间管理中华民国红十字会办法》，至复员业务终了时废止之”或“依照《复员期间管理中华民国红十字会办法》，至复员业务终了时斟酌变更之”。这些规章的颁布或废止，是特殊国情下红十字会规范自身行为的必要措施。但也必须指出，一些关于组织建设的基本章程、管理条令等屡经修正，缺乏稳定性，不利于红十字会法律威信的树立。

二是针对地方需求，拟定规章内容。1929 年，中国红十字会筹赈处以“陕甘豫绥各省区浩劫频乘，壮丁流徙，饿殍载道”，特在上海组设灾童留养院，收容陕西、甘肃、绥远、辽冀察灾童。管理所在收容灾童时，结合当地实情，教养兼施，“如有俊秀天才，得以教练救护队音乐队为本会服务，又为改进世道人心计，教练各种技艺学成回籍，除团聚家庭之外，以文化美术，开通陕甘风气。其中如有勉力好学，本院当予以充分发展，设法升学，以资深造。或就陕甘等省区所产原料（如皮毛棉花等），教以改良制造之技能。本院愿送儿童性习相近者于各工厂中，使之学习机械织染铁木工业及其他手工之类，俾不仅就食一时，将来能发展西北实业，为百年富强自立之基”[①]。再如，淞沪会战之后，沪地难民群集，中国红十字会上海国际委员会虽不直接办理收容所，但通过派遣视察队考察沪上各团体所办收容所情况，初步拟定两种基本的难民救济标准，对难民给养标准、膳食制法及收容所设备标准予以说明。在难民教育方面，由工作组教育股专事负责难民教育与职业培训事宜，成立的国际教育委员会专事“统一难民教育行政，并且视导各所教育工作”[②]。红十字会在开展难民救护活动中，能参照国情和地方特色，提供适宜的技能训练和救助服务，某种程度上体现了红十字会以现实为依托的施教理念，也体现了红十字会规章内容的实用性。

三是针对不同灾情，偏重战地救护。众所周知，民国时期的中国社会遍地烽火，与此同时还面临着频发的风灾、水灾、旱灾、疫灾及日常火灾等。虽然《中国红十字会章程》在给红十字会职责进行定位时，指出其既承担战时救护任务，也负责平时的灾害救助，但通观民国以降红

① 《红会待遇灾童概况》，《申报》1929 年 11 月 18 日。

② 陈鹤琴：《一年来的上海难民教育》，《中国红十字会月刊》第 42 期（1938 年 12 月），第 9 页。

十字会所颁布的救护章程，其内容多以战事救护为主，而与水旱等自然灾害、人们日常生活中突发事件相关的应急章程较少。自然灾害发生时，红十字会更多地采用联合救济的方式，即与其他慈善团体合作，遵循联合救济章程。如1920年北五省发生旱灾时，中国红十字会与其他救助团体共组国际救济总会，以“统一各救灾分会，迅收救济实效”为宗旨，颁布《国际救济总会简章》十条，推定蔡廷干、黄凤华为国际救济总会华秘书；“因外国各团体已有联络，而我国则尚无总会”，复由汪大燮等召集中国各救灾团体，定名为北方救灾总会，制定章程[①]。这些章程多具有临时性质，不可作为红十字会独立应灾的制度依据。从这一角度上说，红十字会的规章体系尚有不完善和偏颇之处，在平时救灾方面缺乏制度性的理论指导。

总之，从国情、民情出发，了解社会需求而展开一系列人道活动是中国红十字会的可贵之处。它反映了中国红十字会制度建设的“中国特色”，但同时也暴露了制度建设的不足之处，揭示了实践过程中部分工作理论指导的缺失，对当今的红十字会制度建设而言，有可资借鉴和反思之处。

四、引介国际公约，推广人道法则

学者在研究全球化过程中，通常认为法律在历史上一直是全球化水平最低的社会领域[②]，国际制度对立法领域的影响受到国界的刚性约束。但各国红十字会的立法却与之不同：“差不多每一个国家红十字会法都以政府所签订的国际公约为根据，这些国际公约不但是红十字会组织之基础，并且亦是红十字会工作的根据。”而且，除了适用于战时的1864年8月22日第一次《日内瓦公约》（即《救护战场上之伤者病者公约》）、1906年7月6日第二次《日内瓦公约》（即《改善战地伤者病者命运公约》）、1907年10月18日《海牙公约》（即《日内瓦公约引用于海战之公约》、1929年第三次《日内瓦公约》（除《改善战地伤者病者命运公约》外，又增订《改善俘虏待遇公约》一种），一些国家还提倡各国红十字会在平时遵行1919年5月5日的《国际联合会法》[③]。从制

① 《北京通信——各救灾会之联合与救灾近状》，《申报》1920年10月6日。

② 弗雷德里克·萧尔：《法律移植政治及其动机》，载于约瑟夫·奈、约翰·唐纳胡主编：《全球化世界的治理》，世界知识出版社2003年版，第209页。

③ 参见陈履平译：《各国红十字会法之比较研究》，《中国红十字月刊》第12期（1946年12月），第12—17页。

度设计层面而言，当国际制度设有强力的监督机制时，国家倾向于遵守国际制度。然而，民国时期的国际红十字运动并不存在有效的监督机制，而且在中国红十字会国内立法时，国际红十字制度并没有发生重大变革。那么，国际红十字运动中诸项制度何以在世界多国推广？对此，仅就中国而言，中国红十字会制度建设能接受国际制度，很大程度上依赖于民国时期国家立法者及中国红十字会人对国际红十字运动的态度。具体来说，处于国家主权核心的立法者和社会精英对国际公约的宣传并将其以法律形式确定下来，不仅使中国红十字会制度在建设过程中有意识地吸取国际红十字运动的精华，借鉴国际人道救助经验，而且还有效地起到了敦促社会遵守国际规范的作用。

首先是引介国际红十字条约。如 1913 年 2 月，《大公报》以连载的方式公布《陆军部新订红十字条约解释》①，对国际红十字运动条约各章节的内容予以详细说明。4 月，中国红十字会天津分会将翻印的《红十字条约解释》“分送各官署及各机关，以资考察而便提倡”②。1922 年，天津附近各县皆拟创立分会，提请“将陆军部于民国九年颁布之红会新定章程多寄数本，以备分布，俾创设分会者有所遵循”③。对国际红十字条约的解释和宣传，一定程度上揭示了中国政治精英对国际制度的认可。

其次是强调遵循国际条约。1916 年，已有“国际法学者主张红十字条约亦适用于国内战争之际，惟在交战团体承认以后”，强调“红十字会无分己军与敌军之性质”及“红十字条约固有时可适用于国内战争”④。1922 年，红十字会修正会章，明确本会会务之施行以 1864 年《日内瓦条约》、1906 年《日内瓦红十字条约》、1921 年《红十字万国联合会议决案》为准⑤。1930 年的红十字会常议会上，闻兰亭就青年会员问题发言：“万国红十字联盟会青年部长凯锐女士、美国红十字会孟纳兰、总支会青年部长好施先生到本会，言及各国红十字会对于青年会员非常郑重，但办理青年会员方法，须有专门学问，最好派员至万国红

① 《陆军部新订红十字条约解释》，《大公报》1913 年 2 月 21 日、2 月 22 日、2 月 23 日、2 月 24 日、2 月 25 日、2 月 26 日、2 月 28 日、3 月 2 日。

② 《新书印就》，《大公报》1913 年 4 月 5 日。

③ 《红分会近闻种种》，《大公报》1922 年 5 月 23 日。

④ 《革命时陆战法规之适用（二）——红十字条约之起源》，《申报》1916 年 3 月 16 日。

⑤ 《中国红十字会修正章程》，《中国红十字会二十周年纪念刊·章程》1924 年印行，不著页码。

十字会青年部留学，俾学成后，办理此事。当由本席与王理事长商酌，现有王耀庭熟谙英语，可以派往学习。”① 1935 年，国民政府公布的《中华民国红十字会管理条例》亦指出，办理红十字会业务除遵照条例及国内其他法律规定，经政府批准的国际公约并准适用。1946 年，红十字会改隶行政院，按其管理办法，“总会得派员出国考察红十字会业务，并欢迎友邦红十字会派员联络指导或协助等工作”②。这些条例的制定，是中国政治精英与民间社会接受国际红十字运动及其制度的重要体现。

中国红十字会既是红十字制度的建设者，也是国际章约的有力支持者。国际社会已有万国红十字会及红十字联盟会。万国红十字会“以保守日内瓦各条约为专职，其主要目的为考察各国红十字会之规则是否合格”，“倘若各国红十字会之规定合于上列各条者，则万国红十字会可与以正式承认，同时可信托其已经成立”；红十字联盟会之设立，意在“欲使各国红十字会之平时工作立于同样地位，使尚未明晓红十字意义诸国创设红十字会”，为此，“分发各国红十字会各种消息训令，各项问题之最为需要者，并告以种种如内地分会之组织法、宣传法、募集经济法等等”③。一国红十字会的成立当以认可和熟识国际红十字运动条约为前提，中国也不例外。国际红十字运动于晚清传入中国，中国红十字会的创建者自然是接受国际红十字条约的，但民国时期政权更迭、战乱纷繁，政府无心传播国际人道法，而这种相对羸弱的国家政权为中国红十字会传播国际人道法提供了契机。1919 年，蔡廷干在就职演说中即提出“广延各界通人担任调查各国红会制度，俾我国红会得与各国并驾齐驱”④。从现有材料可知，中国红十字会利用各大媒体宣传《日内瓦公约》、日本赤十字社等，从而让民众意识到红十字会在战争中的中立立场。除了宣传，在人道实践过程中，红十字会也秉承着遵循国际人道法的原则，规范自身的行为。如 1924 年江浙战事兴起后，红十字会总办事处为防止有人冒用该会旗帜袖章等件，特将《万国红十字会取缔违用红十字旗帜、红十字袖章条例》通告各界。1932 年，淞沪抗战期间，红

① 《红会常议会开会纪》，《新闻报》1930 年 9 月 26 日。

② 《复员期间管理中华民国红十字会办法》，《中国红十字会月刊》第 1 期（1946 年 1 月），第 12 页。

③ 《白郎先生致送本会备忘录》，《中国红十字会月刊》第 1 期（1935 年 7 月），第 135—141 页。

④ 《中国红十字会二十年大事纲目》，《中国红十字会二十周年纪念刊·纲目》1924 年印行，不著页码。

十字会发出通告云“本会系根据《日来弗条约》已成立，无论战时、平时均须遵从办理”，中日两军作战，“专负救护双方受伤兵民，对于受伤俘虏之待遇亦须遵从《万国公约俘虏章程》办理”①。

简而言之，中国红十字会制度的确立是红十字会与政府反复交涉的结果，是红十字会规范自身建设的要求，是时代需求的写照，也是国际制度在中国传播和融合的反映。反观之，政府与民间力量的反复较量难免使红十字会制度受政治制度影响，例如在西方国家，委员制是防止专制集权的政治武器。国民政府行政院为应对九一八事变后内忧外患的局势，展开了以改革委员制为主的制度革新和机构调整②。对于政府而言，这一革新不足为奇。而红十字会作为民间组织，也仿效这一西方制度，1930 年会员大会修改章程将会长制改为委员制，选举执行委员 11 人。红十字会借鉴这一政治经验，一定程度上可对权力起到制衡作用，但同时也增添了红十字会的官方化、政治化色彩。

第二节　制度建设功能

制度建设的功能是制度赖以存在的价值基础，体现制度的价值取向。民国时期的中国红十字会制度建设是红十字会开展人道工作的理论基础和行为规范。构建制度体系，确立组织运行规则，规范红十字运动实践，对红十字会形象的树立、红十字运动的推广及中国传统慈善事业的近代化转型均有重要价值。

一、制定日常工作行为规范，树立红十字的社会形象

正所谓“没有规矩，不成方圆”，民国时期的中国红十字会制度体系从不同领域对红十字会人员日常行为及其工作构成一定的约束力，并向世人展示了其规范化的组织管理方法。各国红十字立法内容或有差异，但均涉及日常工作的方方面面，而且最重要的是为红十字标志的使用提供了法律保障。红十字标志是一种特殊的标志，但在红十字会本身却是一种统一的标志。如前所述，它的花式可以有红十字、红新月、红狮与红日，但它的应用范围仅限于法定手续所承认的团体或红十字会本

① 《各界救济工作》，《新闻报》1932 年 2 月 23 日。

② 刘大禹：《国民政府行政院的制度变迁研究》，社会科学文献出版社 2012 年版，第 202 页。

身。从国际公约中可见，“尊重红十字会中立地位、在战时给予伤病兵保护、红十字标识擅用之禁止”是日内瓦体系的三个主要方面，但规范红十字会标志的使用，不仅需要各方面大力宣传，而且要贯彻执行并惩处各种违法行为。下面仅以红十字会标志的使用为例，略述红十字会制度建设对国家、社会及个人的影响。

从政府方面说，规范红十字标志使用是其职责所在，管理不严将影响本国外交威信。中国红十字会自成立后便一直面临着红十字记章、标志等被滥用的问题，至民国时期，此现象甚嚣尘上。如湘鄂战事期间，湖南党人派遣三艘小轮，“冒挂红十字会旗帜，轮上之人亦冒红会装饰，以窥探湖北军情及地域形势”①。为取缔私立红十字会、滥用红十字记章的行为，1913 年陆军部制定临时章程，对于冒用、滥用红十字记章的行为，“处以三个月以上、六个月以下之监禁”②。除了陆、海军部条令，其他行政部门也多次要求严禁滥用红十字标志。1929 年，上海特别市社会局致函该市商人团体委员会，认为中国红十字会加盟万国红十字会后，“一切措施均遵守《日来弗红十字条约》，该条约对于红十字限制极严，凡有商业性质之营业，概不许以红十字为号召”，请委员会咨请农商部“凡有红十字商标注册者一概不准，并谓通饬所属，凡非红十字总会或分会所设之机关，一概不得用红十字标记，以重国信”，指出滥用红十字标记关乎“外交上之威信，若不严加取缔，一经发觉，影响国际，至重且巨”③。

从红十字会角度说，对社会上滥用红十字标志的行为若不予阻止，则“殊于本会名誉攸关，且恐阻碍善举进行”④。民国肇始，中国红十字会多次提醒“凡红十字徽章禁止滥用，并严禁以红十字为作战机关”⑤，“本会正会员、特别会员、医队救护员及汽车、马车所用旗帜、袖章，切勿在战线内行走，又勿冒名顶用”⑥。地方分会亦坚决维护红会标志的正当、合法使用。无锡分会成立后即致函县警察所、驻锡水警第二区、军事盘查所，请示禁止私制红会旗帜，以维护红会信用。其函云：“敝分会所发旗帜、袖章均经盖有分会正式图记，至职员、医队等制服，除服色、帽袖金线、

① 《湘鄂宣布罢兵后之小战》，《申报》1913 年 8 月 19 日。
② 《红十字会纪事》，《申报》1913 年 8 月 19 日。
③ 《社会局取缔红十字商标》，《新闻报》1929 年 5 月 21 日。
④ 《红十字会函牍》，《申报》1913 年 8 月 3 日。
⑤ 《红会紧要会议》，《申报》1913 年 7 月 20 日。
⑥ 《中国红十字会临时通告》，《申报》1913 年 7 月 25 日。

帽章、领章均经照章分别等差外，凡旗帜无总分会关防图记及穿用红十字会衣服者，非特敝会概不承认，且有碍红会信用，应请贵所迅赐示禁，俾资识别而便保护。”① 1932年2月，中国红十字会以“近来市上红十字旗帜袖章，触目皆是”，特开全体紧急会议，“决请华、租二界当局援用《万国红十字公约》第二十八条‘在战争时私人妄用红十字旗及红十字臂纱时，则照备用军徽罪处罚之’。该条约所含范围，除（非）属于政府之卫生机关（即卫生局、卫生队）及红十字会所属机关，方得使用”②，从而将红十字会标志的使用纳入军事化管理。除一再强调严禁滥用、严惩违犯者外，中国红十字会还采用其他方式防止不良分子冒用标志。如1913年7月红十字会发临时通告称，“袖章系本会救护队医队所用，无论如何不准滥用”，“本会队员袖章均有本会图记，从今日有袖章者，一律加给证书，并函电南北军总司令一体认可”，同时转发海陆军部来电，以警告私用记章者。“凡用红十字记章、袖章，非有本会图章者，一律作为无效”③，以此杜绝私用记章现象，防止记章丢失后发生被人冒用事件。淞沪会战期间，红会对上海战区难民临时救济会所发“济”字号“红十字会旗帜臂章，因恐日久遗失在外发生冒充”情事，曾通告自1932年2月13日起，一律缴换新发旗章，加盖腰圆形救护队红十字图章，以资识别④。不言而喻，红十字会标志是红十字会的象征，关乎其信誉及日常工作的开展，自当极力维护，规范使用。

从社会个人角度说，红十字标志的规范使用是保护个人安全的方式之一。《日来弗红十字约推行于海战条约》规定，“标识无论平时战事，只准为保护或表示该条中所载各船只之用”⑤。参照国际公约，红十字会标志成为中国红十字会人员及民众保护自身安全的措施之一。如1922年10月，因时局变化，人心动摇，福建建瓯分会思患预防，组织临时救护队，“凡所驻之地，尽标白地红十字旗帜，夜悬红十字灯；办事人员均佩袖章，夫役均佩襟章；各会员、职员住宅，贴有姓名、签条，盖有分会图记，悬有红十字小旗”⑥，以此保护驻地会员安全。红十字标志

① 《红十字会锡分会消息汇志》，《锡报》1924年8月31日。

② 《取缔滥用红会旗章》，《申报》1932年2月10日。

③ 《中国红十字会临时通告三》，《申报》1913年7月25日。

④ 《旧红会旗章明日作废》，《申报》1932年2月17日。

⑤ 《日来弗红十字约推行于海战条约》，《中国红十字会二十周年纪念刊·纲目》1924年印行，不著页码。

⑥ 《救护闽战之初步》，参见池子华、崔龙健主编：《中国红十字运动史料选编（第一辑）》，合肥工业大学出版社2014年版，第204页。

既可以保护红十字会人员，也可保护普通民众。对于民众来说，正如《中国红十字会劝捐歌》所述："将凭照挂家庭，旗悬门外。出门时将佩章悬挂胸前，军民人若见了佩章旗照，也必然保护你身家平安。"① 1924年，受江浙战争影响，吴县"各处挂红十字旗，纷纷的作为收容所"②，该年"双十"节有人感叹道："不提双十节灯笼，而用红十字旗帜；不去庆贺双十节的纪念，而作红十字会救护灾民的事业。今天明明是双十，而袖上所绕、胸上所悬、旗上所挂，偏偏只有一十。十字，十字，何不成双作对为欢天喜地之十字，而作尸骸遍地血流成河之十字。"③ 由此可感受到百姓对战争的不满情绪，同时也揭示了其对红十字事业美好愿景的期盼，以及战时状态下无处不悬挂红十字旗帜、无人不佩戴红十字徽章的事实。

对红十字会标志的规范使用，无论是对于国家、红十字会还是个人，均有重要意义。将标志的使用予以制度化、法律化，不仅可增强政府部门对红十字标志的保护意识，还可提升民众对红十字会的信任度，对红十字会社会形象的树立有积极意义。

二、增强民众对红会的认知，促进红十字运动的发展

民国社会贫穷落后、灾患频繁，致使人们处于水深火热中。当自身的温饱都难以保证的时候，响应红十字会的号召去参与社会救助活动便只能是有心无力。据统计，中国红十字会会员的人数始终不尽如人意，至1931年尚未达到10万④。抗战胜利后，社会形势并未见好转，据时人记述："近几年来，我们的国家愈来愈穷，社会越来越贫乏，而相对的，捐款的事情也是越来越多，层出不已，所以一般人一见到拿有捐册的人上门就避之不及，这并不是他们的善心仁性起了变质作用，而是本身力量之限制。譬如一个公务员，每月收入维持一家人最简单的衣食已感不足，哪还有余力应付这些善人善事呢?"⑤ 生产力发展水平低下，一定程度上成为推广红十字运动的窒碍。因而，相对而言，红十字文化的

① 《中国红十字会劝捐歌》，《中国红十字会二十周年纪念刊·文苑》1924年印行，不著页码。

② 《希望收容所为无用所》，《吴语》1924年9月18日。

③ 《甲子双十节》，《吴语》1924年10月10日。

④ 《本会征求会员启》，《中国红十字会月刊》第1卷第1期（1931年5月），第8页。

⑤ 朱子会：《本届红十字会的一人一元运动》，《中国红十字会月刊》第33期（1948年9月），第5页。

传播亦需依赖于其规章制度的宣传与实施。红十字会通过明文规定确立起自身的制度体系，规范了红十字会的活动，也正迎合了人们信赖法律的社会心理，为社会民众参与红十字事业提供了法律指导，使红十字运动深入人心，也利于红十字文化的传播。

在制度宣传方面，民国以前，虽然红十字运动在各类报纸杂志的推力下已走进人们的视野，社会各阶层也都不同程度地表达了对红十字会的认同，但对红十字会规章制度还缺乏通透的理解。民国成立后，1912年，陆军部令将红十字条约加以解释，要求军人熟识并恪守之①。此后，随着各地战事的发生，请求按《日来弗海陆战条约》给予保护的函电不断传至红十字会总办事处及政府官厅相关部门。如1922年江西赣州红十字分会电告总办事处，该城"现设妇孺救济会，并另组救护队，驰赴战地救护，请电前方军事长官，通饬军队，按照《日来弗海陆战条约》保护"②。类似的电报在民国时期的红十字杂志、社会报刊中不难发现。在1930年会员大会上，昆明分会代表还提议"应请总会呈请中央，通令各省政府、各军队将红会条约编入军事教程，使军人了解红会宗旨，为便保护"③。起初，对红十字会章程的推广范围还仅限于军界。此后，关于红十字会规章的报道增多，而作为红十字会自办杂志的《中国红十字会月刊》在规章宣传中扮演的角色不容小觑。为推广红十字运动中的诸项规则，红会人充分利用《中国红十字会月刊》，一方面，设立内容专栏，公布国际与国内章程。如自1921年10月《中国红十字会月刊》创刊后，几乎每期都设有"专件"栏。该刊在一、二期先行收录《日来弗红十字约推行于海战条约》《红十字条约解释》后，自第三期起陆续公布《中国红十字会条例》《中国红十字会条例施行细则》等规章内容。1923年10月，《中国红十字会月刊》追录中国红十字会开创时所订章程——《上海万国红十字会暂行简明章程》，作为救护日灾区被害华侨办法之参考。另一方面，该刊又设立期刊专号，专门刊发中国红会规章。如1940年，第55期的《中国红十字会月刊》被定为"规章专号"，涉及国民政府成立后颁布的包括《中华民国红十字会总会章程草案》《中华民国红十字会分会章程草案》《中华民国红十字会总会理事会及监事会组织规程》《中华民国红十字会总会理事会监事会办事规则》《中华

① 《红十字条约解释》，《中国红十字会二十周年纪念刊·条约》1924年印行，不著页码。

② 《红会致赣省电》，《申报》1922年5月28。

③ 《红会继续大会记》，《申报》1930年4月24日。

民国红十字会会计规程》《中华民国红十字会分会会计规程》等在内的诸多章程，另外还系统摘录了25部关于红十字会总会救护委员会的规章。这种以“专号”形式系统公布红十字会各项章程的做法，有助于人们构建起红十字会制度建设的总体框架，对于加深其对红十字会组织建设、人道宗旨、社会救助等方面的认识和理解大有裨益。

除了《中国红十字会月刊》，《中国红十字会会务通讯》《救护通讯》等红十字会自办刊物，《申报》《大公报》等大众刊物也多刊载相关规章或进行相关报道。如1927年9月，《申报》登载中国红十字会将“会务章程，逐一宣布，装订成册”，刊印章程汇刊，内容涉及“《万国红十字会规约》《日来弗红十字会海战条约》《中国红十字会修正章程》《红十字会分会通则》《中国红十字会市医院章程》《上海吴淞两江防护染疫章程》，其他如战地救护队、伤兵医院、时疫医院、总医院护士学校、救济妇孺收容所、掩埋队、会员入会等章程、中国红十字会救护队现行服制图说、红十字会佩章彩图及急疫须知等，逐类说明，共百余页”，以期“各界人士如有关心该会工作者，可以函索，藉广宣传”①。其所载无论是国际红十字条约，还是国内红十字会的章程；无论是《中国红十字会章程》《中国红十字会条例》等基本规章，还是为开展具体活动而制定的各种临时章程，其目的之一都在于让人们了解红十字运动、参与红十字事业。如1919年，鉴于“红十字会之历史与事业在欧美各邦早已童稚皆知，惟在吾华虽提倡有年，除少数确有新知者外，鲜能道其究竟”，为推进青少年对红十字运动的认识，红十字会特组织4分钟演讲竞赛并借助《申报》广而告之此次演讲竞赛活动，二十岁以下的男女学生均可参加，“最后竞赛优胜员之奖品：第一名刺绣缎旗一面，约值洋十五元；第二名刺绣缎旗一面，约值洋十元；第三名刺绣缎旗一面，约值洋八元”。这种明文规定比赛奖励规则的方式，不仅规范了红十字会组织的比赛活动，而且可达到鼓励青少年参与比赛的目的，更重要的是，通过竞赛可以实现“昌明其宗旨，启发其事业，俾引起普通人民注意”② 的目标。

除了登报推广红十字运动条约，中国红十字会还在实践过程中遵循相关规定，对参与红十字事业的非组织成员给以奖励：或推赠会员，感谢其为红十字运动做出的贡献；或给予奖金，以期促其自身发展。对会

① 《红十字会刊印章程汇刊》，《申报》1927年9月24日。

② 《红会筹备四分钟演讲竞赛》，《申报》1919年5月7日。

外人员的奖励无疑会增加其对红十字运动的好感，更重要的是，会外人员在参与及受奖励过程中加深了对红十字会的了解和信任。具体来看，红十字会对会外人员的奖励包括两个方面：

一是对于为红十字事业做出卓越贡献的社会人士，红十字会酌情呈请政府给予奖励。如 1913 年，红十字会以“辛亥冬间战事暨上年各省水灾，中西人士在本会担任勤务者亦未少酬劳勋，惟因本会规条未经前参议员议决，故对于此项奖励无凭办理。现值正式政府成立，而本届异常出力者较前增多，似未便再事阁［搁］置”①，请予制定章程，酌核给奖。随后颁布的《义赈奖励章程》即明确对社会个人、团体中的捐助赈款者、经募赈款者及办赈出力者予以奖励；明确对于办赈人员异常出力者，“报由内务部审核成绩，分别呈请大总统给予奖章或传令嘉奖，或呈准大总统给予一等或二等金色奖章或题给匾额”② 等等。在红十字运动中，因表现卓著而受奖励的会外人士数不胜数，如 1915 年，“红十字会筹募青岛兵灾急赈，需款极巨。苏人丁梅盦君曾迭向该会输助现款及棉衣裤等至五千元以上”，“沈副会长因其赞助良多，特于入觐袁总统时陈诸奖叙，业奉令交内务部归入四年一届，业内特予褒扬云”③。江西刘守和“青年好善，奇嶷不群，因见山东省兵水两灾，嗷鸿堪悯，特奉慈命，将父传粤汉铁路已解二期之股票四百股，计价洋一千元，拨助本会，以充赈需”，红十字会“除照章推赠特别会员并将该股票估值觅售，以裨赈款外，合亟登报申谢”④。当然，按照“军界中人概不推赠会员”的规定，陈其美善士虽曾捐助洋二千元，但“业经声明系协助救伤掩埋之需，照章概不推赠会员；况陈君系军界高等地位，与本会‘博爱、恤兵’宗旨不符，照章不能推赠”⑤。

二是在开展红十字运动的过程中，循例对受助群体予以适当奖励，以此助其恢复生计、完成学业，并制定详细的奖励规则。例如，上海国际红十字会教育委员会在 1938 年开展难童教育过程中，对“成绩及格之儿童，均由本会印发修业证明书，成绩优良之各收容所各年级前五名

① 《红会请订奖励章程》，《申报》1913 年 11 月 12 日。

② 《义赈奖励章程》，《中国红十字会月刊》第 3 期（1921 年 12 月），第 19—22 页。

③ 《红十字会请奖捐户》，《申报》1915 年 2 月 5 日。

④ 《中国红十字会敬谢刘守和善士拨助粤汉铁路票四百股计价银一千元》，《申报》1915 年 3 月 9 日。

⑤ 《中国红十字会廿五夜廿六日临时通告一》，《申报》1913 年 7 月 27 日。

儿童，均由本会颁发奖状或奖品，以资鼓励”[①]。复员期间，鉴于“自抗战复员，儿童失学为数不少，培植下一代之主人，实急不容缓者”，1948 年 1 月，南京市分会“为救济学行优良之贫苦儿童努力学业起见”，设立“贫苦儿童奖学金”，制定《贫困儿童奖学金暂行简则》。该简则规定“受奖学金之学校暂以南京市区内之小学校为限；受奖学金之学生应具备下列之条件：青年会员、家庭贫寒及品学优良”，要求“凡合以上条件之学生得由校方填写申请书，附上学期成绩单及家庭调查表迳送本会。经本会调查后决定该学生确与本会奖学金之各条件符合，按照学生实际需要之学杂等费给予奖学金”。此外，该简则还确立“奖学金之名额视该校青年会员人数之多寡为定，其有青年会员占全校学生人数三分之一者，得设一奖学金额，三分之二者设二额，最多者设三额”，“受本会奖学金之学生必要时得受本会各项训练，并担任本会之服务”[②]。至 4 月，该分会已发放奖学金 130 万元[③]。从细则可见，受助者可接受红十字会训练，担任服务工作，这不仅有利于红十字运动在青少年学生中的推广，而且也为受助者投身红十字事业提供了机会。

近代以来，生产力发展水平、政府与法律的支持、红十字会领袖人物的贡献和民众的参与是人们认识红十字运动、传播红十字文化的三个主要影响因素[④]。如前所述，构建制度体系，利用人们对法律的信赖可以为红十字文化传播奠定基础；同时，对红十字规章的宣传与执行则进一步为红十字文化传播营造了有利的环境，可引导人们了解和参与红十字事业，推动红十字会制度文化的普及；而对参与红会事业者的奖赠、对弱势群体的鼓励，不仅能促进社会及个人的发展，而且还可以树立红十字会良好的社会形象，巩固红十字运动的社会基础。

三、建构红十字会制度体系，展现近代慈善的优越性

纵观整个民国时期，无论是中国红十字会会章，还是政府制定的管理条例或施行办法，基本上构建起了一套系统的红十字会制度体系，推动中国红十字运动实践日趋制度化、规范化。相比于传统慈善事业，中国红十字事业的优势也随着制度体系的成熟而愈加明显。

---

① 《难童考试办法业经订定》，《中国红十字会月刊》第 35 期（1938 年 5 月），第 36 页。

② 帆影：《南京分会的社会服务》，《中国红十字会月刊》第 33 期（1948 年 9 月），第 12—13 页。

③ 《服务汇报》，《中国红十字会月刊》第 28 期（1948 年 4 月），第 31 页。

④ 郭进萍：《红十字文化在华传播研究（1874—1949）》，苏州大学 2013 年硕士学位论文。

一是从观念来说，秉承新的慈善理念。有学者指出，“中国传统的慈善活动，诸如：蠲免、仓储、义庄义学、普济堂、养济院、漏泽园、保骼堂、义桥义渡、敬节堂、同善堂等，这些活动不仅惠及其时之民，而且思想遗产泽被后世，成为一脉相承的‘时代温度计’；但是传统的慈善思想也有自身的不足之处：开放性不足、有一定的功利性与宗教性、民间慈善发动不足等”①。与之相比，中国红十字会所倡导的博爱思想，与传统文化有共同之处，但也存在差异。从中国传统文化的角度讲，博爱即谓仁。《孝经·三才章》曰“先王见教之可以化民也，是故先之以博爱，而民莫遗其亲”；曹植于《当欲游南山行》中说“长才能博爱，天下寄其身”；欧阳修在《乞出表》中云“大仁博爱而无私”；韩愈亦在《原道》中称“博爱之谓仁”②。关于古人对博爱的阐释，孙中山曾指出传统思想中的博爱为“私爱”，为“狭义之博爱”，没有突破“爱有等差”思想的束缚。民国时期，随着西方社会政治学中“自由、平等、博爱”学说以及孙中山“三民主义”思想的传播，加以国际红十字运动理念的传播，中国红十字会形成了不同于传统思想的人道理念，倡导“平等、博爱、奉献”的品质和精神。另外，“如果说社会教化是明清善堂主要的关怀，那么推动民国时期中国红十字会各项救援工作主要的力量可能就是民族主义，民族主义对于该会工作的影响，可由其逐渐由救济工作转向战地救护，尤其是抗战时期中国红十字会的种种作为更为明显”③。从这一层面说，包括制度在内的红十字文化超越了传统慈善的社会教化理念，彰显出民族主义与人道主义的二重唱，具有突破性意义。这种广义的人道主义和民族主义渗透到红十字会制度建设的方方面面，例如民国初年至20世纪20年代，中国红十字会惯行博爱、恤兵的人道宗旨；抗战时期，《中国红十字会会务通讯》将红十字会精神概括为“博爱、牺牲”，而《激扬红十字会的新精神》一文则将其精神归纳为“大我之精神”（即“博爱大同”）“勇健之精神”“坚苦之精神”；抗战胜利后的复员时期，红十字会则以“服务社会，博爱人群”为宗旨。再如在救灾方面，中国红十字会不仅承担战时的救护工作，而且还对平时的灾害救助、医疗卫生、社会服务事业施以援手。凡此种种，不

① 参见周娟：《魏源慈善思想的历史考察》，《吉首大学学报》（社会科学版）2016年第1期。

② 参见林家有：《博爱与爱我中华——论孙中山的博爱观》，《西南民族大学学报》（人文社科版）2008年第1期。

③ 张建俅：《中国红十字会初期发展之研究》，中华书局2007年版，第313页。

仅是博爱文化的写照，也是中国红十字会人在民族命运攸关之时团结一致、以国家利益为重的体现。除此之外，民国时期的三民主义思想也对红十字会制度执行产生重要影响。如理监事就职时，须宣誓“谨以至诚实行三民主义，遵守国家法令，忠心努力于本职。如有违背誓言，愿受严厉之制裁”①，生动反映了国家与民族在红十字运动中的地位。

二是从实践来看，中国红十字运动在规章制度的指导下，无论是人员组织还是救护活动，均体现出近代特征。首先，在近代民主风气的影响下，中国红十字会通过民主选举、大会表决的方式产生本会职员，体现了民主化特征。例如，《中国红十字会章程》规定开会员大会时“公举会长、副会长暨顾问、秘书长、理事长各职员”②；《中国红十字会条例》及其《施行细则》规定中国红十字会会长、副会长由大总统派充，分会长由分会推举，常议会议员每年由大会选举产生，再由议员中推选议长、副议长各1人，常议员可“审决会员之除名及入会之准否”，可“选举资产监督及总会出纳会计员”③。1922年《中国红十字会修正章程》明确了常议会可“选举会长、副会长”，“公推理事长”，“公推财产委员”。理监事会制取代常议会制后，“理事、监事各若干人由全国会员代表大会就会员中举之”，会长1人、副会长2人由理事会推选之，常务理事、常务监事亦从理事、监事中分别互推产生。凡此种种，无不散发着民主选举的气息，是中国近代政治追求民主的体现，也反映出了红十字会作为民间慈善组织力图保证自身独立性、自主性的努力。

除了依法组织民主选举外，在具体的人道活动中，中国红十字会也不断颁布新规，保障自身活动的规范化、统一化。例如，为保障抗战期间中国红十字会救护队运输工作的顺利进行，中国红十字会先后出台《中华民国红十字会总会急救车行驶简章》《中国红十字会在非常时期运输车辆搭客办法》等文件，对急救车的使用原则、服务对象、内部配备、收费标准及搭客条件予以清晰明了的限定，使红十字会的运输工作得以规范和统一。当然，其也表明了近现代交通工具在红十字运动中得到广泛使用。此外，相比于传统的慈善事业，中国红十字事业的管理体系日趋专业化，如在财务管理方面，1930年“第五届筹振委员会公决公

① 《人民团体理事监事就职宣誓规则》，孙燕京、张研主编：《民国史料丛刊·社会·总论》续编0739，大象出版社2009年版，第170页。

② 《中国红十字会章程》，参见中国红十字会总会编：《中国红十字会历史资料选编，1904—1949》，南京大学出版社1993年版，第224—226页。

③ 《中国红十字会条例施行细则》，《政府公报》1915年第1228期，第19—27页。

推经济委员、会计师等审查账目”，“该会曾公推常务委员刘鸿生、王晓籁、黄涵之三君审查，刘君等以查账事务系属专门技术性质，应请专家负责办理，因之共同委托潘序伦会计师代表查核”[①]。在材料配备方面，中国红十字会在抗战时期特设购料委员会，颁布《中华民国红十字会总会购料委员会组织规程》，对该委员会的组织、职权、施行办法进行系统说明，要求委员会“秉承会长、理监事会接受各处属采购国内外各种需用物品，审查评价采购事宜”，“在香港，对于购料事宜，有专门学识技术经验者聘请之”。

简言之，人事工作的民主化、人道救助行为的规范化、物资管理的专业化、资金来源的多元化等特征以及教养兼施等救助理念，均可体现中国红十字会制度建设的近代性，从而使西方近代慈善思想和制度合理地融合于中国的慈善事业中。

四、明确国际运动统一规范，增进红十字国家间互动

在国际政治学研究中，国际组织的多边性质及其对维护世界和平的贡献备受关注，关于“国际制度和平论”的讨论成为冷战时期国际政治领域的话题之一，新自由制度主义的基本思路即为：国际制度——国际合作——国际和平。有学者指出，国际组织促进国家间合作，减少国家间诉诸武力的倾向的作用表现在诸多方面，包括制止破坏规则、在冲突各方中居中调停、传递信息以减少不确定性、社会化和形成规范、产生相互认同感等等[②]。作为三大国际组织之一，红十字组织在国际和平事业中的作用不容忽视。国际红十字运动发轫于战争，其无分国界、无分种族、无分宗教信仰的人道救助活动对推动世界和平有积极意义。胡兰生在考察了国际红十字运动后说，“凡是一个爱好和平的国家，都有一个根据万国红十字公约的精密而组织的红十字会。就连一个黩武的国家，无论在西方和东方也会有爱好和平的人士而热心这样的组织”[③]。中国是国际红十字运动成员国之一，中国红十字会的制度建设理应以万国红十字会的规章条例为基本准则。为此，中国红十字会将遵循国际组织统一规范的要求予以明文规定，多次声明“本会按照一千八百六十四年各国会订之《日来弗条约》暨一千九百零六年七月六号中国在保和会签

① 《红会筹赈处查账近讯》，《新闻报》1930 年 3 月 14 日。

② 常欣欣：《国际组织与国际和平关系的理论考察——兼评“国际制度和平论”》，《新视野》2011 年第 4 期。

③ 《红十字会的面面观》，《中国红十字月刊》1946 年第 2 期（1946 年 2 月），第 4—6 页。

押之《陆战时救护病伤条约》（一名《日来弗红十字条约》）办理"[①]，"本会会务之施行以一千八百六十四年《日来弗条约》、一千九百零六年《日来弗红十字条约》、一千九百二十一年《红十字万国联合会议决案》为准"[②] 等等。

当然，最重要的是，中国红十字会制度建设紧跟国际红十字运动的步伐，同国际社会进行友好互动。1914 年第一次世界大战爆发，国际红十字会及各国红十字会积极参与伤兵难民的救护活动。"英属加拿大古拔省各学校之青年学生，发起一种辅助红十字会之慈善事业，其唯一工作，乃集合各校学生，缝纫伤兵之衣服、卷绷带及分送各项伤兵应得之慰劳品"，红十字青年部由此形成，其组织条例中最重要之规条为"各国青年部有互相通讯，以促成和好之感情，此即可免后来之战祸"[③]；1917 年大战正酣之时，威尔逊总统呼吁公私学校参加美国红十字会工作，创造了 American Junior Red Cross 运动；一战后，红十字青年运动大规模开始[④]；1920 年，国际联合会各国代表开会决议，"凡有红十字会国家应当组织青年从事于红十字会工作，发扬红十字会精神"[⑤]。国际社会青年红十字运动的兴起引发中国红十字会人的关注。诚如吴耀麟说，"青年原是人类生命的源泉，只要好好地组织，合理地领导而施以适当的训练，他们具有无限伟大的力量"。基于青年人的"伟大力量"，中国红十字会全面展开青少年红十字运动，并将其写进相关章程、管理条例中。1919 年，蔡廷干出任中国红十字会会长，决议添设学生会员；1920 年，政府新颁《中国红十字会条例施行细则》列入"学生会员"；国民政府时期并将发展青年红十字运动写进红十字管理条例中。

与青少年红十字运动相似，兴起于一战的国际红十字联盟看护事业同样影响了中国的制度建设。中国红十字会原有看护之设，如民国以前，天津分会已有关于招收看护生的简章，"男女各生报名者异常踊跃"，"修业四星期毕业"[⑥]；民国成立初期，在论及红十字会现在与未

① 《中国红十字会章程》，参见中国红十字会总会编：《中国红十字会历史资料选编，1904—1949》，南京大学出版社 1993 年版，第 224—226 页。

② 《中国红十字会修正章程》，《中国红十字会二十周年纪念刊 · 章程》1924 年印行，不著页码。

③ 《红十字会在世界上地位之一斑》，《中国红十字月刊》第 1 期（1931 年），第 26—27 页。

④ 《红十字会国际联合会的公共卫生工作》，《中国红十字会月刊》第 14 期（1947 年 2 月），第 6—10 页。

⑤ 《红十字青年运动》，《中国红十字月刊》第 7 期（1946 年 7 月），第 7—10 页。

⑥ 《红十字会纪事》，《大公报》1911 年 11 月 18 日。

来发展时，有人指出，“中国每有妇人丧夫之后守志终身，又有受聘未婚之女以夫亡守节不再适人者，最宜以此等人充当看护妇”[①]，但在《中国红十字会章程》中，只是提及“造就医学人才”或“造就救护人才”，未有“看护”一说。1915 年，鉴于一战中红十字联合会看护事业经验，《中国红十字会条例施行细则》在原有“培养救护人才”基础上，增添“养成救护及看护人材办法”一项，“看护员之养成就本会医院行之，其学费由本会支给”，“看护员毕业后，四年之内归本会任使”，并提出另订看护教育细则、看护教程[②]。

可以说，一战的爆发，不仅推动国际红十字事业的发展，也推动了中国红十字会制度的完善。而且，添设青年会员、培养看护妇等做法也为中国红十字会与国际红十字会、其他国家红十字会进行平等交流提供了更多的机会。如 1922 年底，中国红十字会接捷克斯拉夫青年红十字会来函多件，“书中述红十字会事业之重要，又述该会组织之经过，办事以来之成绩。请中国青年赞成此举，速组青年红十字会，发展在人道正谊上应尽之慈善事业”[③]；1934 年 10 月，万国红十字会秘书长白郎先生出席第十五届国际红十字会议后，至上海参观中国红十字会，建议中国红十字会注意看护之训练，并表示“红十字会联盟会及日本红十字会或亦愿协助供给”[④]。而与实地救护活动不同，红十字会还致力于从制度层面解读国际红十字运动，通过对国际红十字制度的认同与遵循，加强与国际社会的联系，从而拉进了中国与国际社会、其他国家间的距离。在跌宕起伏的世界浪潮中，中国红十字会制度的完善为中国与其他国家的和平友好活动创造了有利的平台。

置身于国际环境中，红十字运动对一国国际地位的影响备受世人瞩目。晚清民国以来，中国红十字会进行救死扶伤，是一个救人的团体，但是它在作战的时候，对于国家的贡献是很大的[⑤]。中国红十字会对此早有深刻的认识。王培元参加万国红十字大会后感慨道：“红十字会本为世界惟一之慈善机关，外人以此机关为文化之表现，从而定国际位置

① 《中国红十字会之过去及将来》，《新闻报》1912 年 1 月 30 日。

② 《中国红十字会条例施行规则》，《政府公报》1915 年第 1228 期，第 19—27 页。

③ 《青年红十字会消息》，参见池子华、崔龙健主编：《中国红十字运动史料选编（第一辑）》，合肥工业大学出版社 2014 年版，第 216 页。

④ 《白郎先生致送本会备忘录》，《中国红十字会月刊》第 1 期（1935 年 7 月），第 135—141 页。

⑤ 《欢迎蒙巴顿夫人》，《中国红十字会务通讯》第 32 期（1945 年 4 月），第 1 页。

之标准。吾人欲中国在国际上得高尚之位置，必须扶助中国红十字会精神上之进行。日本现居第五位，不但由其外交手段之敏活，实由其慈善机关上努力进行之结果。吾国并非缺少人才，何以进步迟缓若是，皆因慈善团体过多，人才遂以分而见少，若将各种慈善机关联合为一，则中国慈善事业虽不能及美国，亦能胜日本数倍。"① 此番言论，旨在强调红十字会的地位及其慈善事业是衡量一国国际地位的重要标准。基于此种重要地位，王培元又提出，"外人以慈善事业为国内文化之标准，而慈善事业以红十字会为首领，慎重至极点，务须注目，在国际上不至使吾堂堂之中国落后"②，一再强调红十字会在衡量国家的国际地位中的作用。

国际红十字运动在中国的扎根有赖于红十字运动宗旨与中国传统文化的相互交融。在博爱奉献、服务社会的运动理念指导下，中国红十字会制定合乎时代需求的管理制度，注重民主与专业化，展示出了近代慈善团体的优越性，在传承基础上推动传统慈善事业的近代化转型。而从世界近现代的历史进程看，中国红十字会的制度建设亦是中国融于世界潮流的过程，是加强中国与世界人民联系的有效渠道。

第三节　制度建设局限

揆诸史实，民国时期中国红十字会制度建设的局限性也很明显，出现立法技术存在缺憾、受政治军事影响较大、受经济水平制约、思想文化基础薄弱、执行成效有限等问题。

其一，立法技术尚不成熟，与制度相关的规章内容有所偏颇。立法技术，即立法过程中所应体现和遵循的有关法律制定、修改、废止和补充的技能、技巧规则的总称，其核心技术包括立法语言、立法结构。王立民说："在中国，立法技术非常重要，因为中国的近代法制、当代法制，大量内容是从西方引进的。引进中间，就有立法技术的问题。同时，要使各个部门法之间协调好，不发生冲突，使体系完善，立法技术

① 《万国红十字会第十次大会纪要》，《中国红十字会月刊》第9期（1922年7月），第1—2页。

② 《万国红十字会第十次联合大会议案摘译序言》，《中国红十字会月刊》第10期（1922年7月），第25—26页。

发挥了很大作用”[①]。从这一层面看，立法技术对制度体系的构建、执行均有举足轻重的作用。对红十字会而言，红十字会立法由国家最高立法机关以国家名义行使，其立法技术是否成熟关系到红十字会制度建设的成效。但清末民初，中华法系毁灭，西方大陆法体系尚未能与中国实际相结合，民主法制建设处于黎明前的黑暗与混沌状态之中。在此背景下，虽然红十字会从成立之日起便致力于人道救助活动，但其制度建设方面立法相对滞后：南京临时政府及北京政府时期，国家立法多围绕政体、国体之争展开，真正与民间团体相关的立法实属少数；南京国民政府时期，红十字会立法活动多变，存废又过于频繁。从立法结构看，红十字会规章条令屡做调整，修改一次变更一次，结构不稳定：1915 年，《中国红十字会条例施行细则》包括总则、事业、机关、会员、议会、职员、资产、大会、奖励、附则十章；1920 年，陆、海军部进行修改后，分总则、事业、会员、议会、职员、资产、大会、奖励及惩罚、附则九章；国民政府时期又做修订，1935 年所颁条例细则包括总则、事业、资产、会员征求及会员大会、理事及监事、战时之特例、附则七章。从各章节名称不难发现，除了内容编排的前后顺序有调整外，也有部分内容被直接删除，致使立法内容顾此失彼，多有偏颇，还有部分工作缺少制度化规范。另外，国民政府时期，受政治学、法学理论发展的影响，立法机关、政府部门开始关注立法形式和立法权限，至宪政实施时期更为重视立法的科学性和严谨性。根据 1943 年 6 月 4 日修正公布的《法规制定标准法》，宪法和法律以外的规范性文件以“条例”“命令”两种为主，国民政府各机关可制定“规程”“规则”“细则”“办法”四种，均属于“命令”范畴[②]。除成文法作为正式法源之外，据学者考订，民国政府尚有大量不成文法构成民国法律之渊源：北京政府时期不成文法包括判例、解释例、习惯法、条例四种，国民政府不成文法包括判例和解释两部分[③]。纵观红十字会法律，“章程”“通则”“条例”“细则”“办法”“大纲”“简则”“命令”等文件虽符合政府的立法标准，但名称不一，再加上“判解”“司法解释”等部分不成文法的存在，让人难于悉数领会其制度内容，由此显示出红十字会制度建设在立法技术方面的不足。

其二，因战时局势动荡，制度确立过程带有政治与军事色彩。红十

① 徐萧：《清末民国的中国法制建设》，《东方早报》2014 年 11 月 26 日。

② 参见樊波：《民国卫生法制研究》，中国中医科学院 2012 年博士学位论文。

③ 参见范忠信、陈景良：《中国法制史》，北京大学出版社 2007 年版，第 508—530 页。

字会定期将相关材料递交政府或相关部门备案，自觉接受政府的财务监督，接受其救护事业指导，从而便于政府施政和社会稳定，这对于国家建设、政府管理而言固然甚好。但是，不可否认，红十字会制度建设过程中，政府或相关部门所扮演的角色职责已远远超出监督者的工作范围。一方面，制度颁布受政府机构意旨和政权动荡的影响。纵览红十字会立法过程，红十字会各项章程的颁布、政府管理条例的确立颇受政治、军事环境影响，透露出了政府与红会的相互较量。如 1947 年秋复员时期结束，行政院尚未提出有关红十字会地位、待遇问题的新法令规章。红十字会遂向行政院呈请制定相关法律，以资遵循。行政院仓促之下令卫生部、社会部依据 1936 年公布的管理条例重新拟订草案。但红十字会似乎不愿再被动接受，蒋梦麟会长在第一届常务理事会上主张设置会章起草委员会，制定红十字会根本大法，以消除过去红十字会相关法规时有修正、主管官署也不断变更之弊①。此后，虽设立起草委员会，但因种种原因而一度耽搁。1948 年，会章起草委员会将红会法草案拟订完毕，提交总会常务理事会通过后即由卫生部转呈行政院核准。此时，国民政府的日常政务因军事溃败而节奏紊乱，该案移文至立法院进入立法审查程序时已是该年秋冬。至 1949 年 1 月，立法院屡次开会议决此案。3 月，立法院因军事战败而迁至广州。4 月 23 日，国民政府覆亡。红十字会法始终未能在中华民国统治大陆期间出台，直到后来退踞台湾后才颁行。另一方面，红十字事业制度设立与执行须有党政机关的核准和支持。1934 年，中央民运会以红十字组织颇多疑义，函请司法院解释。司法院回函曰：“红十字会当然为民众团体，应受党部指导，红十字会分会设省、市、县，以各省、市、县区域为其组织区域。”② 在组织建设中，1935 年《中华民国红十字会各地分会申请各地高级党部备案办法》要求各地分会设立时，“应先向总会申请核准，由总会呈请中央执行委员会、民众运动指导委员会转知该分会所在地方高级党部发给许可证，派员指导组织并由分会将筹备情形呈报主管官署备案”③，分会组织完成时，应将章程呈请当地高级党部复核后依照《中华民国红十字会各地分会立案办法》一并呈请主管官署备案。在人事安排上，从国际社会

① 《复员时期中国红十字会第一届理事会议事专页》，《中国红十字会月刊》第 5 期（1946 年 5 月），第 8—11 页。

② 《红十字属民众团体》，《新闻报》1934 年 6 月 19 日。

③ 《中华民国红十字会各地分会申请各地高级党部备案办法》，参见孙燕京、张研主编：《民国史料丛刊》（续编 740），大象出版社 2012 年版，第 205 页。

看，“红十字会机构和其他组织不同的一点在于：在各国的总会机构中，有一部分政府指定的人员参与在内，不过他们的参与是代表政府的联系和保证政府的合作，红十字会的业务仍为大多数的会员代表所推动”①。但中国红十字会制度内容的拟定到制度的执行无不带有军政力量的干预，如救护总队部在任用人员时，首先明确“违反国民党言论或行动，确有实据者”② 不得任用。红十字会本为中立机构，但中国红十字会首先将个人政治立场列为任用条件，不免成为党政机关的附庸。此类案例前文多有提及，在此不多赘述。

其三，受经济发展水平制约，部分条令形同虚设。周秋光在分析中国红十字分会的地域分布不均时便指出：“进入民国以后，设立的分会一般没有这种地域明显不均的现象，即使有这种现象，也主要由经济状况决定的，而非战争。”③ 分会的建设是红十字会组织制度建设的缩影。虽然有学者对周秋光的观点提出质疑，但不可否认，民国时期中国社会整体经济发展迟缓，确实对红十字会包括组织建设在内的诸项制度执行有一定影响。首先，经济发展水平低下影响制度的实施效果。民国时期经济萧条，仅就北京政府时期而言，第一次世界大战后，帝国主义国家加强对中国的经济侵略，国民经济发展陷入迟滞状态：民族工业整体由战时繁荣进入萧条，农业发展受阻，殖民地化程度加深。与此同时，军阀混战对人民的横征暴敛也直接破坏了工农业生产，加剧了农村经济凋敝。国内外的双重压迫，致使民众的生活日趋恶化④。按照马斯洛的需要层次理论，包括对水、食物、睡眠、呼吸等事物在内的最低层次的需求是人类维持自身生存的最基本要求。只有这些最基本的需要达到维持生存所必需的程度后，其他的需要才能成为新的激励因素，人们才会追求更高级别的需要。在经济水平低下、饿殍载道的社会环境下，保障日常所需是民众的基本要求，再好的红十字会制度也只是停留在理论层次，很难在民众中得到回应。此外，受经济水平限制，政府对红十字会政策难以一以贯之。北京政府时期，交通部明令江苏电政监督“凡红十

① 参见陈履平译：《各国红十字会法比较研究》，《中国红十字会月刊》第12期（1946年12月），第12页。

② 《中华民国红十字会救护总队部任用工作人员暂行办法》，贵阳市档案馆编：《战地红十字——中国红十字会救护总队抗战实录》，贵州人民出版社2009年版，第468页。

③ 周秋光：《红十字会在中国（1904—1927）》，人民出版社2008年版，第76页。

④ 参见王桧林：《中国现代史》，北京师范大学出版社2011年版，第37—38页。

字会关于救护要电，暂行准予免收电费云云”[①]。后因电款异常支绌，交通部致函红十字会总办事处云：“对于贵会所发电报，酌量减收半价，实已于维持电款之中，兼寓赞助会务之急”，“嗣后凡会中所发电报，关于临时紧急事项（如筹办临时急赈或在战区内办理救护等事），暂准免交电费；其因寻常会务发电，仍照前定办法，按半价缴纳现款；至不属于会务之电报，一律按照商电交付全价”[②]。国民政府成立后，中国新闻社云：“中国红十字会自成立以来，向由北京政府交通部给予免费电照，限发有关赈灾之文电。国民政府成立后，交长王伯群仍依原案，换发新照，每六个月易换一次。至十八年一月三十一日，又届易照之期，王交长不予换发，将其根本取消。闻因交部收入减少，借此为弥补之方。”[③]虽然，1935年《中华民国红十字会管理条例施行细则》依然规定，“本会所用电报得照章免费者，应呈请交通部核准免费”，但不可否认电文从免费、减收半价到根本取消优惠的转变，侧面反映了红十字会制度执行受到经济条件的限制。

其四，社会思想基础薄弱，影响红十字会制度的普及和推广。（1）人道主义思想在民众中传播效果有限。红十字运动传自西方，其思想渊源多来自于人道主义学说，强调保护人的生命和健康，对最易受损人群施以关怀和扶助。中国传统文化中虽不乏“仁者爱人”[④]，“民吾同胞，吾物与也”[⑤] 等，但终究未形成人道主义。对民众来讲，参与红十字运动的思想基础仍以传统文化中的因果报应、行善积德为主。如吴县分会为救济江浙难民，登报广告世人《莫错过了造福的机会》，认为“祸果宜避，福亦当求。博施济众，求福之首”，“一般灾黎，御寒无忧。眼前功德，增福延寿”[⑥]。张建俅指出，人道主义“对于当时的中国社会来说，可能仍是陈义过高”[⑦]。由此可知，人道主义虽已传入中国，但仍无法完全适应民国的社会环境。封建文化根深蒂固不仅不利于红十字运动在中国的广泛深入发展，甚至成为人们了解红十字文化、认识红十字制度的限制因素之一。（2）会员权利意识淡薄。权利意识是公民意识的核心内容。但在古代中国，受自然经济、宗族观念、集权专制以及重义轻

① 《红会要电准予免费之部令》，《申报》1925年11月18日。

② 《红会消息并志》，《申报》1926年4月6日。

③ 《红会免费电照被取消》，《申报》1929年2月5日。

④ 朱熹：《四书集注》，岳麓书社2004年版，第331页。

⑤ 张载：《张载集》，中华书局1978年版，第62页。

⑥ 《莫错过了造福的机会》，《吴语》1924年10月19日。

⑦ 张建俅：《中国红十字会初期发展之研究》，中华书局2007年版，第96页。

利思想影响，商品经济发展缓慢，与商品经济相应的权利、自由、平等的现代民主观念也就无法正常发展。从普通民众到红会会员，都较少有人提及会员的合法权利问题。因而，在红十字会具体条文中，关于会员、职员的内容较少明确其应享有的权利，更多是在强调会员的责任意识。(3) 民众法制观念有待加强，滥用红十字标志的行为屡禁不止。如1913年8月，有报刊登载上海法租界大马路红会救护团急募临时捐告白，经查该团并非红会分设机关，“当经红会登报否认，数日以来仍未见其取消”①。在苏州，曾有吴江人曹人杰“充震泽医院外科主任并中国红十字会吴江分会救护队临时医院，遂冒充红十字会会员贩运烟土”②。假借红会名义募捐、红会会所遭劫等事件，某种程度上体现了社会群体遵守红十字会法律的意识不强，尚未形成法治之习惯，红十字会制度在民众中的推广进程步履维艰。

其五，随着红十字运动的扎根和深入发展，一方面红十字会制度得到了来自社会各阶层的逐步了解；另一方面迫于当时的客观状况，红十字会制度在实践过程中的成效有限。政治干涉、经济制约、思想基础薄弱等诸项因素的存在，限制了红十字会制度的发展，制度执行力不足。如按1912年《中国红十字会章程》要求，“本会应每年开会员大会一次，报告一年间之会务，统核上年收支账目，并决议下年预算”；1922年的章程规定“会员大会每三年召开一次”。但受国内战乱形势影响，继1912年第一次召开会员大会之后，第二次会员大会的召开迟迟未能实现。1919年“曾通函各分会准拟召集大会，旋以沈前副会长即世，一遭顿挫”③，直至1922年方得举行；至南京政府时期，直至1930年才筹备召开第三届全国会员大会。另外，按照章程规定，红十字会会员有受保护的权益。但从实践中看，红十字会的会所、红十字会人员遭袭事件时有发生。如1923年11月红会致电豫省张督理，称“陆军十四师陈旅长军队前站来城，闯入会所，如狼似虎，执鞭打人，柜内铜元十三千、洋四十七元、会员佩章六枚，均被拿去，公文底册亦被撕毁等情……查该军队似此野蛮，殊属越轨，应请严饬该管长官案律惩办，以儆效尤而维善举”④。这些现象无不揭示了红十字会制度建设过程中执行力不够的

① 《红十字会函牍》，《新闻报》1913年8月3日。

② 《苏州通缉冒用红会贩土贩》，《新闻报》1924年12月15日。

③ 《十一年六月会员大会纪事本末》，《中国红十字会二十周年纪念刊·纪事》1924年印行，不著页码。

④ 《红十字会致张福来电》，《申报》1923年11月24日。

问题。

上述之外，总体上看，中国红十字会制度建设的国际性亦显不足。中国红十字运动源于西方，是国际红十字运动的组成部分。但从制度建设层面看，其国际性主要体现在对国际红十字制度的宣传和仿效，而在有关参与国际红十字事业的规章制度建设方面成果甚微，或者说，制度内容中的国际性不明显，红十字会对参与国际救灾、国际会议及其他事件方面的制度缺乏具体说明。如就会议而言，其强调会员大会、常议会、理监事会、理事会，均属中国红十字会内部会议；就人道事业来看，其国际救灾活动较少，在参与国际人道救援方面的指导性文件也就略显不足。

良好的社会环境是制度建设得以顺利进行的基本保障。虽然制度的建立有利于规范红十字运动实践，推进了民国慈善事业发展，但从具体实践过程看，民国政治、经济、文化等又在不同程度上限制了中国红十字会制度建设的历史进程，影响了制度执行的实际效果。

结　语

一个有生命力的组织，必然会有一套相对完善、富有自身特色的制度。以制度化推动规范化，是红十字会实现科学管理的基础，也是红十字会行动顺利进行的根本保障。中国红十字会制度建设肇始于成立之初。民国时期则是其发展和成熟阶段，为中国红十字运动提供了可靠的理论依据和实践准则。

从社会发展水平来看，中国红十字会制度之制定、执行与社会经济、政治、文化发展水平紧密相关。经济上，社会经济凋敝，民不聊生，为保护受难群众的基本生存权，红十字会订定章程以保障其救助行为的开展；反之，制度规章的订立也为各地难民及贫病群体提供了行为准则，推动了以工代赈项目等救助活动的开展，既可帮助难民维持基本的生活，还可为其提供再就业机会，为民国经济的复苏与发展创造可能性。政治上，近代以来帝国主义侵略引发的民族矛盾、阶级矛盾致使政权动荡，更迭频繁。在政府无力担负社会救助任务的前提之下，国门洞开的中国人学习西方救助理念，援引欧美及日本的律法内容，由此构建中国红十字会的制度体系，其可谓是中国内外矛盾交困的产物之一。文化上，无论是儒家的仁爱、大同，道教的“仙道贵生，无量度人”，还是佛家的“慈善为本，普度众生”，都与近代西方基督教文明中的人道主义相呼应，倡导尊重生命。在此基础上，民国初期资产阶级革命派的三民主义以及近代以来的民族主义等思想为红十字会制度确立和民主管理奠定了理论基础。简言之，民国时期中国红十字会制度建设离不开民国特殊的经济、政治、文化环境。

从红十字运动实践看，制度建设涉及运动中的组织运行、会员管理、财务会计、人道救助、文书档案、标志使用等，形成了相对完整的制度体系，对民国时期中国红十字运动有指导、规范、约束作用。制度建设与红十字运动实践相辅相成：一方面，在遵循统一章程的前提下，中国红十字会的制度规章会因时、因地、因事而异，服务于不同地区、不同灾情乃至人们不同的需求；而且，许多具体规章虽是暂时行之，却为红十字会救灾救贫活动提供了法律保障。另一方面，无论是战争期间各地区有识之士结合当地人道形势成立分会、组织救护队、设立救护学校，还是复员期间设立专职部门发展青少年红十字、服务妇女儿童，其活动的开展均对制度体系完善有积极作用，是检验制度设计的依据。另外，红十字会制度建设借助近代报刊宣传制度的基本内容，报道违法乱纪的恶劣行为、依法电请军队保护等情事，一定程度上保护了红会人员的人身安全，明确了红十字标志的使用权限，维护了红十字会的社会形象，对提高红十字会的公信力有积极意义。但同时，受到政治、经济、文化发展水平的制约，红十字会制度建设存在着浮于字表而言行不符之处，成效有限。尤须关注的是，从制度的沿革与执行看，红十字会制度建设与政府关系紧密。红十字会制度因政权变革而更迭频繁，在内容愈加完善的同时，也逐渐显露出官方化趋势，无论是人员选拔还是工作计划的制订，日渐受到政府意志影响，行政色彩浓厚。

正所谓“历史的价值并不是使我们回到历史中去，而是为新的历史提供资源”①。对民国时期中国红十字会的制度建设予以研究，对于当下红十字会改革与制度发展亦是启示良多。

首先，红十字运动需有发达、完备的制度学理论作为支撑，才能构成系统、成熟的制度体系。具体而言，其一，成熟的红十字会制度建设应是在宪法统领下，以公平、公正为原则，融合宪法、法律、行政法规和地方性法规、自治和单行条例、政府和部门规章、国际条约等法案中的相关条令，逐步充实制度体系。从民国时期中国红十字会制度建设看，其体系不仅包括全国会员大会、陆海军等部及立法机关对制度的立法，还包括按照章程条例、结合具体需求和地方实际情形而颁布的条令、简章等，这些规章共同构成红十字会制度的重要内容。其二，应完善制度立法工作，提高立法技术。立法是对社会权力、社会资源及利益关系进行制度性调配的专门活动，不仅包括制度的订立、认可，还包括制度的变动、废止等一系列活动，娴熟的立法技术有助于红十字会制度的实施和规章的遵守。总览民国 38 年间的红十字会立法，不难发现北京政府时期的红十字会立法过程和内容均过于简单，而南京国民政府时期的红十字会法律制定又过于多变，让人们难以了解和遵守，法律的权

① ［意］贝奈戴托·克罗齐著，傅任敢译：《历史学的理论和实际》，商务印书馆 2009 年版，第 8 页。

威性不免打折扣。若希望红十字会制度能被政府及群众认可和执行，应严格遵守立法程序和要求，展现法律的权威性。此外，民国时期中国红十字会各种专门性法案的出台，也揭示了立法的适用性原则。在当今红十字会制度建设中，我国也应根据时代的不同、社会需求的不同，适时制定具体的法案，使红十字会制度更贴近实际需求。

其次，红会组织应处理好与政府的关系，营造和谐稳定的社会环境。一方面，政府机关可适当放权，给予红会部分自主权。法学专家认为："法治的核心是一个自主的法律秩序。在一个法治国中，法律的至上性和权威性不取决于或不完全取决于法律的工具性能力，而是取决于法律的自主性，即法律在什么程度上独立于其他规范性体系。"由此决定了法律规章不能完全来源于政治或宗教等其他规范性体系，避免政府、政党、宗教团体或某些个人凌驾于法律之上[①]。1924 年国民党改组之后，国民党人由北洋政府"宪政法治"向"党治"时代递嬗，法律的"党化"倾向愈发明显。谢振民曾说："前次以约法或宪法为国家根本大法，一切法律均不得与之抵触。在党治时期，国民政府受党之指导监督，一切以党义党纲为依据。国家所立之法，不得与党义、党纲相抵触，即以前之法律凡与党义、党纲相抵触者，无效。党义、党纲虽无根本法之形式，实有根本法之实质，此外无形式上之国家根本大法。"[②] 红十字会初为民间慈善机构，但民国以来，政府对红十字会的管理加强，红十字会逐渐带有半官方性质，除了相关章程条例的订定须经陆、海、军等部核准备案外，至国民政府时期，分会组织还须向地方党部备案。

在倡导民主的社会主义新时期，政府可对红十字会的管理予以适当放宽。另外，政府应担当红十字会法律施行监督者的角色，为红十字会的建设营造和谐良好的环境。唯物史观认为，法律是阶级意志的产物，需要一定的国家强制力才能保障其顺利实施。民国时期，国内战事连连、政局不稳定、经济不景气，红十字会制度建设缺乏稳定的社会环境。故而，一个强有力的政府是红十字会制度施行的重要推动力。另外，与民国时期红十字会制度建设的历史环境相比，中国当代红十字会发展的环境已发生根本变化。人民民主专政国家的建立、社会主义市场经济的发展以及社会主义和谐社会的建设，为红十字会发展提供了更为广阔的空间。在此环境下，中国红十字会应尽己所能，为和谐社会的发

① 参见李波：《法、法治与宪政》，《开放时代》2003 年第 5 期。
② 谢振民编著：《中华民国立法史》（上），中国政法大学出版社 1999 年版，第 193 页。

展贡献自己的力量；与此同时，应结合新的人道需求制定新规则，实现制度建设的再发展，进一步扩大制度体系的范畴。简言之，当今中国红十字会改革需加紧制度建设，更需要推进物质文明、政治文明、精神文明的和谐共进，秉持依法治会理念，为红十字会的长远发展营造良好的社会环境。

再次，红十字会不仅要参与国际红十字运动，还应颁布规章条例以规范国际行动，树立中国红十字会的国际形象，加强中国与世界其他国家的友好关系。国际红十字条约伴随红十字运动而输入中国，从西方法律文化角度讲，“在当时的历史条件下，西方资产阶级法律文化是先进的，它注入中国古老落后的封建法律的躯体内，确实使它增添了新的活力”①。通过对国际红十字运动条约的引介和贯彻，中国展示了积极走向国际舞台的态度。对国力衰弱的民国而言，借助国际红十字条约，打破了“弱国无外交”之说。虽然无法从根本上改变被动的外交局面，但还是能展示中国政府遵循国际惯例的一面，推动中国与国际社会的交流。但是，相对于“引进来”而言，民国时期中国红十字会的“走出去”意识却略显淡薄。1923 年日本关东地震发生后，中国红十字会组织救援队负责“派员救护”（伤病灾民）和“资助华侨返国”，充分展现了“恤邻”的品质，展现了红十字运动无分民族与种族的博爱精神，形成了人道主义与民族主义的共鸣②。除了此次救灾，中国红十字会还参与国际会议、国家间红十字会交流。但从整个制度体系看，关于中国红十字会参与国际交流的规章少之又少。抗战期间，红会也只是出现了为数较少的针对外籍人士的法规，如 1939 年 3 月，鉴于外医来华日增，为妥善管理外籍医生在华的救助行为，中国红十字会总会在香港举行理监事联席会议，订定《外籍医生服务办法》六条：（一）体格事宜，年龄在四十岁以下者；（二）在政治上同情中国者，并须持有经外交部或中国驻外外交机关证明之必需文件；（三）专科毕业外科医生而由适当当局介绍者；（四）志愿接受国币薪金者（最高额每月国币二百元），其衣食住行系依照中式；（五）遵守及服从《中国红十字会章程》，准备前赴任何地点工作；（六）在华军前线来往，中国红十字会不负料理之责③。从内容看，其主要是对外籍医生在华行为提出要求，而对外籍人士在华的权益

① 张晋藩：《清朝法制史》，中华书局 1998 年版，第 691 页。

② 参见代华：《1923 年日本关东大地震的中国响应》，苏州大学 2012 年博士学位论文。

③ 《红十字会订定外医服务办法》，《新闻报》1939 年 3 月 22 日。

则有所忽视。

最后，要重视红十字会文化建设。从文化学角度说，红十字会制度是红十字文化传播的内容之一，红十字会制度建设也是一种红十字文化建设[①]，促进制度创新须大力发展红十字文化。当今国际红十字运动中，为加深民众对国际人道法的认识，红会应积极策划和组织各种形式的学习活动。如为提高青少年对人道法的兴趣，各地组织模拟法庭竞赛活动，部分地区会开展人道法的培训与研讨活动。对此，中国红十字会在文化建设中可借鉴国际经验，开展丰富多彩的文化活动，将制度规章融于文化传播中，使人们在红十字会潜移默化的影响中了解红十字会制度。

制度建设是民国时期中国红十字运动的组成部分之一，一方面，其实践活动是对红十字会制度建设理论的检验；另一方面，制度内容的修正完善又是对实践经验的总结和提升，为新中国时期红十字会制度的确立奠定了基础，也为当前的红十字会制度建设积累了历史经验。正所谓“徒法不能以自行”，在民国时期的中国红十字运动中还普遍存在违法现象，因而我们不能断言中国红十字会制度建设成效良好。不过，虽然具体的规章制度还存在一定的缺漏和不足，但我们不能就此而否定其制度建设在红十字运动乃至民国慈善事业建设中的积极作用。

① 池子华：《以制度建设推动能力建设》，《中国红十字报》2011 年 4 月 1 日。

大　事　记

1904年2月8日，日俄战争爆发。为救护东北战地难民，沈敦和等人联合英、法、德、美各国中立人士，于3月10日组织成立万国红十字会上海支会，并于3月17日开会，将其正式命名为上海万国红十字会，5月29日订立《上海万国红十字会暂行章程》。7月12日，上海万国红十字会制定《暂行简明章程》，分别就办会宗旨、体制、经费、救护办法及办事员绅职责等做详细规定。同时特别声明，“至中国红十字会章程，应由华董另拟，呈候咨部核奏，请旨饬行”。

1907年7月21日，吕海寰、盛宣怀联衔《沥陈创办红十字会情形并请立案奖叙折》上达朝廷，标志着历时3年有余的上海万国红十字会终结，中国红十字会走上“自立”之路。随后，沈敦和等人奉令“详拟章程呈核”。在参酌《上海万国红十字会暂行简明章程》《日本赤十字社章程》基础上，拟出“试办章程”。

1908年夏秋之间，时疫流行，沈敦和在上海天津路316号创办时疫医院。进入民国后，时疫医院制定《中国红十字会时疫医院简章》《中国红十字会时疫医院医病规则》，对医院的宗旨、体制、职责、医病规则等进行详细说明。但医院章程等级森严，明文规定凡仆役、车夫等人虽捐款获得优待券，却不能入上等人病室，只能入三等病房。

1910年1月，吕海寰与吴重熹会奏《酌拟中国红十字会试办章程请旨立案折》，为中国红十字会的规范发展开辟道路。2月27日，朝廷“依议”，《中国红十字会试办章程》开始实施。《中国红十字会试办章程》共6条，但只是一个框架。5月20日，由“军谘处主稿，会同外务部、筹办海军事务处、陆军部办理，合并声明谨奏”之《详核红十字会原奏敬陈管见折》上呈朝廷，明确：战时红十字会归陆、海军指挥；总会设于京师；由陆军医学堂培训红十字会医才等。作为“巩中国红十字会之初基”的一项举措，《中国红十字会试办章程》的出台虽有缺陷，但多少有益于红十字会事业的进步，为此后红十字会章程的制定奠定基础。

1912年9月29日，中国红十字会在上海召开第一次会员大会，通过《中国红十字会章程》，共6章20条，成为中国红十字会史上第一个正式会章，完成了由董事会制向常议会制的会内运作体制的转变。该章程还对红十字会征募会员进行具体规定，至此红十字会征募会员才步入规范化道路。而通过签订《京沪合并章程》，京会、沪会间的隔膜被化解，利于红会事业的协调发展。同年，10月30日，中国红十字会召开统一大会，通过《中国红十字会分会章程》，共5章16条，内容包括统一分会名称为“中国红十字会某处分会”，“分会所用旗帜袖章均由中国红十字会总会给发本分会，须尽力禁阻滥用”等。设立分会要依照《中国红十字会组织分会申愿书》规定的程序向总会提出申请，经总会审批后方能开办。此次大会实现了“统一”，确立了中国红十字会的“唯一”地位，“实奠中国红十字会万年不拔之基”。

1912年11月20日，民国大总统袁世凯向参议院提交《中国红十字会条例草案》，顺利通过一读，准予立法并交付法制委员会审查，但随后的政治纷争最终使草案未完成三读。1914年9月24日，袁世凯行使大总统权力，以训令形式迳行宣布《中国红十字会条例》11条，规定中国红十字会依陆军部和海军部的指定，辅助陆、海军战时卫生勤务；依内务部之指定，分任赈灾、施疗和其他救护事宜。这是中国最早针对管理红十字会所制定的法令，强调政府对红十字会的监督与管理，却又完全不提及上海的总办事处及常议会。法令公布后，引起红十字会人的不满。

1913年6月，红十字会将早期在上海设立的南、北市医院确定名称，即以沪南十六铺马路第四医院为南市医院，以沪北天津路分医院为北市医院。同时，红十字会公布了《中国红十字会（北）市医院南市医院施诊养病规则》。南市、北市医院均为红十字会总办事处办理，为红十字会永设机关。

癸丑之役中，为救护上海及周边难民，中国红十字会特设临时妇孺留养院加以留养。1913 年 8 月 9 日，临时留养院于南市十六铺新舞台旧址开院，举沈敦和、张君乐为院长，叶庚三为总理事，杨菊生为副理事，沈鼎臣、江趋丹为稽查。同日，《中国红十字会临时妇孺留养院简章》18 条公布，以规范留养院各项管理。此后，中国红十字会又遵照简章，借纱业公所设第二留养院，举闻兰亭、哈少甫为院长；议员蒋星阶特设第三留养院。

为救南京难民出险，1913 年 8 月 23 日，蒙原中国红十字会会长盛宣怀从广仁堂善会划拨租费 4500 两，沈敦和副会长租得英国太古洋行商轮“大通”号作为救护医船。同日，中国红十字会总办事处公布《中国红十字会救护医船大通草章》，向社会声明救护准则：“救护医船专救受难人民或受伤兵士，不载非受难或军界中人”，同时对开船日期、地点、载运范围、行船路线等进行详细规定，特别是对操作流程的要求更为严格。该草章的公布表明了红十字会正在尝试规范内部的各种救护行为，以期实现制度化管理和建设。

1913 年年底，由于“秋冬亢旱，雨雪未施，而赣、皖、宁、沪喉症、红痧、天花遂以盛行”，中国红十字会于 1914 年 2 月着手设防疫机关四处，以王培元、郁燕生、陈杰初等为主任，同时颁布由常议会讨论通过的《防疫保赤机关简章》。此后，每年春、秋两季，设立防疫保赤机关和两次施种牛痘成为定制。

1914 年，山东半岛风云突变。9 月 2 日，日德青岛之战正式开战。中国红十字会因准备充分，水、陆两组救护队也已编就。9 月 1 日，陆路组先行出发。此次救护，红十字会总办事处为规范救护行为，除统一服制外，还公布了《上海红十字会出发救护队临时章程》《出发救护队临时要则》等规章，对救护队组织架构、队员应守规则、奖恤惩罚等都有明确规定，要求全体队员“应遵守本会拯难救伤之宗旨，一切行为不得越出范围之外”。另外，红十字会还制定了奖恤惩罚的条例，“凡服务勤劳、热心任事的队员，红会给予奖励，对因救护而致伤残或牺牲者给予抚恤”，“队员如行为暴戾、操守难信及一切不端之事者，查明斥革外，损失者保证人赔偿，如情罪较重违反法律者，送有司惩办，对于附带私诉，亦归保证人担负责任”。这些规章在战地救护中对约束队员行为、维护红十字会名誉、提高救护效率有重要作用。

1915年10月5日，为进一步贯彻条例，北京政府颁布由陆军、海军、内务三部会同拟定的《中国红十字会条例施行细则》，共10章75条。该细则对红十字会各项事业、会员、议会、职员、资产、奖励及惩罚均做了详细规定。在细则中，上海总办事处被称为总会驻沪办事处，而且常议会权力被大为削减。该细则试图降低总办事处及常议会地位，以期实现政府对中国红十字会的管控。

1917年，经政府批准，吴淞防疫医院改由中国红十字会接管，经费“由江海关代征码头捐项下拨费银五千元，以后即由中国红十字会分期支领各节”。总办事处接管医院后，聘请曹文贵担任驻院医员，办理医务，并于1921年制定《上海吴淞两口防护染疫章程》，规定医院的防疫救治工作。

1918年，中国红十字会总办事处以兼顾不周，延请名誉会员龚子英、杨翼之承办北市医院，并签订草章，即《承办红会北市医院之草章》。总办事处由此尽量从医院管理中抽离，以最大精力从事人道工作。

1919年1月起，在北京的中国红十字会总会经费由在上海的中国红十字会总办事处汇寄，月支三百元。同年8月12日，中国红十字会常议会召开大会，欢迎蔡廷干副会长就职。会议决定增补常议员，还决定在军界、政界、华侨、社会各界征集扩充会员。会上，蔡廷干提出举办“红十字会学生会员”，并再次强调“概照向章办理，并无更张”。会后，由金伯屏提议组织常议员委员会，并分交际、庶务、卫生、财政、灾赈五科。委员会具体实行时称“会员委员会”，设股而不设科，其中，庶务股未设。12月，吴淞防疫医院颁布《上海吴淞两口防护染疫章程》，对时疫救治工作进行具体规定。

1920年5月，内务总长田文烈、陆军总长靳云鹏、海军总长萨镇冰呈文大总统，提出修改《中国红十字会条例》及其《施行细则》。6月3日，修正后的《中国红十字会条例》《中国红十字会条例施行细则》颁布。

1920年，中国红十字会修正章程，改订《组织分会章程》24条，增设各省分会34处。

因各省灾情重大，需款浩繁，1921年10月，内务部将《义赈奖励章程》从宽改订后公布施行，以资激劝。“除捐款人将款项呈缴政府，由部随时请奖外，其各团体捐募之款，应即先行开列人名、款数，经由中央现设赈务处或各该地方行政长官暨中央法定机关查验属实，再行报部核奖。”

1922年3月，为培植救护人才起见，红十字会在上海北市医院创办救护学校，公布《中国红十字会救护学校暂行章程》，由北市医院“医员、看护长担任教授医学上之必要学术，一俟办有成效再行将校务扩充”。其章程内容包括该校的入学资格、入学手续、本校待遇、假期、保证金之处方、学生之义务、毕业期限、授课时间、校规等。

1922年6月25日，第二次全国会员代表大会在上海总商会议事厅召开，讨论由常议会提交的《中国红十字会章程修正草案》，“每通过一条，必经剧烈之辩论”，最终全案通过《中国红十字会修正章程》，共15章71条，确立了“免受政府非法命令所束缚，反致不能发展”的自立自主原则。《修正章程》大会又公推怀宁分会江友白、蚌埠分会邓拙齐、当涂分会黄秉彝、崇阳分会殷松龄、开封分会王耀岑、任平甫、吴城分会黄笑侯、洮昌分会吴维民、南京分会柏鹤年、万县分会陈敬之十人为《分会通则》起草员，草拟后提交常议会通过施行，原有的《组织分会章程》就此废止。

1922年，“为造就医学人才”，培养女看护，总办事处在上海开办中国红十字会总医院护士学校，制定《上海中国红十字会总医院护士学校章程》，对学生进行严格要求，除了确定该护士学校于1922年6月开学外，还规定了入学的资格、就读学期、纳费及津贴、假期、考试与学科等等，以保证在最短时间内培养出出色的医生、护士，为红十字会社会服务工作提供专业人才。1932年，《上海中国红十字会总医院护士学校章程》得以新订。

1922年，“因皖北客岁水灾太甚，荒后必有大疫”，蚌埠分会制定

《万国缔盟中国红十字会蚌埠分会救护团出发防疫规则》，对救护团开诊时间、救治时疫类别、紧急情况及平时救治费用做具体说明。另外，有鉴于“近数年来，兵匪纵横，灾害并至，乡市小民，少衣缺食”，威远红十字会组设无息借贷，订定《威远红十字会临时无息借贷暂行章则》，限定借贷之家条件，规定借贷数额。因兵灾势盛，南昌分会根据《中国红十字会南昌分会出发赣南组织救护队简章》组织救护队，“医务部置医务长一人，医员四人，救护长一人，救护员四人，看护生二人，凡关于救护、医治、药剂、看护、掩埋等事项均属之；庶务部置庶务长一人，庶务员二人，文牍员一人，书记员二人，凡关于书信、会计、交际、轮运、购办、摄影等事项均属之”。

1923 年，建瓯分会为收治伤病官兵，出台《中国红十字会建瓯分会临时医院规则》，规定“限于经济现设医院系附在英国济世医院，专为军官军士临时预备，他界人士恕不接待”，对官兵留医时间、门诊类别、医疗费用、留院物资保存等均有述及。

1924 年 9 月，江浙战争爆发，“战区以内之各处红十字会纷纷筹备救护”，“于救伤、收容、妇孺等事多所规划”。为管理收容妇孺起见，颁布《中国红十字会救济妇孺收容所简章》，“不论总会分会，为地方发生战事及灾害时救济妇孺，得设立收容所”，并对收容妇孺的条件、收容所的管理进行详细说明。

1928 年 7 月，国民政府内政部以“红十字会组织状况及办理情形均属无案可稽”，致函该会要求检送修正会章、分会通则、常议会议员表、现任职员表等件，“以为实施管理之查考”。8 月，内政部又以会长任期届满，总会应移设首都为由，令该会照章改选并迅速将总会移京，同时订定详细的会计制度。

1928 年 8 月 1 日，中国红十字会第一医院改组，由国立上海医学院与中国红十字会合办，并出台《中国红十字会第一医院章程》，内容涉及与医院日常工作相关的组织、诊治、住院、探望、衣物、陪侍、收费等事宜。第一医院还附设学校培养医护人才，在学校管理方面遵循《中国红十字会第一医院护士女学校章程》《中国红十字会第一医院附设高级护士职业学校章程》《中国红十字会第一医院附设高级护士职业学校管理规则》等章程。

1928年，西北、华北旱灾，中国红十字会积极参与救济。1929年5月10日，新任中国红十字会第五届会长颜惠庆，副会长王正廷、虞洽卿就职后，决定另设筹赈处，成立筹赈委员会作为该处立法监督机关，完善筹款募捐程序。6月1日，筹赈委员会成立。为留养妇孺、收容灾童，中国红十字会在上海兴建灾童留养院，10月底完工开办，并向社会公布《灾童留养院简章》。

1929年12月初，为呼应虞洽卿修改章程的要求，常议会议决推派林康侯、李国杰、王晓籁、狄楚青、闻兰亭为修改章程委员。

1929年，中国红十字会常议会设临时执行委员会，并通过《中国红十字会办事细则》，辅助中国红十字会副会长执行会务。中国红十字会公推11人为临时执行委员，7人为医务委员，20人为筹赈委员。1930年9月18日，第三届临时会员大会修改会章委员会开会讨论执行委员会章程及执行委员会分处细则。通过讨论，执行委员会章程改称执行委员会规程，并确定委员会“分设文书、经济、赈务、医务、青年、宣传六处，每处设处长一人，由执行委员互选之，处理本会一切事宜”。

1930年4月20日，第三届会员大会在上海天后宫桥上海商人团体整理委员会举行。大会宣布了由常议员林康侯、王晓籁、闻兰亭起草，外交部部长王正廷及内政、卫生二部共同修正的会章，共10章61条，分总则、会务、会员、组织、财产、战时及灾患时之特例、分会、保护、奖励及惩罚、附则，要点为改会长制为委员制，常议员由49人组成，执行委员为11人，理事长为1人等。此次大会还修正了《分会通则》部分条款。8月19日，第三届临时会员大会召开，成立修改会章委员会，修正通过《中国红十字会章程》，起草《常议员选举规则》《议事细则》及补行各项规则，又经多次开会讨论，“所有中国红十字会章程及选举法、分会通则、执行委员会细则均经修改会章委员会三读通过，并提交常议会审查”。11月16日，红十字会常议会议长王一亭将修正后的章程、选举法、分会通则等文件呈请政府核准备案。值得注意的是，“中国红十字会”这一通用名称更改为“中华民国红十字会”，章程名称改为《中华民国红十字会章程》。第一条改为“本会为国际上慈善法团，由本会会员组织之，定名为‘中华民国红十字会’，简称‘中国红十字会’”。

1930年7月1日起，红十字会施行由执行委员会提交常议会议决通过的《本会会计规程》《本会附设各医院及其机关会计规程》。

1932年4—6月，立法院外交、军事委员会两次召集联席会议，讨论决定以内政部为红会主管机关，推立法委员刘师舜、赵乃传、楼桐荪草拟红十字会法规草案。在草拟过程中，立法委员翻译《日本赤十字社条例》，斟酌条款加以吸收。待草案拟定后，复经第四、五两次联席会议修正通过，缮具，交立法院审查。11月25日，经立法院第213次会议三读通过《中国红十字会管理条例》共14条，次年1月由国民政府公布施行，其要点在于“总会以内政部为主管官署，并受外交部、军政部、海军部之监督”。

1933年4月，《中国红十字会章程》“由国民政府外交部、内政部、交通部、军政部、海军部、铁道部等会同修改，红十字会亦派有代表参加”。章程全部修正后，由红十字会会员大会审议，三读通过，然后由政府明令公布。同时，外交、内政、海军、军政、财政、交通、铁道等部呈行政院请求制定《中国红十字会施行细则》整理办法，以资遵行。6月3日，行政院长汪兆铭、内政部长黄绍竑、外交部长罗文干、军政部长何应钦、海军部长陈绍宽联衔以训令形式颁布由内政部拟具的《中华民国红十字会管理条例施行细则》共43条，分总则、会员、资产、大会等章。

1934年2月，中国红十字会以“战地卫生勤务一切章程向来由政府颁订”，因而根据立法院制定之《管理条例》第9条及《施行细则》所规定之第9条，“呈请军政部、海军部会同办理”。在该会理事长王培元、秘书嵇鹤琴连日星夜参考各国红十字会之成案起草脱稿后，分送各分会签注意见，再加整理，送呈军政、海军等部核办，《战时卫生条例》才最终颁布施行。

为征求会员，增强救护力量，总会奉内政部命令发起征求会员运动。1934年3月1日，为红十字会第一次征求会员开始之日，“依据各国先例及查照《中华民国红十字会管理条例施行细则》《内政部颁发红会征求会员章则》之规定，聘请林主席、蒋委员长、汪院长暨各院长、部长、各委员长为名誉总队长，各省市长、厅长、社会局长、县长为各分会征求会员委员会委员长，全国各分会同时举行，凡赞成本会宗旨者不分国籍与性别，请向总会及各地分会踊跃入会，以襄善举。”

1934年9月24日—28日，归属于南京国民政府内政部后的首次会员大会顺利召开。具体而言，会议主要议案包括“（一）修改《总会章程草案》，分总则、总会之职权、会员、全国会员代表大会、理事会、监事会、会长、副会长、职员、附则；（二）修改《分会章程草案》，分总则、组织、职员、资产、附则；（三）修改全国会员代表大会组织、议事及选举等暂行规则，并讨论红十字会设立医院、储备救护材料及造就救护人材等详细计划”。经审查、修改章程委员会集议，总、分会《章程》终由关絅之逐条宣读修正通过，以理、监事会取代原有的常议会，并取消了原设的理事长；《分会通则》《选举法》《执行委员会细则》等亦酌情修改。所有章程由内政、外交、军政、海军四部会同修订，转呈立法院核准。10月，中国红十字会总会第一届理监事及常务理监事联席会议决议“理事会及监事会办事规则，亟待拟订，请先决定原则，以便起草”。大会还通过了《中华民国红十字会会计规程》，经内政部核准后于1935年7月1日施行，包括总则、收入款项、付出款项、买卖物品、预算及决算、会计科目及附则。以此为基础，又订定《中华民国红十字会附设各医院及其他所属机关会计规程》《中华民国红十字会分会会计规程》，与总会会计规程一并施行。

1934年，会员大会筹备过程中，发现前订《中华民国红十字会管理条例》第4条规定“本会置理事、监事各若干人，由全国会员大会就会员代表中选举之”，与其《施行细则》所规定理事、监事“由全国会员代表大会就会员中选举之”内容不同。后来，立法院第三届第71次会议通过了修正后的《中华民国红十字会管理条例》第4条条文，明确“本会置理事、监事各若干人，由全国会员大会就会员中选举之。理事互选常务理事五人，监事互选常务监事三人，由本会呈请内政部转报行政院转呈国民政府聘任之”。

1934年8月31日，内政部公布《部派中华民国红十字会指导员暂行服务规则》，于9月1日施行。该规则以法令形式明确指导员“依部令之指示”应办事项及其工作日记的填写规则等。

1934年11月，内政部派潘序伦为红十字会查账会计师，《内政部检查中华民国红十字会会计办法》同时公布，指出为“巩固中华民国红十字会之财政基础起见”，内政部特派会计师检查红十字会会计事宜，并制定检查办法，明确检查时间、范围、注意点及会计师应办事宜、费用等，“会计法令、案件均随时由部或该会抄送特约会计师知照”。

1935年2月，内政、外交、军政、海军四部拟定《中华民国红十字会管理条例》修正草案，经决议按照法制、军事两委员会审查报告通过，凡18条，修正要点为规定总会设于首都，并将其主管官署由内政部改为卫生署。同时，由内政部批准试行《中国红十字会总会理事会及监事会组织规程》《中国红十字会总会理事会及监事会办事细则》，以6个月为期，再行呈请备案。7月12日，国民政府公布《中华民国红十字会管理条例》共18条及其《施行细则》共44条。

1935年4月18日，中国红十字会总会制定出《第二次征求会员章程》及《酬赠给奖办法》，呈报内政部审核批准后，于5月1日开始筹备。8月1日—9月30日（后又延期），经内务部批准，中国红十字会举行第二次大规模征求会员运动，成立以王正廷会长为委员长，杜月笙、刘鸿生为副委员长，林康侯、王一亭、闻兰亭、王晓籁、关絅之为常务委员的征求会员委员会，仍聘请各级行政长官为总队长。根据全国会员代表大会议定降低会费精神，各类会员除正会员一次缴入会费10元外，其余均按第一次征求会员入会收费标准的一半核收。

1935年7月12日，国民政府公布修正后的《中华民国红十字会管理条例》。

1935年8月28日，《中国红十字会总会救济各省水灾募捐办法》由内政部批准。《办法》规定，“本会为救济各省水灾起见，特经理监事会第十二次联席会议决议，组织募捐委员会，以正副会长为正副委员长，全体理监事为委员，统筹办理”。

1935年11月30日，奉军政部、海军部指令“救护队之编制及服装定式业经本部会同核定”，《中国红十字会救护队服装定式》及图样公布，服式、服色、臂章、帽章、领章、符号等均有详细规定。

1936年6月1日，中国红十字会救护委员会在上海成立，“由本会正副会长为当然主席，推定常务委员七人、执行委员四十一人、正副总干事各一人，负责进行，并分设‘训练’‘供应’‘人事’三委员会，分别办理各项事宜”。制有《中国红十字会救护委员会供应委员会简章》《中国红十字会救护委员会人事委员会简则》《中国红十字会救护委员会训练委员会简则》《中国红十字会总会救护委员会训练班细则》等。

1936年6月30日，立法院修正通过《中华民国红十字会管理条例》，7月23日，经国民政府公布，规定“总会以卫生署为主管官署，并依其事务之性质，受内政部、外交部、军政部、海军部之监督”。至此，南京国民政府已可直接遴选理事、监事，对红十字会会务的监控能力增强。

1936年11月25日，中国红十字会总会向卫生署提出第三次征求会员请求，并“遵批将本会《第三次征求会员章程》分别修正另缮呈送，仰祈连同前送《酬赠给奖办法》，一并核准备案，并分行各省市政府饬属协助办理”。经卫生署核准后，按照《中华民国红十字会总会第三次征求会员章程》，征求会员运动从1937年1月1日开始，至2月28日终止。因时局多故，征求工作至10月方告结束。

1937年，第一届理监事会第17次联席会议决议添设团体会员，随后，《中华民国红十字会团体会员暂行规则》经理监事会联席会议通过施行。该规则在全国会员大会修改会章时将“团体会员”一项明文规定后，即废止。

1936年11月18日，虞洽卿等人发起组织“上海市救护事业协进会”（1937年7月20日改名为“中国红十字会总会上海市救护委员会”），订有《上海市救护委员会章程》《上海市救护委员会办事细则草案》《上海市救护委员会总务组办事细则》《上海市救护委员会医务组办事细则》等。

1936年12月，为救护绥远之战，红十字会先行组织“中国红十字会总会救护委员会华北临时分会”，并拟定《中国红十字会总会救护委员会华北临时分会章程》。

1937年3月，奉卫生署批示，修正《中华民国红十字会管理条例施行细则》。

1937年4月10日，中华民国红十字会总会奉卫生署“总字第二〇七四号训令”颁发总会新关防，并致函各分会知照；随文附发《中国红十字会总会及各地分会关防图记刊发办法》7条，自卫生署令发日施行，“本办法施行后各地分会图记限六个月内一律换发完竣”。

1937年7月7日卢沟桥事变爆发，中国进入全面抗战时期。1938年春，救护总队部正式成立，林可胜任总队长。救护总队部是中国红十字会“专负军事救护之机构”，于1946年5月撤销。抗战期间，为便于中国红十字会救护总队工作的开展，涉及医务、总务、人员、材料、运输等方面工作的诸多制度、条令应运而生，使救护队组织结构得以完整。如《中华民国红十字会总会救护委员会干事室办事细规》《中华民国红十字会总会救护委员会医务股办事细则》《中华民国红十字会总会救护委员会材料股办事细则》《中华民国红十字会总会救护委员会材料运输办事细则》《中华民国红十字会总会救护总队部部务规程》《中华民国红十字会总会救护总队部办事处组织规程》《中华民国红十字会总会救护总队部办事处组织规程》《中华民国红十字会总会救护总队部运输站（队）组织规程》《中华民国红十字会总会救护总队部材料库组织规程》等。而“为适应战时环境并使救护事业会计工作便利起见，红十字会特设救护事业会计课，直隶于总会驻在救护总队部所在地办事”，并订定《中华民国红十字会总会救护事业会计课组织规程》及《中华民国红十字会总会救护事业会计课办事细则》；“为便利各地救护事业会计工作并实施就地审核起见”，总会及所属各单位遵照《中华民国红十字会总会暨所属各单位战时会计规程》《中国红十字会总会救护事业会计课驻外会计审计人员工作大纲》等处理会计事宜，驻外人员“依照会计规程暨报销须知及各项规则，秉承本课意志，执行一切有关会计审计上事务”。为管理救护总队部职员，除总会对于部分高级主管人员另有规定外，其他人员均须遵守《中华民国红十字会救护总队部任用工作人员暂行办法》《中华民国红十字会总会救护总队部工作人员任免规则》《中华民国红十字会总会救护总队部工作人员奖惩规则》《中华民国红十字会总会救护总队部工作人员请假规则》《中华民国红十字会总会救护总队部卫生人员薪额比照表》等。

1937年9月1日，“为防止奸人混迹妨碍军机并保持本会信誉起见”，《中国红十字会救护证章暂行条例》公布施行，使救护队、救护机关人员使用证章的程序有章可循。

1937年10月4日，中国红十字会依据《中华民国红十字会管理条例》在首都南京设立首都办事处，同时公布《中华民国红十字会总会首都办事处组织规程草案》，对办事处人事组成、部门设置、经费来源等予以说明，由理监事会联席会议议决并呈报卫生署核准施行。

1937年11月23日，上海国际红十字会修正《中国红十字会上海国际委员会组织大纲》，详列国际委员会的宗旨、会址、职员及执行委员会、财务委员会、分委员会职务、责任、会员、会期等问题，基本奠定了上海国际委员会的宗旨、主要发展方向与行事规则。

1937年12月6日，因抗战爆发，卫生署与港、汉等方协商公布《调整中国红十字会总会救护事业办法》，明确红十字会的战时救护方针，调整红十字会办事机构，成立临时救护委员会，以王正廷为主席，以杜月笙、刘鸿生、王晓籁、林康侯、钱新之、刘月如为委员，聘请林可胜为总干事。

1937年10月，中国红十字会上海国际委员会（简称“上海国际红十字会”）成立医务委员会，办理难民工作，出台一系列便于管理的条令，包括难童考试办法、重症难民送医办法、难民工作分配办法、难民免费学额简则、难民给养及收容设备标准等。

1938年11月起，中国红十字会接收上海国际红十字会医务委员会医务工作。在难民医院管理方面，建章立制，如第一难民医院即按照《中华民国红十字会第一难民医院暂行规则》《中华民国红十字会第一难民医院办事细则》《中华民国红十字会第一难民医院病人住院规则》《中华民国红十字会第一难民医院探病规则》办理院内事宜。

1939年1月，红十字会秘书冯子明等人至昆明，于2月11日在昆明分会内正式办公，即为红十字会临时办事处昆明分处。3月13日，第二次红十字会常务理监事会议决定，“驻贵阳临时办事处移转重庆，改称为重庆分办事处”，驻昆明临时办事处改称红十字会驻昆明分办事处。该办事处与救护总队部昆明办事处合并组织，订立了《中华民国红十字会总会救护总队部昆明办事处组织规程》。

1939年1月11日，中国红十字会常务理监事联席会议就红十字会人员因公伤亡给恤办法进行讨论，议决“残废及死亡悉照政府颁布《战时雇员公役因公伤亡给恤暂行标准》办理，惟规定恤金最低额，至少一次付予三百元，所有医疗事宜须由本会规定办理，不另给医药费”。对此，6月27日，第五次临时救护委员会会员议决“不论因病、因伤致死，一概照给”，拟就《战时雇员公役因公伤亡给恤暂行标准》。

1939年3月6日，总会常务理监事会核准的《中华民国红十字会总会临时救护委员会组织规程》颁布，规定委员会直隶于总会，处理非常时期一切救护事宜，设委员7人，除正副会长为当然委员外，更就理监事中推选4人为委员。

1939年3月6日，《中华民国红十字会总会分办事处组织通则》经总会常务理监事会核准颁发，先行试行三个月，“分办事处办事手续应参照总会各项章则办理之”。同日，《中华民国红十字会总会行文程序》颁布，就总会、各委员会、各分办事处及救护总队部行文进行统一规范。

1939年3月，鉴于“外籍医生因同情我国抗战，仗义来华投效者为数颇多”，特订《外籍医生服务办法》：（一）体格事宜，年龄在四十岁以下者；（二）在政治上同情中国者，并须持有经外交部或中国驻外外交机关证明之必需文件；（三）专科毕业外科医生而由适当当局介绍者；（四）志愿接受国币薪金者（最高额每月国币二百元），其衣食住行系依照中式；（五）遵守及服从《中国红十字会章程》，准备前赴任何地点工作；（六）在华军前线来往，中国红十字会不负料理之责。

1939年4月，函聘徐可澄为海防专员，负责办理一切运输事宜。5月，“庞前秘书长与朱常务理事恒璧视察本会救护事业，道出海防，认为该处办事方面尚须调整，签请设立海防专员办事处”。该处不同于重庆、昆明的临时办事处，其职掌着重于货物之运输，遵照《中华民国红十字会总会驻海防专员临时办事处组织条例》进行组建。

1939年7月5日，基于“总队部所属各医务队救护伤病将士，对于治疗技术外，尚须注意伤兵整个问题，促进各方面注意，不仅有利本会常务，且可间接增加抗战力量”，为满足救护总队部需要及克服各队分布地区辽阔的局限，7月24日，《中国红十字会总会救护总队部社会服务工作暂行计划》受命试办。

1940年1月起，红十字会各处属遵照《中华民国红十字会所属各机关领款领据统一办法》请领款项。具体办法包括：领据由总会先行印就，分发所属各机关应用，以资统一；领据上须填明具领机关名称暨主管人员及会计签名盖章；所属各机关无论具领何种经费，均须填具此项领据；所属各机关具领每月经费及已经核准之其他经费时，一律凭此项领据再予核发；请领经费应将此项领据先期填具呈会，以便核发而免延误；领据分为二联，一联填明呈会，一联具领机关留存备查。

1940年1月30日，常务理监事会议决定将总会迁往重庆，《总会迁渝后内部组织暂行办法》对各办事处事务予以明确分工。原重庆办事处并入总会，原上海总办事处改为驻沪办事处，总办事处仍设于香港九龙。红十字会还颁布了《公文处理与交换暂行办法》，明确公文报告原则、行文接洽程序、报告内容。

1940年3月，《中国红十字会总会救护总队第三输送队队务整理规则》呈请上级备案后施行。该规则依据救护总队部颁布的《输送队组织纲要》及大队部颁发的《输送队暂行管理规则》拟就服务规则、管理指导纲领、队务会议规则、朝会规则、值日规则、俱乐部规则、输卒请假规则、食堂规则、厨房规则、寝室规则，以供遵守，从而对该输送队工作人员进行规范管理。

1940年12月3日，《中华民国红十字会抗战期间管理各地分会医院办法》奉第54次常务理监事会议通过，12月16日饬令所属遵照。该《办法》共17条，各地分会附设诊疗所管理办法与管理医院同。

1941年，中国红十字会举办首届红十字周活动。缅甸华侨红十字会积极参与，特组织“中国红十字会总会缅甸华侨征募会员委员会”，陈碧峰为主任，陈献南、李崇楹为副主任。委员会成立后即根据《中国红十字会征求会员章程》，制定“征求会员办法”，规定“征求会员期间为4个月，自1941年7月1日至10月30日”；“征求会员种类：名誉会员一次缴纳国币500元（折缅币100盾），特别会员一次缴纳国币100元（折缅币20盾），正会员一次缴纳国币10元（折缅币2盾），以上为终身会员；普通会员一次缴纳国币5元（折缅币1盾，有效期10年），学生会员一次缴纳国币2元（折缅币4安，有效期5年）”；对“会员征求队征募成绩突出者给予奖励”。

1941年9月10日，《中国红十字会总会救护总队第3中队部防疫巡回队组织草案》由中队部呈总大队部核准颁示后施行，阐明巡回队的职务、薪给、目的，指出该巡回队任务在于“轮回赴各军师实施及督教灭虱、治疥以及其他卫生防疫工作并兼顾各地区之民众防疫卫生，务使疫病不致流行，军民健康得以保持等为目的，同时附带宣扬红会对前方军民服务精神，博爱、刚毅与热心”。

1942年8月15日，总会电令各分会，要求旗帜及公事信笺规范使用红十字标志。

1943年初，国防最高委员会以1936年红十字会管理条例为底本，拟定《中华民国红十字会战时组织大纲草案》；2月3日，报经行政院会议通过令准实施，并交立法院完成立法程序。2月23日，立法院组织胡宣明、彭养光、蔡谊等人组成审查委员会，对法案进行审查。4月1日，国民政府颁布《中华民国红十字会战时组织条例》，规定会长、副会长、理监事均由军事委员会委员长委派，卫生署长、军政部军医署长为当然理事，各战区救护队受战区司令长官指挥。从此，红十字会就完全被纳入国民政府战时军事管理体系。4月8日，国民政府军事委员会公布《国民政府军事委员会战时监督红十字会暂行办法》，规定红十字会举办战时事业由军事委员会核定并监督之，红十字会的主管官署由卫生署转为军事委员会。

1943 年 3 月，《中华民国红十字会总会职员领用证章规则》经会长核准后施行，共 5 条，对证章使用、遗失的处理办法等进行说明。同月，《中华民国红十字会总会制服处理规则》共 12 条经会长核定施行，对制服的领取、保管、发放、缴还等工作进行指导。另外，《中华民国红十字会总会职员值日规则》《中华民国红十字会总会职员给假规则》等亦相继修订。

1943 年 6 月，《中华民国红十字会总会档案调卷简则》经秘书长核准施行，对档案的具体管理事项提出要求。

1944 年 3 月 31 日，参照《中华民国红十字会救护总队部组织规程》第 18 条的规定，《中华民国红十字会总会救护总队部医疗大队部组织及办事通则》公布施行。《通则》对大队部的人事设置、地点安排、大队长职权、物资筹措、政治党务等工作予以细化。

1944 年 8 月 15 日，《中华民国红十字会总会救护总队部诊疗所组织规程》公布施行。诊疗所可由救护总队“依战时后方城市之需要或联络地方红十字会分会、社会团体等组织之，办理空袭灾难之救护及军民医药之救济”。

1944 年 11 月 30 日，《中华民国红十字会总会救护总队中各种运输材料单位组织规程》就材料库、运输站队、汽车修理厂的人事安排、职责与隶属部门等进行明确。

1945 年 6 月 15 日，《中华民国红十字会总会救护总队部医事人员国外进修及考察选送暂行办法》公布施行，对被选送人员的条件、名额、进修期间、进修经费等进行详细说明。

1945 年 11 月 20 日，在行政院第 21 次例会上通过《复员期间管理中华民国红十字会办法》，12 月 8 日行政院公布。该《办法》共 11 条，提出红会“改隶”及相关事宜，保留总会会长、副会长的设置，规定中华民国红十字会以行政院为主管官署，并依其业务性质，受社会部、卫生署、善后救济总署的指挥监督，红十字会主持工作人员均由行政院聘任或指派，“总会置会长一人，副会长二人，理事十五人至二十一人，组织理事会并就理事中指定七人为常务理事，均由行政院聘任之”。

1946 年 1 月 1 日，红十字会根据《复员期间管理中华民国红十字会办法》进行改组，由蒋梦麟出任会长。随后，在复员时期第一届常务理事会上，蒋梦麟提出由总会组设会章起草委员会，参酌中外法律制定红十字会根本大法。2 月 15 日，经立法院议决，《中华民国红十字会战时组织条例》正式废止。红十字会总会遂成立会章起草委员会，为制定根本大法做准备，但该工作一度因复员工作的进行而搁置。

为指导新时期工作，1946 年 1 月，总会制定《复员期间中华民国红十字会总会初步工作实施计划纲要》，规定红十字会两大工作目标：“一、红十字会工作之准绳，在本人生服务之目的、博爱为怀之精神，以发展人群生活，增进社会福利。二、复员期间红十字会初步工作之实施，须能适应社会福利之需要，免人群生活之匮乏，从事积极性、保育性、集体性之服务工作，以期奠立永久事业之基础。”蒋梦麟会长将其概括为“一、打定会的基础。二、促进社会安全”。此外，蒋梦麟还手订“服务信条”八条——具丰富情感、抱牺牲志愿、本博爱襟怀、献科学身手、作精密准备、求迅确效率、策社会安全、增人群幸福，以推动社会服务的开展。

1946 年 1 月，总会成立第三处负责社会服务工作。5 月，南京市分会举行复员后第一次理事会议，决议在玄武湖开办服务站，制定《中华民国红十字会南京市分会玄武湖服务站组织规程》。此外，为推行乡镇社会服务工作，促进乡村卫生，总会决定于分会之下设乡镇服务站，并订定服务站暂行通则。

1946 年 1—8 月，依据行政院颁布的管理办法，红十字会相继出台《复员期间中华民国红十字会总会组织规程》《复员时期红十字会总会区办事处组织规程》《复员时期红十字会总会区办事处办事细则》《复员期间中华民国红十字会分会组织规程》《复员期间中华民国红十字会总会调整及管理分会办法》《复员时期红十字会医院疗诊所调整及管理办法》《复员期间中华民国红十字会诊疗所暂行通则》《复员期间中华民国红十字会总会顾问委员会组织简则》《复员期间中华民国红十字会分会工作纲要》《复员期间中华民国红十字会资产管理办法》《中华民国红十字会分会会计处理纲要》《中华民国红十字会总会所属各单位报销须知》《中华民国红十字会各分会诊疗所（医院）药械请领报销办法》等文件，并对经常费支出预算、分会库存汇报、分会收支汇报、分会银行存款报告等办理流程、表格式样进行统一。红十字会还制定《中华民国红十字会总会职员给假规则》《中华民国红十字会总会职员领用证章规则》《中华民国红十字会总会任用工作人员暂行办法》《中华民国红十字会总会工作人员考核办法》《中华民国红十字会总会选送国外考察及进修人员暂行办法》等，以对职员进行管理。

1946 年 5 月 19 日，为表彰抗战期间成绩卓著的有功人员，总会第一届理事大会通过了《奖励参加抗战有功人员暂行办法》，分门别类，根据贡献之性质与大小分别由政府、红十字会给予奖励，或报请国史馆或红十字会国际联合会载入史册。此次大会还通过《积极筹募基金　稳定本会财源案》，提交常务理事会讨论。8 月 13 日，第一届常务理事会讨论认为“以目前社会经济状况及捐款条件，尚未能充分具备，原案拟交总会研究，充分准备，从缓实施”。

1946 年 10 月，南京分会在玄武湖率先提倡组织红十字青年服务团，同时拟定《南京市分会组织红十字青年服务团暂行办法》，共 13 条，明确规定该团组织原则、宗旨、任务及方法。服务团成立后，设松、竹、兰、菊四队，至 1947 年底，举办各类活动数十次，以期达到“训练青年会员养成服务社会能力，培育博爱人群精神”的目的。

1947 年 4 月 24 日，中国红十字会举行第二次常务理事会，通过《中华民国红十字会总会筹募事业基金实施办法》，决定筹募事业基金 50 亿元，在全国各地及向海外侨胞劝募，捐额分配为政府 5 亿元，各大城市 33 亿元，其中上海 10 亿元。而为处理光复后的东北及台湾红十字会问题，此次会议还通过了《复员期间中华民国红十字会支会组织规程草案》共 14 条，规定“支会以分会为主管机关，其设立范围限于其所隶分会所在市县境内之乡镇”。支会成为中华民国红十字会基层组织新成员。

1947年秋，复员时期结束，行政院尚未提出有关红十字会地位、待遇问题的新法令规章。10月14日，红十字会向行政院呈请制定相关法律，以资遵行。行政院遂令卫生部、社会部依照1936年的管理条例，重拟修正草案。对此，红十字会表示不满。为推进相关部门的红十字会立法工作，红十字会于11月13日在南京召开第四次理事会。蒋梦麟会长于会上提交《为确保本会地位　保障并发展事业　应请政府颁布红十字会法以崇体制》的议案，第一次明确表达依法建会的愿望，指出红十字会立法应遵循五项原则，即关于红十字会组织、职权、优惠权利、会员和红十字标志等。该提案致力于建立红十字会长久的组织体制，明确全国会员代表大会为其最高权力机构，希望回归抗战前红十字会的管理机制与组织传统，重新恢复红十字会作为民间团体的地位。该提案一经理事会通过后，即转交会章起草委员会，作为制定红十字会法草案的参考原则。

1947年11月28日，台湾分会经改组后在台北正式宣告成立，会长为蔡培火先生。鉴于“过去台湾各地赤十字社系由台北支部一个单位领导，故台湾全境仍拟统设一个分会，各县市分设支会”，总会制定《复员期间中华民国红十字会台湾分会所属支会暂行组织规程》，以便规范管理。

1947年，北平红十字分会参与社会救助活动，颁布章程，登报公开《中国红十字会北平分会捐赠本校清寒教职员衣服八十件标售价款存放息金分配办法》共8条，其中明确了“标售所得全部价款委托合作社依现价购买货物，作为救济金之基金”，提出申请救济金须满足三个条件：“本校现任之低薪（二〇〇元以下）教职员及其直系血亲”“确系患有重病，无力治疗者”“须具有本校教职员二人之书面详细证明”。

1948年1月，总会专门成立红十字少年委员会，以拟订红十字少年规程方案，指导分会组织红十字少年工作。委员会由11人组成，由胡兰生为主任委员，视导吴耀麟为委员兼总干事，“专责推动，共策进行”。委员会成立后，马上着手制定规章，先后颁布《中国红十字会总会红十字少年委员会组织暂行简则》《中华民国红十字会各地分会推行红十字少年工作办法》《学校团体组织红十字少年会办法》《红十字少年会训练实施办法》等，对组织红十字少年会的目的、任务、组织程序做了详细规定。

1948年4月，为实现“五十亿元运动”，红十字会颁布《中华民国红十字会统一募捐办法》，规定募捐统一以总会名义举行。募捐分：定期——每年10月红十字周时统一举行；不定期——每遇国内外发生重大灾变及特殊需要时，随时由总会通知分会举行。募捐方式得以改进。

1948年初，会章起草委员会将红十字会法草案拟定完毕；2月26日，提交总会第三次常务理事会通过，再由卫生部转呈行政院核准。因国共内战，该法立法程序进程缓慢，至该年11月27日，立法院卫生委员会才组织会议初步审议《中华民国红十字会法草案》，由邹树文、杨崇瑞等委员负责，并邀卫生部、社会部、国防部、中国红十字会及立法院国防、法制两委员会代表列席。12月1日，立法院卫生委员会重邀相关部会进行再审，从立法技术层面做细微修改，均同意该草案尚可施行，遂提交立法院院会讨论。该法案最终因国民党政权被推翻而在大陆未得到施行。

1949年5月，全国大部分地区已经解放，中国红十字会总会鉴于“解放区各地分会因社会制度及会内人士多有变更”，特于5月30日颁布《中华民国红十字会解放区分会目前会务注意要点》，对过渡阶段会务进行规范。这是解放战争时期总会颁布的最后一份正式文件，共14点。主要内容有：“解放区各地分会在新工作纲领未公布之前，仍应恪守博爱人群、服务社会之宗旨，目前工作应特别注重城市与乡村劳动大众之服务”；“成立未久之分会，过去尚未举办具体事业者，应依三十年所订分会工作纲要第四项‘社会服务’规定之工作项目，参照当地环境之需要及经费之情形，积极举办不得少于一项之事业，为人民服务，藉以建立服务之基础”；“分会不得迁离所在市县之境地，其在解放前迁离原市县者，应即刻迁回，否则将予解散之”；“在分会组织章程未公布前，新分会暂不设立，其已设立筹备处而尚未正式成立分会者，筹备期间予以延长至新章程公布为止”；“征募工作除征求会员仍应照常进行外（大规模征求会员应先通告当地人民政府），但筹募捐款须经报请总会指示后始可办理”；“解放以后各界人士捐赠分会之财产（不动产），应先获得当地人民政府之同意，始得接受”；“分会得向当地人民政府登记并接受其指导，但分会本身之组织及工作，仍不受一般人民团体法令之拘束”；“分会应尽量参加当地人民政府发动之防疫救灾工作”；“分会办理训练工作，暂限于急救及职业训练，并应事先通知当地人民政府”。要点还对新中国成立后分会名称变更、总干事以上人员变更办法做具体规定。

1949年10月1日，新中国成立。1950年3月，中国红十字会总会在上海新闸路856号举行红十字工作检讨会。7月，总会全部人员陆续到达北京。8月2日，中国红十字会协商改组会议在北京召开，确定中国红十字会改组事宜。会议明确规定，中国红十字会为“中央人民政府领导下的人民卫生救护团体”，定名为“中国红十字会”。周恩来总理亲自审阅改组报告，亲笔修改《中国红十字会会章》，中国红十字会进入新的发展时期。

参考文献

一、资料

（一）档案与史料集

1. 商务印书馆编译处编：《最新编订民国法令大全》，商务印书馆1924年版。

2. 中国红十字会总会编：《中国红十字会历史资料选编，1904—1949》，南京大学出版社1993年版。

3. 贵阳市档案馆编：《战地红十字——中国红十字会救护总队抗战实录》，贵州人民出版社2009年版。

4. 池子华、严晓凤、郝如一主编：《〈申报〉上的红十字》4卷本，安徽人民出版社2011年版。

5. 池子华、傅亮、张丽萍、汪丽萍主编：《〈大公报〉上的红十字》，合肥工业大学出版社2012年版。

6. 池子华、丁泽丽、傅亮主编：《〈新闻报〉上的红十字》，合肥工业大学出版社2014年版。

7. 池子华、崔龙健主编：《中国红十字运动史料选编（第一辑）》，合肥工业大学出版社2014年版。

8. 池子华、丁泽丽主编：《中国红十字运动史料选编（第二辑）》，合肥工业大学出版社2015年版。

9. 池子华、欧贺然主编：《中国红十字运动史料选编（第三辑）》，合肥工业大学出版社2016年版。

10. 池子华、阎智海主编：《中国红十字运动史料选编（第四辑）》，合肥工业大学出版社2016年版。

11. 池子华、丁泽丽主编：《中国红十字运动史料选编（第五辑）》，合肥工业大学出版社2016年版。

12. 池子华、李欣栩主编：《中国红十字运动史料选编（第六辑）》，合肥工业大学出版社 2016 年版。

（二）报纸杂志

《国民政府公报》《立法院公报》《人道指南》《中国红十字会杂志》《中国红十字会月刊》《救护通讯》《中国红十字会会务通讯》《申报》《大公报》《中华医学杂志》等。

二、专著

1. 孙柏秋主编：《百年红十字》，安徽人民出版社 2003 年版。

2. 蔡勤禹：《国家、社会与弱势群体——民国时期的社会救济（1927—1949）》，天津人民出版社 2003 年版。

3. 张玉法主编、周秋光等著：《红十字会百年会史，1904—2003》，（台北）致琦企业有限公司 2004 年版。

4. 王立忠、江亦曼、孙隆椿主编：《中国红十字会百年》，新华出版社 2004 年版。

5. 池子华：《红十字与近代中国》，安徽人民出版社 2004 年版。

6. 辛鸣：《制度论——关于制度哲学的理论建构》，人民出版社 2005 年版。

7. 张建俅：《中国红十字会初期发展之研究》，中华书局 2007 年版。

8. 周秋光：《红十字会在中国，1904—1927》，人民出版社 2008 年版。

9. 池子华、郝如一：《中国红十字会百年往事》，合肥工业大学出版社 2011 年版。

10. 马庆珏等著：《社会组织能力建设》，中国社会出版社 2011 年版。

11. 徐家良：《社会团体导论》，中国社会出版社 2011 年版。

12. 戴斌武：《中国红十字会救护总队与抗战救护研究》，合肥工业大学出版社 2012 年版。

13. 马强、池子华主编：《红十字在上海，1904—1949》，东方出版中心 2014 年版。

14. 池子华、郭进萍主编：《红十字：文化传播、危机管理与能力建设》，合肥工业大学出版社 2014 年版。

15. 周秋光等著：《中国近代慈善事业研究》（上、中、下），天津古籍出版社 2014 年版。

三、论文

1. 周秋光：《民国北京政府时期中国红十字会的慈善救护与赈济活动》，《近代史研究》2000 年第 6 期。

2. 张建俅：《抗战时期战地救护体系的建构及其运作——以中国红十字会救护总队为中心的探讨》，（台北）《“中央研究院”近代史研究所集刊》2001 年。

3. 池子华：《中国红十字会的 1912 年》，《钟山风雨》2002 年第 4 期。

4. 周秋光：《民国北京政府时期中国红十字会的组织与发展》，《近代中国》2003 年。

5. 蔡勤禹：《民国慈善团体述论》，《档案与史学》2004 年第 2 期。

6. 刘超：《略述 19 世纪末 20 世纪初中国的红十字活动》，《淮南师范学院学报》2004 年第 2 期。

7. 张建俅：《中国红十字会经费问题浅析（1912—1937）》，《近代史研究》2004 年第 3 期。

8. 周秋光：《民国北京政府时期中国红十字会的会内宣传与经费筹措》，《湖南师范大学社会科学学报》2004 年第 4 期。

9. 池子华、吕志茹：《复员时期的中国红十字会》，《河北大学学报》（哲学社会科学版）2004 年第 6 期。

10. 张建俅：《近代中国政府与社团关系的探讨》，（台北）《“中央研究院”近代史研究所集刊》，2005 年第 47 期。

11. 王荣华、陈寒溪：《国际制度与中国红十字会立法》，《国际政治科学》2007 年第 1 期。

12. 刘秀君：《近年来民国慈善事业史研究述评》，《安徽文学》2009 年第 1 期。

13. 曾桂林：《民国时期的红十字会立法初探》，《苏州大学学报》（哲学社会科学版）2009 年第 5 期。

14. 吕志茹：《“复员”时期中国红十字会的冬令救济述评》，《兰台世界》2011 年第 20 期。

15. 李慧：《中国红十字会参与疫疠防治的历史考察》，苏州大学 2011 年硕士学位论文。

16. 池子华：《民国肇建与中国红十字会的转型》，《清帝逊位与民国肇建一百周年国际学术研讨会论文集》2012 年。

17. 谢忠强:《民国时期沪上慈善组织的现代性特征初探——以中国救济妇孺会为例》,《大连理工大学学报》(社会科学版)2012 年第 3 期。

18. 王军、熊亚平:《近代民间慈善组织与农村灾荒救济——以北洋政府时期的华北地区为例》,《河北广播电视大学学报》2013 年第 4 期。

19. 张继才:《中国近代官方慈善救济组织建制暨救济制度探析——以 1927—1937 年北平市政府社会局为例》,《中国社会组织》2013 年第 6 期。

20. 郭进萍:《红十字文化在华传播研究(1874—1949)》,苏州大学 2013 年硕士学位论文。

21. 逯艳红:《浅谈民国时期我国慈善事业发展的特点》,《才智》2014 年第 24 期。

22. 袁灿兴:《国际人道法在华传播与实践研究(1874—1949)》,苏州大学 2014 年博士学位论文。

23. 徐璐:《淞沪会战中红十字会的人道救援》,苏州大学 2014 年硕士学位论文。

24. 杨熙玲:《民国时期我国慈善立法析论》,《兰台世界》2014 年第 10 期。

后　记

这本书是在我硕士学位论文基础上修改完善后出版的，因为自知其中还有很多瑕疵，表述亦显稚嫩，因此希望业界前辈、朋友多予指正。四年前，我在业师池子华先生的引导下开始了解红十字会历史，其后一直参与相关资料的编辑工作，为本书写作积累了大量资料。可以说，红十字运动研究中心整理出版的多本资料集为本书写作提供了诸多便利。无论是在硕士论文写作期间，还是在后期修改过程中，池老师均给予了诸多指导。

这本书的顺利完成，庆幸有家人的理解和支持，尤其是我的外公程柱忠先生和外婆晏培云女士。两位老人一生勤劳朴素，辛辛苦苦把我养大，教我做人做事。没有他们，就没有今天的我。然而，读研期间外婆突然病逝，让我深刻体会到"子欲养而亲不待"的痛心。2017 年春晚小品《姥说》，让我不由自主地回想起外婆曾经的嘱咐。他们的养育之恩是我疲乏时坚持完成这本书的最大动力。当然，其他家人也一直在用他们的方式默默支持我、鼓励我，让我能安心写作。书稿写作过程中或有疑惑之处，或有消沉之时，他们一直陪在我身边。这本书的写作过程虽然多有波折，但家人的关爱和照顾，让我深刻体会到了亲情的温暖和伟大。

八年前的高考将我送到苏州，送到苏大校园。在这里，除了有让人流连忘返、赏心悦目的校园风景之外，还让我有机会结识诸位博学多识的老师，如金卫星、高芳英、姚传德、余同元、鲁萍、崔恒秀、王青等；研究生期间，我进一步接受了王卫平、朱从兵、朱小田、王玉贵、黄鸿山等老师的悉心教导。从他们身上，我看到了睿智、幽默、谦逊、严谨、朴质的学者风范；他们个性鲜明且又矢志以学、认真从教，让我等学子如沐春风、快乐成长。对于他们的治学心得，我也尽量领会并将之奉为至宝，提醒自己不断进步。硕士论文完成后，朱小田老师、黄鸿山老师及朱琳老师等以严谨认真的态度进行通篇查阅，提出了诸多宝贵意见。

给予我谆谆教诲和亲切关心的恩师池子华教授更是在我成长进步的道路上扮演了重要角色。学习上，导师严格要求，没有半分迁就。导师在学术上的严谨态度着实让我敬畏，以至于每次把写好的论文发给他时，都心怀忐忑。硕士三年，从一开始写文章被发回来重新写，到后来点点滴滴的进步，其间的变化渗透着导师的心血。至今仍记得老师第一次批评我写的文章时，我哭过、犹豫过甚至怀疑过自己是否适合搞研究，庆幸的是，那时的自己在泪水中反思后，不仅没有放弃，反而愈挫愈勇。生活中，导师亲和有爱，包容有加，如父亲般疼爱我们。回想过去的四年，老师耐心地指导我的学业、关心我的生活，我会将老师的关心和鼓励铭记于心。

在池老师的带领下，池门兄弟姐妹其乐融融，和睦相处，给了我大家庭的温暖。池门弟子来自不同地方，因学缘而相聚于苏大。学习上，我们共同进步，一起探讨问题；生活上，我们互相照顾，彼此关爱。每一次的池门聚餐就是一场茶话会，大家谈笑风生，让人倍觉温馨。本文写作所需资料的整理，离不开同门崔龙健、丁泽丽、欧贺然、刘思瀚等人的勤奋努力。同时，我还要感谢学长张帆博士、岳鹏星博士等，在论文写作阶段他们给了我很多指导和建议。最后，还要感谢出版社责任编辑在本书校对过程中付出的心血。

回忆过去，感谢我遇到的所有人，你们的出现让我在成长中不断提升自己，学会了宽容、珍惜和感恩。该书的出版不仅是对我过去学习生活的总结，也是博士阶段深入探究相关问题的基础，鞭策着我要以更高的标准严格要求自己。未来的学术道路还很漫长，我会继续追随梦想，向着自己期望的目标努力奋进。

李欣栩谨记

2017 年 3 月 18 日